노인복지정책과
사회보장제도

welfare for the aged

노인복지정책과 사회보장제도

서강훈 지음

한국학술정보

머리말

2010년 통계청의 발표에 의하면, 2018년에는 노인인구 비율이 14.3%에 도달하여 고령사회(Aged Society)로 진입할 예정이며, 그로부터 8년 후인 2026년에는 노인인구가 20.8%가 되어 초고령사회(Super-Aged Society)가 될 전망이다.

노인이 늘어 간다는 것은 노인을 위한 사회비용이 증가하고, 사회적 부양 부담이 증가하는 등의 심각한 사회문제를 가져온다. 노인복지는 사회복지 분야 중 제일 광범위하고 비용부담 또한 크다. 선진국에서는 일찍부터 사회복지학, 노년학, 노인사회보장 등을 정책적으로 발전시켜 왔다. 우리나라는 노인복지가 체계화되지 못한 상황에서 고령화 사회를 맞이하게 되었고, 이와 관련하여 노인문제 해결을 위해 2001년 '노인보건복지대책위원회'를 설치하였고, 2004년 대통령 자문기구로 '고령화 및 미래사회 위원회'가 설치·운영되고 있다. 이와 관련하여 정부 차원에서도 빠른 속도로 진입해가는 고령사회 문제해결을 위해 총력을 기울이고 있으며, 2008년 7월 노인장기요양보험 제도의 시행은 노인복지에 있어 고무적이라 할 수 있다.

본서는 이러한 상황에 발맞추어 노인복지정책과 사회보장을 하나의 영역으로 묶어 노인복지를 새로운 시각으로 바라보았다.

이 책은 총 4부로 구성되었으며 1부에서는 인구고령화와 노인문제, 2부에서는 노인복지서비스 및 실천, 3부에서는 노인에 관한 주요 문제, 즉 노인의 정신건강, 학대, 여가, 실버산업, 노인의 성, 가족부양 및 노후부부 문제, 노인복지시설을 고찰하였으며,

마지막 4부에서는 현대사회의 노인들에게 가장 중요한 사회보장 등의 문제를 다루었다.

이 책이 출판되기까지 마음속 깊이 힘이 되어 준 아내 홍선애, 여행과 낚시를 좋아하는 아들 정민이, 새침데기 딸 민경이, 장인·장모님, 나의 영원한 스승이자 학문에 밑천이 되어 주신 사랑하는 어머니 박순임 여사, 본서를 출판할 수 있게 배려해 주신 한국학술정보(주) 채종준 대표이사님과 실무진께 감사의 인사를 드린다.

2013년 5월 서석동에서

서강훈

차례

1
부

인구고령화와

노화에 대한

이해

01 인구고령화와 노인문제

인구고령화란 한 국가의 인구 중에서 65세 이상 노인인구의 비율이 높아지는 것을 말한다. 우리나라의 인구구조 고령화는 과거 선진국들의 고령화보다 훨씬 더 급속히 진행되고 있어 이에 대한 대응이 시급하다. 우리나라의 급속한 고령화는 뒤늦은 산업화와 압축적 경제성장의 결과이다. 우리나라의 급속한 고령화의 원인은 저출산 추세에 있으나, 미래의 출산율 변화는 고령화의 속도에만 영향을 미칠 뿐 그 추세를 크게 변화시키지는 않을 것이다. 우리나라는 2000년에 고령화사회(aging Society)에 진입한 이래 2019년에는 19년이라는 짧은 시간에 고령사회(aged Society)로 이행하며, 그 이후에도 불과 7년 후에는 다시 선진국들과 같은 수준의 초고령사회(Super aged society)로 이행하게 된다. 따라서 우리나라 노인문제는 선진국에 비해 더욱 심각한 양상을 보인다고 할 수 있다(한국임상사회사업학회, 2004).

1. 노인인구 증가와 인구고령화

우리나라는 세계에서 유례없는 급속한 고령화를 경험하고 있다. 1980년에는 65세 이상 노인인구가 전체인구의 3.8%였으나, 2007년에 7%를 넘어 고령화 사회(Aging Society)에 진입하였고,

2013년 현재 65세 이상 노인인구가 전체인구의 11.3%에 이르렀다. 2010년 통계청의 발표에 의하면, 2018년에는 노인인구 비율이 14.3%에 도달하여 고령사회(Aged Society)로 진입할 예정이며, 그로부터 8년 후인 2026년에는 노인인구가 20.8%가 되어 초고령사회(Super-Aged Society)가 될 전망이다(〈표 1-1〉).

〈표 1-1〉 연령계층별 인구 및 구성비 추이 (단위: 천 명, %)

구분	1980	1995	2000	2008	2009	2010	2018	2026	2050
총인구	38,124	45,093	47,008	48,607	48,747	48,875	49,340	49,039	4,343
0~14세	12,951	10,537	9,911	8,458	8,180	7,907	6,286	5,712	3,763
15~64세	23,716	31,900	33,702	35,133	35,377	35,611	35,997	33,099	22,423
65세 이상	1,456	2,657	3,395	5,016	5,193	5,357	7,075	10,218	16,156
구성비					100.0				
0~14세	34.0	23.4	21.1	17.4	16.8	16.2	12.7	11.7	8.9
15~64세	62.2	70.7	71.7	72.3	72.6	72.9	72.9	67.5	53.0
65세 이상	3.8	5.9	7.2	10.3	10.7	11	14.3	20.8	38.2

자료: 통계청(http://www.kostat.go.kr/), 2010

이렇게 인구고령화를 급속히 촉진시키고 있는 요인은 평균수명의 증가와 출산율의 급격한 저하라고 할 수 있다.

1970년 평균수명은 남자 58.67세, 여자 65.57세로 평균 61.93세였으나, 2000년대에는 평균수명이 남녀 모두 70세를 넘었고, 2020년에는 남자 78.04세, 여자 84.68세로 평균 81.45세가 될 전망이다. 즉, 인생 80세의 시대가 도래하고 있다(〈표 1-2〉).

〈표 1-2〉 평균수명의 추이 (단위: 세)

구분	1970	1980	1990	2000	2010	2020
평균	61.93	65.59	71.28	76.02	79.60	81.45
남(A)	58.67	61.78	67.29	72.25	76.15	78.04
여(B)	65.57	70.04	75.51	79.60	82.88	84.68
차이(B-A)	6.90	8.26	8.22	7.35	6.73	6.63

자료: 통계청(http://www.kostat.go.kr/), 2010

한편, 합계출산율(여성이 일생 동안 낳는 아동 수)은 크게 저하하고 있는데, 1970년 4.53명이던 출산율이 1980년 인구대체 수준인 2.01명에 도달하였고, 그 후 지속적으로 감소되어 1990년대에는 1.60명, 2000년 1.51명, 2010년 1.22명으로 낮은 출산율을 보이고 있다(〈표 1-3〉).

〈표 1-3〉 주요국의 합계 출산율   (단위: 명)

구분	한국	북한	일본	미국	프랑스	독일	이탈리아	영국
1980	2.01	2.58	2.58	1.79	1.86	1.52	1.94	1.72
1990	1.60	2.45	1.66	1.92	1.81	1.43	1.34	1.81
2000	1.51	2.09	1.37	1.99	1.76	1.34	1.22	1.70
2010	1.22	1.86	1.27	2.09	1.89	1.32	1.38	1.84

자료: 통계청(http://www.kostat.go.kr/), 2010

이러한 저출산의 원인은 개인의 가치관 및 가족 가치관의 변화, 결혼의 연기 및 기피현상으로 인한 미혼율의 증대, 그리고 기혼부부의 자녀양육 부담의 증가와 여성 경제활동 참가의 증대 등에서 찾을 수 있다.

이러한 평균수명의 증가와 출생률의 저하는 인구 고령화의 속도를 다른 나라에 비해 상당히 빠른 속도로 진행시키고 있어 고령사회에 대한 대비책을 서둘러 시행하지 않으면 안 되는 시점이다.

2. 인구고령화와 노인문제

■ 급속한 고령화 속도

우리나라 인구고령화의 특징 중 하나는 프랑스, 미국, 영국, 독일 등 여러 선진국에 비해 빠르게 증가하고 있는 추세라는 것이다. 주요 선진국의 인구고령화 속도를 보면, 고령화 사회에서 고령사회로 도달하는 연수가 프랑스는 115년, 스웨덴 85년, 미국은 72년, 영국은 47년, 독일은 40년이 소요되었고, 고령사회로 진입한 기간이 비교적 가장 짧은 일본은 총 24년이 걸렸다. 〈표 1-4〉에서 보듯이 서구 여러 나라의 인구고령화는 장시간에 걸쳐 진행되었기 때문에 소득, 주거, 의료보장 등 정책적 대비를 할 시간적 여유가 있었으나, 우리나라의 경우 정책적 대비를 할 수 있는 시간적 여유가 부족하기 때문에 문제가 더욱 심각하다고 할 수 있고, 고령사회에 대한 대비책을 서둘러 강구하지 않으면 안 되는 시점이다.

〈표 1-4〉 노인인구의 증가속도 국제비교

국가	도달연도			소요연수	
	7%	14%	20%	7 → 14%	14 → 20%
대한민국	2000	2018	2026	19	7
일본	1970	1994	2006	24	12
프랑스	1864	1979	2020	115	41
미국	1942	2013	2028	72	15
스웨덴	1887	1972	2012	85	40

자료: 통계청(http://www.kostat.go.kr/), 장래인구추계결과, 2010

■ 노인인구의 부양

우리나라의 인구구조 변화로 인하여 14세 이하의 유년인구에 대한 생산가능인구의 부양부담은 줄어들고 있지만, 노인인구에 대한 부양부담은 증가하고 있다. 즉, 15~64세의 생산가능인구가 부양해야 할 노인인구의 비율을 의미하는 노인부양비는 1960년 5.3%에서 2000년 10.1%, 2020년 21.3%, 그리고 2050년에는 62.5%로 증가할 것으로 예측되고 있다. 따라서 2000년에는 생산인구 10명이 1명의 노인을 부양하면 되었지만, 2050년에는 생산인구 1.5명이 1명의 노인을 부양해야 하는 상황이 됨으로써 생산인구의 노인부양에 따르는 부담 또한 급격히 증가할 것으로 예측되고 있다.

〈표 1-5〉 노인인구 부양부담의 변화추이

구분	1960	1970	1980	1990	2000	2010	2020	2030	2050
유년부양비	77.2	78.2	54.6	36.9	29.4	23.9	19.6	19.1	19.0
노인부양비	5.3	5.7	6.1	7.4	10.1	14.8	21.3	35.7	62.5
총부양비	82.5	83.9	60.7	44.3	39.5	38.8	49.0	54.9	81.5

자료: 통계청, 장래인구추계결과, 2010

■ 노인문제의 원인 및 양상

노인문제의 원인

노인문제의 원인을 포괄적으로 잘 설명하는 데 뒷받침이 될 수 있는 이론은 Cowgill과 Holms(1972)가 주창한 현대화 이론(modernization theory ofaging)이다. 이 이론에 따르면, 한 사회의 현대화 정도가 높으면 높을수록 노인의 지위는 더욱 낮아진다는 것으로서 현대화가 곧 현 노인문제를 발생시키는 요인이라고 본다. 현대화 이론에서는 현대화 현상을 현저하게 잘 나타내는 핵심적 요소로 건강기술의 발전, 생산기술의 변화, 도시화, 교육의 대중화 등을 들고 있다.

첫째, 건강기술의 발전은 사망 감소 및 출생률 감소를 초래하여 결국 노인인구를 증가시킨다. 즉, 젊은이에게 밀려나 퇴직하게 되어 역할상실 및 여가문제를 초래한다.

둘째, 경제적 생산기술이 변화하여 도시지역에 새로운 직업이 많이 생겨나고, 이 새로운 직업에는 젊은이가 먼저 참여하여 개척한다. 따라서 노인의 직업기술과 지식은 젊은이에 비해 뒤떨어지게 되고, 이 때문에 압력을 받아 노인은 결국 퇴직하게 된다. 한편, 일을 하고 보수를 받아 생활하는 것을 윤리적으로 건전한 가치관으로 받아들이고 있기 때문에, 직접적인 지식과 기술이 젊은이에 비해 낙후된 상태에서 계속 일을 하려면 노인은 젊은 직장 동료에게 의존하게 된다. 그러나 이러한 의존의 정도가 한계에 이르면 불가피하게 퇴직을 해야 한다.

셋째, 도시화는 농촌에서 도시로 또는 도시에서 도시로 직업을 찾아 지리적 이동을 유발하고, 새로운 지역에서 직업을 얻은 젊은이는 거기에서 결혼하여 정착한다. 이렇게 거주 지역이 달라짐으로써 자녀와 노부모 간의 지리적 분리현상이 생기고, 이것이 사회적 상호작용을 약화시켜 사회적 관계의 분리를 초래하며, 결국은 노인의 지위를 하락시키는 데 영향을 미친다. 한편, 도시화는 사회적 이동(계층 간의 수직적 이동)의 기회를 제공하고, 따라서 노인보다는 자녀의 지위가 상승되는 지위의 전도현상이 생긴다. 지위의 전도현상은 사회적 상호작용에 거리감을 주고, 이에 따라 사회적 분리가 생기게 되면, 결국 노인의 지위를 하락시킨다.

넷째, 교육의 기회가 확산됨에 따라 교육은 점차 대중화되어 자녀 세대는 부모 세대보다 교육을 더 많이 받게 된다. 이러한 교육의 격차는 사회적 지위를 전도시켜서 지적 및 도덕적 분리를 촉진시키고, 이러한 현상은 결국 노인의 지위를 낮게 만들고 있다. 젊음에 대한 예찬은 젊은이끼리의 상호작용을 조장하며 노인과의 분리를 촉진하고, 이는 사회적 분리와 지적 분리를 촉진하여 결국은 노인의 지위를 하락시킨다는 것이다.

이상과 같이 현대화 이론에 근거한 4요인이 곧 현 노인문제 발생의 원인이라는 것을 알 수 있다. 따라서 여기에서는 노인문제를 현대화 때문에 초래된 것으로 보고, 노인문제를 현대화 이론의 틀을 이용하여 설명해보고자 한다.

노인문제의 양상

현대화 이론에서와 같이 건강기술의 발전, 생산기술의 변화, 도시와 교육의 대중화 등이 현대화의 핵심적인 요인이 되어 빈곤, 질병, 역할상실과 소외 등 노인4고의 문제를 초래한다고 볼 수 있다.

빈곤

퇴직으로 정기적인 수입원이 단절되고 연금, 퇴직금, 저축, 재산수익 등으로 수입이 대치된다. 노령연금제도가 시행되고 있는 선진 산업사회에서도 퇴직 후의 수입은 퇴직 전에 비하여 절반 이하로 절감되는 현상을 보이고 있는데, 노령연금제도가 시행되어 아직도 성숙되지 못한 우리나라의 경우는 퇴직 후의 수입상태가 더욱 악화된다. 많은 경우 퇴직금의 혜택까지 받지 못하여 수입이 완전히 단절되어 노후의 경제적 사정은 더욱 악화된다. 이러한 수입의 절감은 노인인구를 빈곤상태에 빠뜨리고 또한 자녀에게 생활을 완전히 의존하게 만들기 때문에, 노인은 물질적인 어려움과 함께 심리적 고통을 겪고 자존심까지 상하게 된다.

질병

생물학적 또는 신체적 노화에 따른 건강의 약화는 어떤 의미에서는 막기 힘들지만, 많은 경우 노인은 수입의 부족으로 적절하게 건강보호를 받을 수 없기 때문에 문제가 된다. 노인은 젊은이에 비하여 유병률이 2~3배 이상이 되며, 만성적 질병과 합병증 현상으로 빈번한 의료 진료가 요구된다. 특히 노인질병의 진료는 고액진료가 많기 때문에 의료보험이나 의료보호의 제도적 뒷받침 없이 개인이 일시에 진료비를 부담하는 일은 상당히 어렵다. 또한 현재의 의료보험 및 의료급여제도는 노인질병의 특성을 고려하지 않고 있어 진료비 부담이 큰 문제가 되고 있다. 또한 적절한 건강보호를 받기 위해서는 의료시설에의 접근이 용이해야 하는데, 대부분의 의료시설이 대도시에 편중되어 있어, 특히 농어촌 노인이 진료를 받는 데 많은 문제가 되고 있다. 노인의 건강 상태는 경제적 수준과 상관관계를 갖고 있다는 연구가 많이 있는데(Wan, 1985), 이는 경제적 수준이 높을수록 건강보호를 받을 수 있는 여건이 좋기 때문일 것이다. 그러므로 노인의 건강은 신체적 노화로 약화되는 것이 일반적이지만, 적절한 의료서비스를 받아 건강을 유지하고 노화의 속도를 지연시켜서 기능적으로 활발한 노후생활을 더욱 연장시킬 수 있다는 전제하에서 노인의 건강보호 문제는 노인의 문제로서 크게 유의되어야 할 것이다.

역할상실

앞서 현대화 이론의 4요소에서 설명하였듯이, 건강기술의 발전 및 생산기술의 변화로 젊은이와의 경쟁에서 밀려나 강제퇴직하게 되고, 이 때문에 직업적 역할을 통한 사회적 역할이 상실되면 여가의 문제를 초래한다. 따라서 노인인구는 많아지고 노동력은 제한됨으로써 젊은 세대와 노인 세대 간에 취업 및 직업역할 수행에서 경쟁이 생기고, 신체적 및 정신적 기능이 약화되는 노인은 경쟁에 뒤지게 되므로 연령에 제한을 두어 노령자를 생산현장에서 물러가게 하는 퇴직이 제도화되었으며, 이에 따라 노인은 직업적 역할을 상실한다. 많은 경우에 직업적 역할에 수반하여 다른 사회적 역할(예를 들면, 회사의 사장이면 다른 경영인협회의 회원 또는 간부가 되는 역할도 겸하게 되는 것)도 수행하는데, 퇴직으로 이러한 부수적인 역할까지 상실하게 되는 경우가 허다하다.
현재 우리나라 노인세대의 대부분은 뚜렷한 정년퇴직을 거쳐 역할을 상실한 사람들은 아니지만, 여러 다른 이유로 역할을 상실하고 무엇을 해야 하는지 모르는 가운데 방황하고 있다.

소외

교육이 대중화되면서 일반적으로 자녀 세대는 부모 세대보다 교육수준이 높아졌다. 자녀의 교육수준이 높아지면서 부모 세대의 지식수준은 낮아지고 뒤떨어지게 된다. 공식적 교육은 강력한 사회화의 수단이 되고 또한 교육수준이 다른 세대 간에 사회화의 차이를 가져온다. 이는 부모의 지식수준이 낮고 뒤떨어짐과 더불어 세대 간의 갈등과 고립을 가져오는 데 영향을 미친다. 이러한 세대 간의 고립과 갈등은 가정과 사회에서 세대 간의 고립과 소외를 낳으며, 이에 따라 부모와의 동거·별거 문제 등 심각한 갈등을 야기한다.

한편, 현대화의 핵심적 요소인 도시화는 사회적 이동과 지리적 이동을 유발한다. 즉, 사회적 이동은 사회적 지위의 전도 등을 통하여 사회적 거리감을 크게 만들고, 이는 세대 간의 고립을 초래한다. 그리고 지리적 이동은 가치관 또는 사회화의 차이와 더불어 핵가족화를 촉진시키고, 핵가족화는 부모와 자녀 간의 공간적 고립을 가져와서 결국 사회와 노인 간, 젊은 세대와 노인 세대 간, 가정 내의 부모와 자녀 간의 사회적 및 심리적 고립, 즉 소외라는 노인문제를 발생시킨다(이은희, 2009 재인용).

02 노인과 노화

1. 노인 및 노화의 개념

■ 노인의 개념

노인에 대한 정의는 노인의 본질 및 그 시대의 사회, 문화, 가정 사정의 향상 등 과거로부터 내려오는 전통과 현재 노인의 특권과 미래에 대한 기대들을 관련시켜 생각해야 한다. 그러나 국가나 사회마다 정치·경제·사회·문화적 배경과 여건의 차이가 있기 때문에 노인에 대한 개념규정은 그렇게 단순한 일이 아니다.

인구학적 의미에서 노인이라 함은 연령으로 구분되어 나라마다 약간의 차이는 있으나 우리나라에서는 만 65세 이상을 말하기도 하며, 한국의 문화적 전통과 규범적 측면에서 회갑을 지난 60세 이상의 사람을 노인이라고 하기도 한다.

노인에 대한 개념 정의를 추상적인 정의와 조작적인 정의로 나누어 검토해 볼 수 있다.

노인에 대한 추상적 정의

Lenard & Brean은 노인을 첫째, 생리적 및 육체적으로 퇴화기에 있는 사람, 둘째, 심리적인 면에서 개성의 기능이 감퇴되고 있는 사람, 셋째, 사회적인 변화에 따라서 사회적인 관계가 과거에 있는 사람으로 보고 있다.

한편, '노인 자체'에 대한 개념의 경우 대표적인 것으로, 1951년 미국 세인트 루이스 시에서 열렸던 국제노인학회에서 노인이란 인간의 노화과정에서 나타나는 생리적·심리적·환경적 행동의 변화가 상호작용하는 복합형태의 과정이라고 하였는데, 세분화하여 설명하면 다음과 같다.

첫째, 환경이 변화에 적절히 적응할 수 있는 조직 기능이 감퇴되고 있는 사람

둘째, 생체의 자체 통합 능력이 감퇴되고 있는 사람

셋째, 인체의 기관, 조직, 기능 등에 있어서 쇠퇴 현상이 일어나는 시기에 있는 사람

넷째, 생 자체의 적응이 정신적으로 감퇴되고 있는 사람

다섯째, 조직의 예비 능력이 감퇴하여 적응이 제대로 되지 않는 사람을 말한다.

Erikson은 자아발달 과정에 따라 인간 발달을 8단계로 나누어 마지막 단계를 노년기라 하고, 자아 통합과 절망의 감정이 대립하는 시기로 보았다.

노년기는 인간 발달 과정의 마지막 단계에 해당하는 시기다. 인간의 노화는 복잡한 과정을 거쳐서 일어나는 것으로 신체의 구조 기능이 쇠퇴하여 운동능력이나 감각능력도 쇠퇴하는 것이 특징이다. 또한 경제적 자립능력이나 가족이나 사회와의 유대관계를 잃어가는 시기로 집약할 수 있다.

노인에 대한 조작적 정의

노인에 대한 조작적 정의란 어떤 목적이나 편의를 위해 인위적, 혹은 조작적으로 설정한 노인의 개념을 말한다. 예컨대, 개인이 자각에 의해 스스로를 노인으로 규정할 경우와 사회적 역할을 상실하였을 경우를 노인이라고 칭하거나, 특정 시대와 사회의 통념에 의해 특정 역연령을 기준으로 설정한 노인, 행정적 조치와 정책을 수립하기 위해 노인을 설정해야 할 필요성에 의해 규정된 노인, 사회과학적 연구대상으로 노년층을 구분해야 할 필요성에 의해 설정된 노인, 산업현장에서 연령에 따라 기능의 정도를 구분하고, 구분된 연령에 따라 각기 상이한 역할을 부여해야 할 필요성이 있을 때 분류된 노인 등이 노인에 대한 조작적 정의에 속한다고 볼 수 있다.

개인의 자각

개인의 자각에 의한 노인의 정의란, 개인 스스로가 주관적 자각에 의해 스스로를 노인으로

생각하는 사람을 노인이라고 규정함을 말한다. 그러나 이러한 정의도 어느 정도 생리적·신체적·사회심리적 노화의 상태를 내포한다고 할 수 있지만, 개인의 주관적 느낌에 전적으로 의존하므로 객관성이 결여되어 보편적 정의로 받아들인다는 것은 불가능할 것이다. 그러나 노년학 영역에서 노인으로서의 자각의 시기를 조사한다거나, 사람의 행위양식이나 의식구조 등을 조사할 경우, 개인의 자각에 의한 노인을 노인으로 규정하기도 한다.

역할감소나 상실

사회적 역할감소나 상실에 의한 노인이란, 생산 활동으로부터 은퇴한다거나 여성의 경우 주부로서의 역할과 지위를 이양함으로써 중요한 사회적 역할과 지위가 감소하거나 그것을 상실한 사람을 노인으로 규정하고자 하는 정의이다. 예를 들어, 산업사회 이후 임금근로자들이 직장에서 은퇴하는 시점을 노인기로 접어든 시점으로 보고자 하는 견해이다. 이러한 정의에서 의하면 우리나라의 경우 대부분 55~65세 사이에 직장에서 은퇴하게 되고, 대다수는 새로운 역할이나 지위를 획득하지 않게 되는데, 이러한 은퇴시기를 노인기가 시작되는 시점이라고 규정한다는 것이다. 그러나 평소 사회적 역할을 수행하지 않는 사람이나, 특정 연령대에 은퇴시기가 결정될 수 없는 역할을 수행하는 사람들, 예컨대 농수산업 종사자, 자영업자, 창조적 작업에 종사하는 예술인 등에게는 해당할 수 없고, 다만 정년이 정해진 임금근로자에게만 적용할 수 있다는 한계를 가지고 있는 정의라고 할 수 있다.

역연령

달력상 일정한 연령(60세 또는 65세 등)에 도달한 사람을 노인으로 규정하며, 현재는 일반적으로 65세 이상을 노인으로 규정하고 있다. 이와 같은 정의는 노인의 생리적·신체적·사회심리적인 면의 노화의 특성을 비교적 잘 반영하고 있다고 보며, 용이성과 편의성으로 인해 가장 보편적으로 사용되고 있다. 그러나 이와 같은 정의는 65세를 기준으로 그 이상이 된 사람을 일괄적으로 노인으로 규정함으로써 노화의 개인 간의 차이뿐 아니라 개인 내의 차이를 무시하고, 이로 인하여 노인에 대한 고정관념(stereotypes)과 편견을 갖게 만드는 단점을 지니고 있다(Butler, 1975).

Neugarten(1974)은 65세 이상을 동일한 노인집단으로 취급함으로써 노인의 개인적 및 사회적 특성이 무시되는 점을 감안하여 미국 노인들을 55~75세까지를 연소노인(young-old)으로, 75세 이상을 고령노인(old-old)으로 구분하였다. 한편, Brody(1977)는 60~64세를 연소노인(young-old)으로, 65~75세를 중고령노인(middle-old)으로, 75세 이상을 고령노인(old-old)으로 구분하였다. 이러한 구분은 평균수명이 크게 연장되고 있는 현실에서 매우 유용한 노인의 정의라고 할 수 있으며, 모든 노인을 65세를 기준으로 동일하게 취급함으로써 나타나는 문제점들을 극복할 수 있다.

기능적 연령

역연령에 의한 노인의 규정은 노인들을 일괄적으로 규정함으로써 개인 차이, 특히 어떤 특수한 일을 수행할 수 있는 능력의 개인차를 무시한 것이다. 이에 반하여 기능적 연령에 따른 노인은 개인의 특수한 신체적 및 심리적 영역에서의 기능의 정도에 따라서 노인을 규정하는 것이다. 이는 특히 산업노년학(industrial gerontology)에서 관심을 갖고 발전시키고 있는 노인의 정의이다(Sheppard, 1976).

기능적 연령에 따른 노인은 노화가 가져온 다른 능력의 감퇴에도 불구하고 어떤 특수한 신체적·심리적 및 사회적 영역에서의 임무를 수행할 수 있다는 전제에서, 개인이 특수한 업무를 적절히 수행할 수 없는 경우에 노인으로 규정된다. 이러한 정의는 개인 및 개인 간의 노화의 특성이 다름을 감안한 장점이 있으나, 실제 이러한 판단에는 시간이 많이 걸리므로 편의성이 약한 것이 큰 단점이다.

2. 노화 관련 주요 이론

■ 생물학적 노화이론

사람들은 나이가 들면서 흰머리, 주름살, 생식능력의 감소, 면역체계능력과 심장기능의 감소, 감각기능의 감소 등과 같은 신체적인 변화를 겪는다. 하지만 이러한 변화에는 불가피한 것만 있는 것이 아니라 수정되고 예방될 수 있는 부분도 적지 않다. 이는 신체적 변화가 노인 개인적으로 다양한 차이가 있는 것을 통해 알 수 있다. 신체적 노화과정의 수정가능성과 다양성에 관한 지식이 증가하면서 일반적 노화(usual aging), 최적의 노화(optima aging), 병리학적 노화(pathological aging) 간의 구분이 이루어지고 있다. 최적의 노화는 신체적 기능의 최소한의 상실을 의미하고, 병리학적 노화는 복합적인 만성질환과 부정적인 환경적 요인에 의해 수반된 노화를 의미한다. 그리고 일반적 노화는 병리학적 노화와 최적의 노화 양극단 사이에 위치하는 전형적인 혹은 평균적인 노화의 경험을 지칭한다(Rowe & Kahn, 1988; Morgan & Kunkel, 2001).

마모이론

독일의 생물학자인 August, Weismann에 의해서 1882년에 처음 제안된 이론이다.

마모이론은 기계를 장기간 사용하면 마모 현상에 의해 노후되는 것처럼, 주요 세포와 조직이 오래되고 닳아 없어짐으로써 신체기관에 기능의 노화가 발생한다는 이론이다.

불안정 산소이론

노화는 활성산소의 부작용에 의해 초래된다는 설로 최근 주목을 받고 있다.

인간은 호흡으로 얻은 산소로 음식을 태우고 에너지를 얻는데, 이 중 10% 가량의 산소는 물로 환원되지 않고 유해한 활성산소로 된다. 이 활성산소가 생체에 해를 끼쳐 노화를 촉진하고 암과 같은 심각한 질환을 유발한다는 이론이다.

예정이론

생물체의 DNA(deoxyribo nucleic acid) 내에 이미 노화와 관련되어 유전적으로 입력이 되어 있다는 이론이다. 독특한 유전적 암호를 가지고 태어나기 때문에 어떤 형태의 신체적·정신적 기능을 나타내도록 이미 정해져 있으며, 얼마나 빨리 늙을 것인지, 그리고 얼마나 오래 살 것인지가 태생학적 유전자의 영향으로 이미 결정되어 있다는 이론이다. 예정이론은 노화의 성장, 수명 등과 같이 유전인자(DNA)에 의해 정해진 계획에 따라 진행되는 현상의 일부로 인식하기 때문에 유전적 결정이론이라 한다.

면역이론

백혈구가 인체 내의 해로운 물질을 식별하는 능력을 상실해감으로써 제거하여야 할 유해물질을 제거하지 못하게 되고, 이로 인해 체내에 유해물질이 누적되고, 누적된 유해물질이 인체에 부작용을 일으킴으로써 노화가 촉진된다는 이론이다.

■ 심리학적 노화이론

심리학이란 일종의 마음과 행동에 관한 과학적 학문으로 개인들이 환경적 요구에 어떻게 기능하는가에 초점을 두고 있다. 가령 적응행동(지능, 학습능력, 기억력 등)과 주관적 차원(동기, 감정, 태도 등)이 어떻게 변화되는가에 관심이 있다. 이러한 학문적 지향에 기초하여 심리학적 노화과정은 성격, 정신적 기능, 자아정체감의 변화와 함께 병리학적 정신보건 등을 포함한다. 심리학적 노화이론의 주요 영역은 자아개념, 생활만족, 성공적 노화 등에 관한 것이다.

자아개념 및 정체이론

자아개념 이론(self-concept theory)이란 다른 사람들과의 상호작용을 통해 나는 어떠한 사람인가에 대한 자아개념을 갖게 되고, 그러한 자아개념이 그 개인의 행동에 영향을 미친다는 이론이다. Kinch(1963)는 이러한 과정이 순환적 과정임을 밝힌 바 있다. 즉, 자신에 대한 다른 사람들의 반응(A)을 지각(P)하고 그 지각에 기초하여 자아개념(S)이 형성되며, 그러한 자신에 대한 규정방식이 자신의 행동(B)에 영향을 미치게 된다. 그리고 이러한 행동은 다른 사람들의 반응(A) 양식에 다시 영향을 미치는 것이다. 이러한 자아개념이론을 노인층 일반의 현실에 적용해보면, 어떤 사회에서 노인들에 대한 사회적 인식이 부정적으로 묘사될 때 노인들은 긍정적 자아개념을 갖기 어렵다. 그렇게 될 경우 'A → P → S → B 모형'에 의거하여 악순환 과정을 반복하게 된다(고영복, 1991). 이 이론은 노인에 대한 차별의 경험은 자아존중감과 통제력에 유해한 영향을 끼쳐서 미래에 대한 부정적 기대감을 유발하며, 지각된 차별은 무시된 집단구성원들의 심리적 안녕에 부정적 영향을 미친다고 가정하는 정체이론(identity theory)과 일맥상통한다.

발달과업 이론

Erikson(1964)은 그의 인생발달 이론에서 노년기의 발달단계를 자아통합(ego integrity) 대 절망(despair)으로 설명한다. 자아통합의 특성은 지금까지의 인생을 긍정적으로 받아들이고 자신의 한계성을 인정하며 다가올 죽음까지도 수용하는 태도를 지닌다. 이와 반대로 절망의 특성은 지나온 인생을 후회하고 인생이 짧음을 한탄하며, 다시 기회가 주어진다면 다른 인생을 살아보고 싶다는 비현실적인 생각으로 절망에 빠지게 된다. 결론적으로 노인들이 자아통합의 특성을 유지할 때 만족스러운 노후생활을 영위할 수 있다는 것이 이 이론의 핵심이다. Havighurst(1973)는 보다 구체적으로 노후에 직면해야 할 발달과제들을 가정하고 있다. 여기에는 감소된 신체적 강도와 건강에 대한 적응, 퇴직과 감소된 소득에 대한 적응, 친지의 죽음에 대한 적응, 동년배 집단과의 관계 정립, 사회적 역할에 대한 유연한 적응 등이 포함된다. 이들 과제들에 어떻게 대처하는가에 따라 노인들의 노후 생활만족도가 달라진다는 것이 그의 이론의 주요 전제다.

성공적 노화이론

성공적 노화(successful aging)란 노화와 관련된 각종 상실의 영향을 최소화하는 반면에, 노후의 긍정적인 요소를 극대화하는 것을 의미한다. 이를 적절히 설명하는 이론 중의 하나가 보상과 선택적 최적이론(selective optimization with compensation theory)이다(Baltes & Baltes, 1990). 일반적으로 나이가 들수록 상실은 증가하고 획득은 줄어든다. 이러한 맥락에서 노화과정은 고갈되는 생물학적·정신적·사회적 자원에 적응하는 과정이다. 그리하여 상대적으로 보다 중요한 과업에 초점을 두고 여타의 활동과 취미를 포기함으로써 일상생활에서 수행할 수 있는 과업의 수를 제한한다(선택과정). 또 상실로 인하여 필요한 과업을 성공적으로 수행하기 어려울 때 대안으로서 기술, 보조기구, 사회연계망 등을 활용한다(보상과정). 결과적으로 주어진 상실을 극소화하고 획득을 극대화함으로써 주어진 상황에서 가장 좋은 결과를 얻을 수 있도록 한다는 이론이다.

■ 사회학적 노화이론

노화의 사회적 차원에 대한 연구는 사회적 관계의 변화에 관심을 갖는다. 노화이론으로는 분리이론, 활동이론, 지속이론, 사회교환 이론, 성장발달 이론 등이 있다.

분리이론

분리이론(Disengagement theory)은 노인들이 왜 사회의 중심권에서 이탈하는가를 설명하기 위해 개발되었다(Cumming & Henry, 1961). 이 이론에 따르면 노인과 다른 사회구성원 사이의 상호작용은 점차 감소한다. 분리이론가들은 사회가 사회에 유익하지 않은 노인의 개입을 허용하지 않으며, 점차 사회에서 분리한다고 주장한다. 또한, 노인도 나이가 들면서 스스로 사회에서 멀어지기를 원하는 것으로 본다. 이 이론가들은 노인이 사회에서 이탈하는 것이 사회와 노인 모두에게 유익한 것이라고 설명한다. 그러나 이는 노화를 지나치게 단순화하여 복잡하고 다양한 노인의 특성을 적절히 설명하지 못한다는 비판을 받는다.

활동이론

활동이론(activity theory)은 분리이론과 반대의 입장을 취한다(cavan, Burgess, Havighurst & Goldhammer, 1949). 이 이론에 따르면 노년은 중년의 연장일 따름이다. 따라서 활동이론가들은 노인이 활동을 중단할 것이 아니라 지속적으로 사회활동을 하는 것을 당연하게 생각한다. 이는 노년기 삶의 만족감은 사회적 활동을 적정 수준에서 유지할 때 가능하다는 견해이다. 이 이론에 의하면 사회적 활동은 성공적인 노화에 필수적인 사항이다. 따라서 신체적·정신적 활동에 적극 참여하면 노년기에 필요한 기능을 유지하는 데 도움이 된다.

지속성 이론

지속성 이론(continuity theory)은 노인의 기본적인 성격 성향에 대한 이해를 제공한다(watson, 1982). 이 이론에 따르면, 노년기의 성격은 젊을 때의 성격 성향을 지속하는 것이지 변화하는 것이 아니다. 이 이론의 기본 주장은 성격은 정상적인 노화과정을 겪는 동안 남녀 모두에게서 일관성 있게 유지되며, 역할활동과 기여에 똑같이 영향을 미치고, 역할활동과 관계없이 인생 만족도에 영향을 미친다는 것이다.

이 이론에서 성격은 역할활동과 생의 만족도 간의 관계를 결정짓는 중요한 요인이다. 노인들은 노년기가 되어도 과거에 생활적응을 위해 수행해 왔던 개인적 적응행위와 대인관계에서 적응행위를 그대로 사용한다. 따라서 노년기라고 해서 성격이 변하는 것은 아니다. 다만, 노년기에는 옛날 방식과 새로운 환경 간에 갈등이 있을 수 있다. 그러므로 이 갈등에서 이전의 방식을 억제하면 마치 성격이 변화된 것처럼 보이지만 기본 성격은 변하지 않는다.

사회교환 이론

사회교환 이론(Social exchange theory)은 개인과 집단 사이에 교환이 지속된다면 교환에 참여하는 사람이 그 상호작용에서 이득을 얻는 한 지속된다고 말한다(Homans, 1967). 이 이론가들은 노인이 되면 사회적 상호작용에서 얻는 이득이 감소하기 때문에 사회적 교환활동 역시 감소한다고 본다. 다시 말해, 노인이 되면 개인적 건강, 사회적 대인관계, 경제적 수입 등 권력의 원천이 줄어들어 사회와 노인 사이에 교환의 불균형이 일어나게 되므로 노인의 사회 내 상호작용은 감소하거나 단절된다.

성장발달 이론

성장발달 이론(Developmental theory)은 이전의 발달단계에서 수행하야 할 과업 완수 수준이 노년기 노화과정의 예측 인자가 된다는 견해다(Erikson, 1968). 이 관점으로 볼 때 각 발달단계를 지내면서 성공적인 적응전략을 개발하여 이제까지 생애의 성장발달 과업을 성공적으로 완수한 노인은 노년기도 성공적으로 대처하게 된다.

2

부

노인복지서비스

및 실천

03 노인복지실천의 이해

1. 노인복지실천방법

■ 노인복지실천의 개념

사회복지실천(social work practice)은 사회복지의 가치(values), 원칙(principles), 기술(techniques)로 이루어져 있으며, 다음과 같은 목적을 갖는다. 즉, 클라이언트가 실제적 서비스를 제공받을 수 있도록 돕고, 개인·가족·집단과 상담하거나 심리치료를 제공하며, 지역사회가 보건복지서비스를 개선할 수 있도록 돕는 것에 있다(NASW, 2004). 사회복지실천의 구성과 목적에서처럼 노인복지실천도 이루어지는데, 그 실천 대상이 노인 클라이언트로 국한된다는 점에서 차이가 있다. 노인복지실천이란 노인을 대상으로 사회복지실천의 가치, 원칙, 기술을 적용하여 노인이 인간다운 삶을 영위할 수 있도록 사회복지서비스를 제공하는 방법을 의미한다. 따라서 노인이 자신의 노년기와 사회에 잘 적응할 수 있도록 하고, 문제 해결을 위해 잠재적으로 가지고 있는 역량을 발휘할 수 있도록 강화시켜 주는 것까지를 포함한다고 볼 수 있다.

최근 사회복지실천에서 노인을 대상으로 한 사회복지실천에 관심이 커지고 있다. 사회복지교육협의회(Council on Social Work Education)에서는 노인복지실천에 관한 과목 구성을 어떻게 할 것인지에 관심을 가지고 있으며, 실제로 사회복지실천의 중요한 영역으로 교과과정을 개발하고 있다. 미국의 사회복지사협회(National Association of Social Workers)에서도 전문 영역(specialty area)으로서 노인복지실천에 대해 강조하고 있으며, 과거에 아동과 청소년 및 가족에 대한 강조에서 노인복지실천에 대한 관심으로 초점이 이동하고 있음을 알 수 있다. 이는 노인인구의 급격한 증가와 함께 급증하는 노인의 욕구와 복지에 대처하기 위한 필요성에서 비롯되었다고 볼 수 있다.

■ 노인복지실천의 대상 및 목적

노인복지실천의 대상은 모든 노인이라고 볼 수 있으며, 우선적으로 그 대상을 노인의 신체적 기능 상태에 따라 구분해 볼 수 있을 것이다. 먼저 연령과 신체적 능력에 따라 65세부터 74세 이전의 전기 노인으로 활동에 전혀 지장이 없는 노인과 75세 이상의 후기 노인으로 활동에 지장이 있는 노인으로 구분하여 살펴볼 수 있다. 74세 이전의 활동이 왕성한 노인에 대한 노인복지실천의 목적은 이들이 건강하게 노후를 보내기 위해 필요한 서비스와 자원이 무엇인지를 파악하여 이들이 가지고 있는 욕구를 충족시켜주고, 이들이 가지고 있는 자원을 사회에 제공할 수 있도록 하는 것이다. 예를 들어, 신체활동이 가능한 노인이 보람된 노후를 보내려는 욕구 충족을 위해 자신이 그동안 쌓아온 삶의 지식과 기술을 젊은 사람들이나 같은 또래의 노인을 위해 활용하면서 활동적 노후를 보내도록 할 수 있다. 최근 노인복지관을 이용하는 젊은 노인들(young old)이 급격히 증가하고 있지만, 이들의 욕구를 충족시키기에는 노인복지관의 수가 부족한 형편에 놓여 있다. 따라서 이들에 대한 욕구 충족과 함께 이들의 에너지를 사회에 대한 시너지로 전환하기 위해 다방면의 사회복지실천적 노력이 이루어지고 있다.

다음으로 75세 이상의 후기 노인들로 활동에 지장이 있는 경우, 노인복지실천의 목적은 점점 쇠퇴해 가는 신체적 기능을 가능한 한 유지하도록 하는 한편, 기능이 쇠퇴한 노인을 지역사회에서 어떻게 보호하는지에 관심을 가지고 이루어진다.

여기서 노인복지실천은 노인이 인간으로서의 존엄성과 독립성을 유지하면서 노년 후기의 삶에 적응하고, 자신의 삶을 주도적으로 영위할 수 있도록 돕는 것에 그 목적이 있다.

이러한 노인의 경우 '장기요양보호'의 관점에서 지역사회보호와 시설보호의 연결선상에서 사회복지서비스 제공의 선택과 가능성이 논의되고 있다.

다음으로 노인복지실천의 대상을 경제적 능력에 따라 구분해 볼 수 있는데, 일반적으로 그 대상을 경제적 능력이 전혀 없는 기초생활보장 대상 노인으로 독거하고 있는 노인이나 부부가 함께 지역사회에서 생활하고 있는 노인으로 본다.

이러한 노인의 경우, 국가적 지원이나 도움이 없이는 생활하기 어렵기 때문에 이들이 가지고 있는 경제적·신체적·심리적 문제에 적극적으로 개입하여 문제를 해결하기 위한 노력을 기울이게 된다.

■ 노인복지서비스 제공자

노인복지서비스 제공자는 사회복지사 자격증 1급과 2급을 가지고 있는 전문가로 구성되어 있다. 아직까지 노인복지에 대한 자격제도는 정립되지 않은 실정이다. 최근 노인복지서비스 분야가 분화되어 케어복지사나 노인복지사 자격증에 대한 논의가 진행되고 있는 것은 사실이지만, 아직까지 제도화되고 공인된 자격증은 없다.

따라서 사회복지사로서 노인 분야에서 서비스를 제공한 경험이 있는 전문가들이 노인복지서비스의 주된 제공자가 될 수 있다. 미국의 경우도 노인복지 분야의 전문가 양성에 관심을 가지고 다양한 방법을 모색하고 있는 상황으로, 고령화 사회에 걸맞은 사회복지실천의 방법을 모색함은 물론 그에 맞는 전문가 육성을 위해 고심하고 있다는 맥락에서 한국과 비슷한 실정이라 할 수 있을 것이다.

■ 노인복지실천을 위한 지침

노인복지서비스 제공자인 사회복지사는 노인의 특별한 욕구에 사회복지 기법과 접근을 적용하여야 한다(Sheafor et al., 1998: 607). Sheafor 등(1998: 607~610)은 노인을 돕는 사회복지사가 가져야 할 지침으로 다음과 같은 사항을 강조하였다.

노인 클라이언트를 존중해야 한다

이는 사회복지사가 가져야 할 가장 중요한 시각이다. 노인에 대한 노령 차별(ageism)의 시각에서 탈피해야 하며, 일반적으로 노인은 낮은 자아존중감을 가지고 있을 것이라는 잘못된 고정관념에서도 벗어나야 한다. 노인을 존중하기 위해 할 수 있는 것에는 다음과 같은 것이 있다.

① 노인의 자율성을 높이 평가해야 한다. 노인 스스로 개인방법을 찾을 수 있도록 도와야 한다.

② 노인도 프라이버시에 대한 욕구가 있음을 살펴야 한다.

③ 노인 개인의 역사를 이해해야 한다. 당시의 역사적 사건에 대한 이해를 바탕으로 노인의 경험을 존중하여야 한다. 예를 들어 노인 시대의 음악, 영화 등을 이해하는 것이 좋다.

노인의 강점을 파악한다

노인을 병리적으로 보기보다 능력의 관점에서, 부정보다는 긍정적으로 파악하는 것이 중요하다. 사회복지사는 문제를 해결해주는 사람이 아니라, 노인 스스로가 자신의 문제를 해결해 가도록 도와주는 사람이다. 노인에게 있어 강점은 다음과 같은 것이 될 수 있다.

① 인생을 오래 산 지혜: 인간에 대한 깊은 이해, 사회적 관계에 대한 지식, 삶의 불확실성에 대한 이해 등이다. Erikson(1963)의 통합의 시기가 여기에 해당된다.

② 탄력성과 적응력: 어려운 상황에 대한 대처 능력과 극복 능력이다.

③ 통제감: 노년기는 모든 인생 경험이 결합된 중요한 시기로 이해 대한 통제 능력이다.

대부분의 노인은 자신의 독립성을 유지하고자 한다

노인이 되면서 주위의 중요한 많은 사람들을 잃게 된다. 이때 노인들은 대처기제로 완전하게 독립적이 되고자 함으로써 서비스 제공에 대한 저항을 느낄 수 있다. 사회복지사는 이러한 상황을 이해하고 노인 클라이언트가 최대한 통제력을 가지고 독립성을 유지할 수 있도록 도와야 한다. 치료적 관계 형성 이전에 노인을 친구로서 비공식적 관계를 통해 대화의 문을 여는 것이 중요하다. 이때 주의할 점은 사회복지사가 전문가인지 친구인지 존재의 경계가 모호해질 수 있으므로 주의해야 한다.

시력과 청각 손실로 인한 어려움을 고려하여
가능하면 메시지를 명확하게 반복적으로 말하는 것이 중요하다

비언어적 의사소통은 특히 청각을 손실한 클라이언트에게 보충적 방법으로 매우 중요하다. 면접의 보조는 점차 늦어지는 것을 감안해야 한다. 또한 노인의 에너지 한계로 면접시간에 제한을 받을 수 있으므로 시간 조절에 주의해야 한다.

노인학대와 방임, 특히 자기방임의 지표에 주의를 기울인다

학대와 방임의 지표에는 모호하거나 방어적인 태도로 설명하는 화재, 절단, 치료받지 않은 상처, 타박상 등이 속한다. 날씨에 맞지 않는 옷차림을 하거나, 적절하지 않은 시간이나 위험한 장소에서 방황하고, 우유, 신문, 그 밖의 배달물을 수거하지 않고, 비정상적 행동 혹은 이동의 흔적이 전혀 없으며, 주거 환경에서 불쾌한 냄새가 나는 것 등이다. 정신질환을 가진 보호자와 함께 있고, 기본적 욕구가 충족되지 않은 것에 대해 주의를 기울여야 한다.

2. 노인복지실천의 과정

■ 접수 면접과 관여

사회복지사와 노인 클라이언트의 첫 대면에서 무엇보다 중요한 것은 신뢰관계의 형성이다. 사회복지실천의 질은 사회복지사와 클라이언트의 접촉의 강도(intensity of contact)에 의해 좌우되므로, 일반 사회복지실천에서와 마찬가지로 관계는 매우 중요한 역할을 하게 된다(Johnson, 1995). 따라서 사정 단계에서부터 클라이언트와 관계 형성을 원활하게 해나갈 필요가 있다. 클라이언트와 사회복지사 간의 관계 형성과 관련하여 Strupp(1995)은 관계의 질이 긍정적 변화를 가져오는 요소임을 재확인하였으며, 관계에는 주로 연령·성별 등의 개인적 특성이 영향을 끼치는 것으로 보았다. 단기 면접의 경우 이러한 특성이 영향을 미치지만 장기적 개입을 해야 하는 클라이언트의 경우 사회복지사와 클라이언트의 특성 차이가 크게 영향을 끼치지 않는다. 무엇보다 신뢰감을 형성하는 것이 가장 중요한 요소로, 긍정적 라포가 형성될 수 있도록 사회복지사는 클라이언트가 마음을 편하게 갖고 이야기할 수 있는 환경을 마련해 주어야 한다. 예를 들어, 사회복지사는 노인이 경험했던 시대의 사건이나 이야기, 노래 등을 회상하게 하여 이야기를 유도할 수 있다. 클라이언트의 기대와 관심을 확인하고, 면접 과정 동안의 상호 역할과 책임성, 상담과 원조의 방법, 한계 등에 대해 논의해야 한다. 노인복지실천의 출발점은 '무엇이 이 노인 클라이언트를 다르게 만들 것인가?'이다.

처음으로 노인과 만날 때 사회복지사는 왜 노인과의 면접이 시작되었는지, 사회복지사와의 만남이 어떻게 느껴지는지에 대해 파악해야 한다. 따라서 현재 노인 자신의 상태에 대한 느낌, 또는 현재 노인의 가장 중요한 관심사가 무엇인지 등의 대화로 시작한다.

■ 자료 수집과 사정

노인 클라이언트에 대한 사정은 객관적 정보를 수집하고, 노인 클라이언트의 욕구를 파악하여 문제를 사정하는 단계이다. 사정(assessment)은 노인 클라이언트의 건강, 사회심리적 기능, 인지 능력, 재정, 환경, 사회적 지지, 욕구 등을 사정도구를 통해 구체화하는 과정이다(Holt, 2000). 사정을 위한 자료 수집은 과학적 방법에 의해 이루어져야 하며, 객관적 자료가 수집되어야 한다. 이를 위해 문제 체크리스트나 다양한 척도, 검사 도구 등을 활용하거나, 직접 혹은 간접 관찰 방법을 활용할 수 있다. 노인의 경우 관련된 그림이나 가계도 등의 간편한 도구, 비디오 등을 활용하거나, 회상적 대화를 통해 사회복지사는 클라이언트의 표면적 문제와 정서적 문제를 인지해야 한다. 이때 사회복지사는 경청과 공감, 나 전달법(I-message) 등의 기술을 사용할 수 있다. 여기서 기억해야 할 중요한 점은 사정이 사회복지실천에서 첫 단계로 끝나는 것이 아니라, 사회복지사가 클라이언트를 다루는 동안 지속적으로 진행되는 과정이라는 점이다.

사정은 어떤 서비스를 제공할 것인지를 결정하는 단체이다. 임상적 사정은 클라이언트에게 제공될 서비스의 유형과 양을 결정한다. 주기적 사정을 통해 치료의 계속, 중단, 전환을 결정해야 한다. 노인에 대한 사정은 오랜 기간 동안의 삶의 경험으로 인해 매우 복잡하고, 하나의 측정 도구만으로 판단하기 어려운 점이 있다. 따라서 노인에 대한 사정은 여러 측면을 다양하게 고려하는 다양한 측면의 사정(multidimensional assessment)이 되어야 한다(〈그림 3-1〉 참고).

일반적으로 노인 클라이언트에 대한 사정의 영역은 다음과 같다. 첫째, 클라이언트의 능력과 대인서비스 욕구에 대한 사정으로, 교육 정도와 취업 경험, 사회활동 정도, 문제해결 능력과 의사결정 능력, 개인적 자질과 성격, 물리적·재정적 자원 소유, 문제해결에 대한 동기와 의지 등에 대한 영역이다. 이에 더해 클라이언트의 영양 상태, 신체적 활동능력 등의 건강 상태에 대해서도 파악하여야 한다. 이때 노인이 과거의 경험을 통해 형성해온 지혜 등 강점을 파악하기 위한 노력도 필요하다.

둘째, 클라이언트의 사회적 망과 이러한 망 구성원들이 클라이언트의 욕구에 부응하는 능력에 대한 사정이다. 여기에서는 비공식적 원조자들을 발굴하는 노력과 더불어 클라이언트들이 관계하고 있는 사회적 지지체계에 대한 사정이 이루어져야 한다. 특히 사회적 망에 대한 사정은 환경 속의 인간(person-in-environ-ment)을 강조하는 사회복지실천에서 매우 중요한 영역으로 간주된다. 이 시기 노인 클라이언트의 배우자, 형제, 다른 동료 등의 상실에 대해서도 주의를 기울일 필요가 있다.

셋째, 대인서비스 제공자에 대한 사정과 이러한 제공자들이 노인 클라이언트의 욕구에 부응하는 능력에 대한 사정이다. 노인 클라이언트의 욕구와 자원 제공자의 욕구가 일치하는지를 파악하여야 하며, 만일 일치하지 않는다면 이러한 욕구들을 일치시킬 수 있는 방법들을 사정하는 것이 중요하다.

넷째, 1차적 보호의 제공자에 대한 사정이 동시에 이루어져야 한다. 특히 1차적 보호의 제공자가 직장을 갖고 있거나 아동을 양육해야 할 환경에 있다면 이들의 부양 부담에 대해 파악해야 한다. 여기서 주의해야 할 점은 노인의 가족과 노인이 함께 하고 있는 사람들에 대한 사정으로, 노인 자신에 대해서만이 아니라 배우자와 부부의 기능을 수행하고 유지하며, 심리사회적으로는 쇠약하지 않은지에 대해 주의를 기울여야 한다(Sheafer et al., 1998: 404). 이상과 같은 사정의 영역은 결론적으로 다각적 측면에서 사정이 이루어져야 함을 나타내는 것으로 〈그림 3-1〉에서와 같다.

■ 서비스 계획 및 실행

서비스 계획은 클라이언트의 욕구 충족을 위한 목적을 발전시키는 과정이며, 이러한 목적을 성취하기 위한 서비스를 구체화하는 과정이다(Holt, 2000: 49). 즉, 드러난 문제들 가운데 해결할 수 있는 표적 문제를 정하고, 이에 대한 대안을 클라이언트와 함께 모색하는 단계이다. 이때 문제를 풀어가기 위해서는 사회복지사와 노인 클라이언트가 함께 일하는 과정이 강조된다. '지금, 여기에서' 다룰 수 있는 문제인지에 대해 합의해야 하며, 노인의 역할이 충분히 반영될 수 있도록 해야 한다. 따라서 서비스 계획은 사정과 서비스 전달을 이어주는 중요한 역할을 하게 된다.

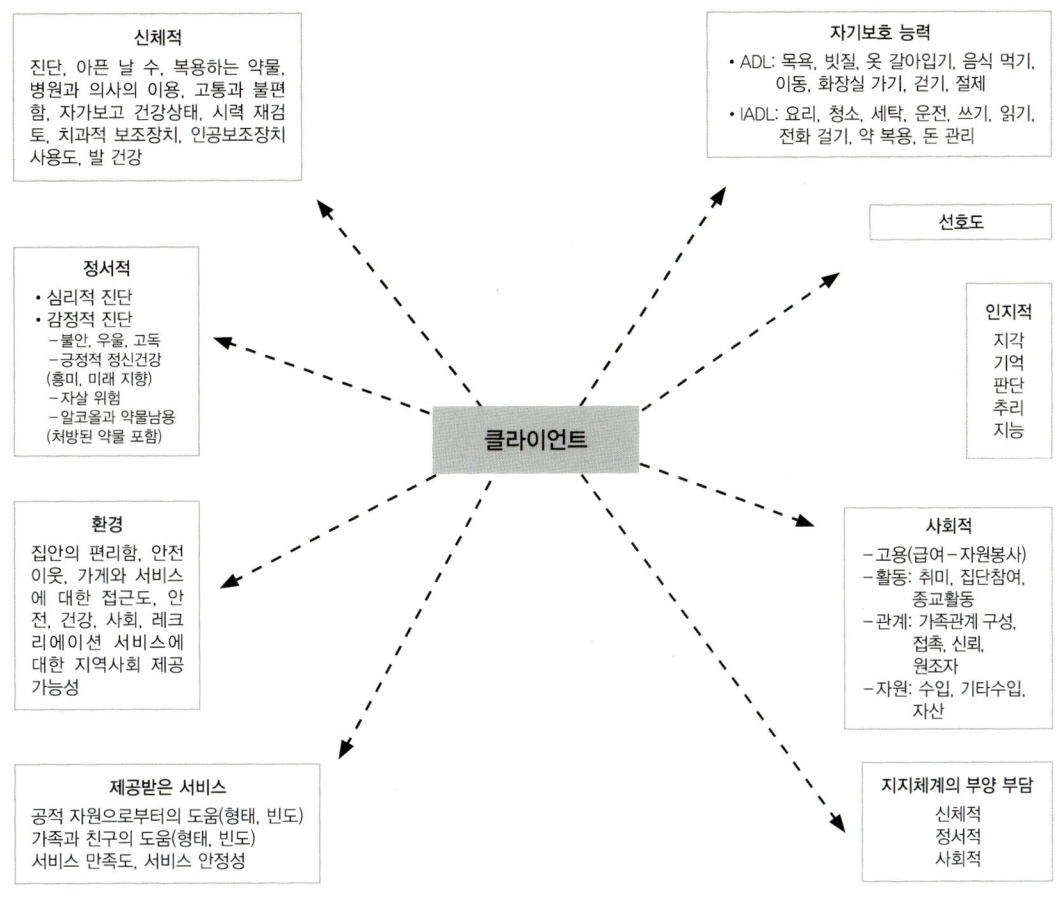

신체적
진단, 아픈 날 수, 복용하는 약물,
병원과 의사의 이용, 고통과 불편
함, 자가보고 건강상태, 시력 재검
토, 치과적 보조장치, 인공보조장치
사용도, 발 건강

정서적
• 심리적 진단
• 감정적 진단
 - 불안, 우울, 고독
 - 긍정적 정신건강
 (흥미, 미래 지향)
 - 자살 위험
 - 알코올과 약물남용
 (처방된 약물 포함)

환경
집안의 편리함, 안전
이웃, 가게와 서비스
에 대한 접근도, 안
전, 건강, 사회, 레크
리에이션 서비스에
대한 지역사회 제공
가능성

제공받은 서비스
공적 자원으로부터의 도움(형태, 빈도)
가족과 친구의 도움(형태, 빈도)
서비스 만족도, 서비스 안정성

클라이언트

자기보호 능력
• ADL: 목욕, 빗질, 옷 갈아입기, 음식 먹기,
 이동, 화장실 가기, 걷기, 절제
• IADL: 요리, 청소, 세탁, 운전, 쓰기, 읽기,
 전화 걸기, 약 복용, 돈 관리

선호도

인지적
지각
기억
판단
추리
지능

사회적
 - 고용(급여 - 자원봉사)
 - 활동: 취미, 집단참여,
 종교활동
 - 관계: 가족관계 구성,
 접촉, 신뢰,
 원조자
 - 자원: 수입, 기타수입,
 자산

지지체계의 부양 부담
신체적
정서적
사회적

〈그림 3-1〉 노인복지 사정 영역 / 사정의 다양한 측면

서비스 계획은 사회복지사의 전문적 판단과 실천적 경험에서 수립되며, 욕구사정이 이루어진 후 특정한 서비스 목표를 정립하게 되면서 이루어진다. 대개의 경우 목표는 장기와 단기로 나누어 수립하고, 장기 목표는 단기 목표의 달성하에 궁극적으로 희망하는 상태를 나타내게 된다. 따라서 단기 목표는 클라이언트의 현재 욕구 충족이나 위기 상황을 해결하기 위한 직접적 목표가 된다. 클라이언트와 사회복지사는 장기 목표 또는 단기 목표 중 어디에 초점을 둘 것인지를 결정해야 한다. 대개의 경우 클라이언트는 빨리 문제 상황에서 벗어나기를 원하기 때문에 단기 목표에 초점을 두게 되는 경우가 많지만, 실제로 클라이언트의 문제는 단기 문제의 해결로 끝나지 않는 경우도 많다. 사회복지사는 단기와 장기 목표의 달성을 위해 시간과 노력을 어떻게 배분해야 하는지에 대한 면밀한 검토가 필요하며, 필요에 따라서는 목표를 수정하기도 해야 한다.

서비스 계획 과정에서 목표를 설정하기 위해 주의해야 할 점을 살펴보면 다음과 같다.

첫째, 목표는 명료하게 세워져야 한다는 것이다. 목표가 명확하지 못하면 노인 클라이언트의 진전 상황을 보고할 수 있는 근거가 없어지게 된다.

둘째, 실현 가능한 목표를 세워야 한다. 서비스 제공 시간, 서비스의 종류, 양과 횟수 등에 대해 구체적으로 설정해 주는 것이 필요하다. 목표를 세울 때 자주 범하기 쉬운 실수 가운데 하나가 바로 사회복지사가 클라이언트의 능력을 과대평가함으로써 발생한다. 즉, 실현 가능한 목표를 설정하기보다는 달성할 수 없는 범위의 목표를 설정함으로써 결과적으로 서비스가 성공하지 못하는 요인이 된다. 따라서 목표를 세울 때 달성 가능한 범위 내에서 현실적 목표를 세우는 것이 중요하다.

셋째, 클라이언트와 목표에 대한 동의가 이루어져야 한다. 사회복지실천 활동 자체가 전문가에 의한 일방적 결정보다는, 클라이언트의 능력을 배양하고 클라이언트로 하여금 스스로의 문제를 해결하는 데 있으므로 어떤 수준에서 문제가 해결되기를 원하는지에 대한 합의가 필요하다.

서비스 계획에 따른 개입은 다음과 같은 점을 고려하여 이루어진다.

첫째, 노인의 신체적 기능 정도(functional ability)에 따라 서비스를 제공한다. 대개 신체적 기능 정도는 ADL(Activities of Daily Living)과 IADL(Instrumental Activities of Daily Living)에 따라 손상 정도를 판단하게 된다.

① 손상 없음(unimpaired): ADL과 전혀 불편이 없는 경우

② 미미한 손상(minimally impaired): IADL 중 2개 정도에 불편이 있는 경우

③ 중간 정도 손상(moderately impaired): ADL 중 일부 기능이 어려울 때

④ 심한 손상(severely impaired): ADL 기능이 전혀 되지 않을 때

둘째, 퇴직에 적응하는 인성 유형에 따라 서비스를 제공한다.

① 퇴직에 잘 적응함(well-adjusted)

 - 성숙(mature): 갈등이 없고, 과거에 대해 후회 안 함.

 - 흔들의자 유형(rocking chair): 퇴직 이후의 상황을 즐김, 만족

② 책임에서 벗어난 것을 즐김

　－무장(armored): 자원 감소에 불안하지만, 공격적 행위로 이를 상쇄

③ 퇴직에 적응 못 함(poorly-adjusted)

　－분노(angry): 절망

　－자아혐오(self-hating): 실패감, 자기비하, 우울, 소외, 무가치

■ 종결

사회복지실천의 마지막 과정은 공식적 종결 과정이다. 클라이언트의 정서가 안정되었다고 느낄 때, 표적 문제의 객관적 해결이 성취되었을 때, 혹은 클라이언트의 문제가 상담자의 능력을 벗어난다고 판단될 때, 사회복지사와 노인 클라이언트는 관계를 종결하게 된다.

종결(termination)은 사회복지사와 클라이언트의 관계가 끝나게 됨을 의미한다.

이 용어는 최근에는 상황에 대한 자유 상태(disengagement)라는 용어로 대체되고 있는데, 이는 종결이라는 마지막에 대한 이미지를 탈피하기 위한 노력에서 비롯되었다고 할 수 있다. 사례 종결은 클라이언트에게 더 이상 서비스가 필요 없게 되었을 때 이루어지게 되는 것으로 클라이언트의 상태가 개선되었음을 의미한다. 그러나 종결은 자원의 한계로 클라이언트의 조건을 더 이상 개선시키기 어려울 경우에도 발생한다. 즉, 현재의 프로그램이나 사회복지기관으로서는 클라이언트를 보호하기 위해 더 이상 충분한 서비스를 제공할 수 없을 때에도 종결이 이루어진다. 또한 종결은 사회복지사가 클라이언트와 관계 형성이 원만하게 이루어지지 않아 상호 간에 신뢰할 수 없는 경우에 나타나기도 한다. 이러한 경우 사례관리자는 클라이언트에게 다른 사회복지사를 연결해 주기도 한다.

종결에 대한 결정은 사회복지사와 클라이언트 양자 간에 이루어지는데, 사회복지사가 종결을 위해 가장 먼저 해야 할 일은 사례에 대한 재사정(reassessment)을 실시하는 것이다. 클라이언트의 상황은 시간이 지남에 따라 바뀌기 때문에 서비스 종결을 위한 재사정은 필수적인 것이다. 종결이 일어난 후에도 사회복지사는 다시 클라이언트를 도울 수 있다는 것을 알려야 하며, 클라이언트는 다시 서비스 수혜에 대한 허가를 받을 권리가 있다.

사회복지사는 종결을 위한 클라이언트의 진전 정도와 종결 후에 발생할 수 있는 위험 요소에

대한 평가를 해야 한다(Raiff & Shore, 1993: 62). 많은 경우 사회복지사는 종결 후에도 3개월, 6개월, 1년 정도의 간격으로 서비스가 다시 필요한지에 대한 사후 조사를 한다(Holt, 2000: 76). 따라서 사후 조사를 할 것인지를 결정하는 것도 종결 단계에서 해야 할 중요한 과업이다(Frankel & Gelman, 1998: 53). 특히 사회복지서비스를 제공받고 있는 클라이언트들은 장기간에 걸쳐 서비스를 제공받는 경우가 많아 서비스에 의존적이 되기도 하기 때문에 사회복지사는 종결이 발생했을 때 클라이언트의 상황에 미칠 영향에 대해 충분히 고려해야 한다. 또한 사람과의 관계를 종료하는 데 대해 클라이언트가 받을 정신적 분리불안과 우울함에 대해서도 고려해야 한다. 이러한 심리적 원인으로 인해 때로는 클라이언트들이 자신이 사회복지사로부터 전혀 도움을 받지 않았다고 불만을 제기하기도 하며, 또는 자신들이 가지고 있는 다른 문제를 제기하여 아직도 종결이 일어나서는 안 된다는 점을 강조하기도 한다.

다른 한편으론 사회복지사 역시 종결로 인해 많은 심리적 문제를 경험하게 된다. 어떤 클라이언트는 좀처럼 종결을 원하지 않고, 사회복지사의 지속적 보살핌을 요구하기도 한다. 따라서 종결을 위한 전문가적 목표는 클라이언트가 다른 사람의 도움 없이도 살아갈 수 있도록 클라이언트 역량강화라는 것을 깨닫도록 요청한다. 종결의 최종 과정은 클라이언트에 대한 모든 서류 정리를 완료하는 것이며, 다른 서비스 제공자들에게도 이를 알리는 것이다.

04 노인 상담

1. 의사소통에 대한 이해

■ 의사소통의 정의와 목적

효율적 의사소통은 사회복지사와 클라이언트와의 관계를 형성하고 문제해결 과정에 있어 중요한 면접 기술로 기능한다. 즉, 면접에 필요한 기술로 의사소통 기술은 기본적이다. 의사소통은 언어적 의사소통과 비언어적 의사소통으로 나누어진다. 비언어적 의사소통 기술로는 눈 맞춤, 옷차림과 외양, 표정, 자세와 몸동작 등이 있으며, 이를 통해 의사전달 기능을 하는 것이므로 사회복지사는 이와 같은 비언어적 의사소통 기술을 잘 알고 있으면 클라이언트를 이해하는 데 많은 도움이 될 것이다. 좋은 의사소통의 기초가 되는 일반적인 태도로는 다음과 같은 것들이 있다.

첫째, 모든 인간은 독특하며 각자 다른 방법으로 사건을 인식하고 경험하기 때문에 의사소통의 어려움을 예상하고 문제를 줄여나가려는 자세가 필요하다.

둘째, 수신자가 이해하기 쉬운 방법으로 메시지를 전달하려는 노력과 전달자의 메시지를 이해할 수 있도록 자신의 방어를 줄이려는 태도가 필요하다.

셋째, 메시지 전달자와 수신자 모두 자신의 말과 행동에 책임을 지려는 의지와 효과적인 의사소통을 하기 위해 노력하는 태도가 있어야 한다(Sheafor & Horejsi, 2003).

특히 사회복지사와 클라이언트의 관계에서는 사회복지사가 도움을 주는 사람이고 클라이언트는 도움을 받는 사람이므로 사회복지사는 클라이언트가 자신의 문제를 올바르게 인식하고 감정을 표현하며 행동에 변화를 일으킬 수 있도록 목표지향적 의사소통을 해야 한다. 사회복지 현장에서 효율적 의사소통의 목적은 다음과 같다(Johnson, 1998).

① 원조의 과정에 필요한 정보수집

② 사고, 감정, 욕구충족, 그리고 문제해결

③ 감정과 사고의 표현

④ 행동체계의 구조화 작업

⑤ 정보제공, 충고, 격려, 그리고 방향 제시

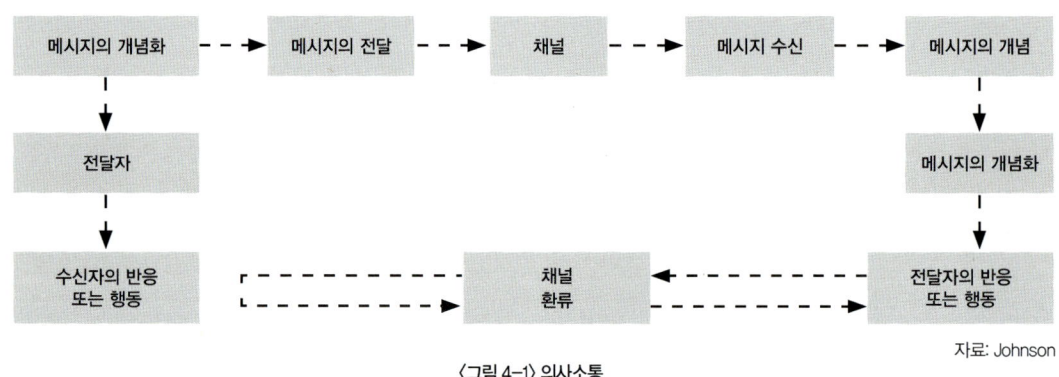

자료: Johnson

〈그림 4-1〉 의사소통

효율적 의사소통의 중요한 요소는 주고받는 메시지이다. 효율적 의사소통을 하기 위한 메시지는 다음과 같다(Johnson, 1998).

① 언어적 그리고 비언어적으로 일치된 메시지

② 단순하고 이해가 가능한 메시지

③ 메시지를 보내는 송신자의 의미를 수용자가 이해할 수 있는 메시지

④ 동시에 주는 여러 가지 메시지가 있을 경우, 중요한 내용은 반복적 전달을 통해 충분히 이해할 수 있는 메시지

효율적 의사소통은 메시지를 보내는 전달자의 신뢰성, 정직성에 영향을 받는다. 수신자는 전달자를 얼마나 신뢰하느냐에 따라 메시지의 수용 정도가 달라질 수 있다. 따라서 효율적 의사소통은 감정에 민감해야 하고 의사소통을 하는 상황을 잘 이해해야 한다. 비효율적 의사소통의 메시지는 다음과 같다(Seabury & Jonhson, 1998 재인용).

① 이중적 메시지: 상반된 두 가지의 메시지가 동시에 전달되는 경우

② 모호한 메시지: 수신자에게 의미가 없거나 추정이 가능한 여러 가지의 메시지

③ 복잡한 해석: 메시지의 왜곡과 의미의 혼란을 가져올 수 있음.

④ 과잉 메시지: 수신자가 해석하고 반응할 수 있는 양을 넘어선 경우

⑤ 의식 또는 순서의 부조화: 습관적 행동양식과 상식을 벗어난 메시지 전달과 순서의 왜곡

⑥ 호환성의 부재: 전달자가 보내는 눈 맞춤, 말씨 등이 수신자에게 사용되지 않거나 이해할 수 없어 상호 교환이 안 되는 경우

의사소통은 메시지 전달자와 수신자를 모두 포함한다. 메시지 전달자는 자신의 메시지가 쉽게 수신되고 오해받지 않는 방법으로 전달되도록 할 책임이 있다. 또한 수신자는 전달자가 의도한 대로 정확하게 메시지를 수신하고 왜곡하지 않을 책임이 있다. 듣는 입장에서 메시지를 수신할 때 지켜야 할 규칙은 다음과 같다(Sheafor & Horeisi, 2003).

① 메시지 수신자는 말하는 것을 멈춘다. 말하는 동안에는 들을 수가 없기 때문이다.

② 메시지 전달자를 평안하게 해주고 불안을 줄이기 위해 노력한다. 예를 들어, 문을 닫는 등 산만하게 하는 요인을 없앤다.

③ 말이나 행동으로 수신자가 듣고 싶어 한다는 것을 보여주고 주의를 집중한다.

④ 메시지 전달자를 참을성 있게 대하고 말을 끊지 않는다.

⑤ 전달자를 더 잘 이해하기 위해 혹은 메시지를 명확히 하기 위해 적절한 질문을 한다.

⑥ 감정을 통제한다. 격양된 감정은 의사소통에 장애를 일으킬 수 있으므로 비판하거나 논쟁하지 않는다.

■ 의사소통의 유형

의사소통의 유형을 구분하는 기준은 의사소통의 수단, 방법, 내용 등에 따라 다양하게 구분할 수 있지만, 가장 대표적인 것은 Satir(1972)의 의사소통 유형분류이다. 이에 대해 살펴보면 다음과 같다.

① 회유형: 자신의 가치나 감정은 무시한 채, 다른 사람의 감정을 건드리지 않기 위해 비위를 맞추려 하는 의사소통 유형이다.

② 비난형: 회유형의 정반대 유형으로, 자신이 틀리거나 약해서는 안 된다는 굳은 신념하에 다른 사람이나 상황을 비난하려 하는 의사소통 유형이다.

③ 초이성형: 자신이나 다른 사람을 과소평가하려 하며, 지나치게 합리성을 중요시하기 때문에 상황과 기능적인 측면에만 초점을 맞추고, 자료의 객관성과 논리성 유무를 따지기를 좋아하는 의사소통 유형이다.

④ 산만형: 초이성형과 정반대의 유형으로, 생각과 말과 행동 등 모든 차원에서 부산스러우며, 자신뿐만 아니라 다른 사람에게도 초점을 맞추지 못하고, 상황에 대처하는 것도 매우 부적절하여 주위를 혼란스럽게 하는 의사소통 유형이다.

⑤ 일치형: 일치형은 건강한 의사소통 유형으로 자신의 개성과 독특성을 인정하고, 자기를 보호하기 위해 지나치게 방어적이지 않으며, 자기 자신과 다른 사람을 사랑하고 신뢰하며 수용하는 의사소통 유형이다.

■ 언어적 의사소통

언어를 통한 의사소통은 교환되는 내용의 명확성을 높여준다. 언어는 사람의 태도나 생각과 같이 정교한 개념들을 가장 효과적으로 전달해주기 때문에 가장 간편하고 만족스런 방법이라고 할 수 있지만, 실제로는 언어를 사용하는 사람들의 개인적 차이로 인한 편차도 크다. 사람들은 같은 단어를 서로 조금씩 다른 의미로 사용하기도 하고, 특별한 감정이나 뉘앙스를 표현하는 방법이 서로 다를 수도 있고, 어휘의 풍부함과 제한으로 인한 차이도 있을 수 있다. 사회복지 클라이언트들은 특히 자기의 감정이나 생각을 말로 표현하는 데 익숙하지 않은 경우가 많다. 따라서 사회복지사는 다양한 방법으로 클라이언트와의 언어적 의사소통을 격려하게 되는데, 그 방법들을 보면 다음과 같다(Kirst-Ashman & Hull, 1993).

클라이언트에 대한 지지적 언어반응

단순한 말 한마디로 클라이언트에게 용기를 주어 자신에 관해 계속 이야기할 수 있게 하는 것을 목적으로 하는 기법이다. "음음", "알겠어요", "아, 예" 등의 간단한 반응이 클라이언트로 하여금 사회복지사가 자신에게 관심을 갖고 진지하게 경청하고 있다는 신뢰감을 갖도록 한다.

클라이언트 언어의 재구성

클라이언트의 의도를 제대로 파악했는지를 알아보기 위해서, 클라이언트에게 자신이 한 말에 대해 잠시 생각해 볼 시간을 주기 위해서, 그리고 클라이언트가 말하는 것을 경청하고 있다는 것을 보여주기 위한 목적으로 사용된다. 말의 재구성이란 '경청하고 있다', '이해한다', '계속하다'라는 메시지를 전하기 위해 다른 단어를 사용한 단순한 반복일 뿐 어떠한 다른 해석을 포함시켜서는 안 된다.

클라이언트 감정에 대한 성찰적 반응

자신이 가지고 있는 감정의 타당성에 대한 회의 등으로 인해 자기 자신의 감정을 표현하려다 중단하는 경우가 있다. 클라이언트의 감정을 읽어서 언어로 표현해줌으로써 클라이언트와의 감정의 대화를 가능하게 할 수 있다. 이 기법은 감정이입적 의사소통에 매우 효과적인 기법이다. "당신은 이혼으로 인해 매우 상심해있군요"와 같은 반응이 좋은 예이다.

클라이언트 인식의 명료화

명료화란 클라이언트가 말하는 것을 확실하게 이해하기 위해 사용되는 기법으로서 클라이언트에게 자신이 말한 것을 좀 더 분명하게 인식시킴과 동시에 사회복지사 자신의 이해를 분명하게 하기 위한 목적으로 사용된다. 예를 들면, 클라이언트가 사회복지사에게 "나는 이혼을 했어요. 모든 게 끝나고 말았어요. 어쩌면 좋지요?"라고 말할 때 사회복지사가

"당신은 부인과 헤어짐으로써 아이 양육문제, 위자료문제 등을 어떻게 해결해야 될지 모르겠다는 말씀인가요?"라고 반응하면 이것이 명료화 기법을 사용한 것이다.

클라이언트 말의 해석

해석은 명료화보다 한 단계 더 진전하여 클라이언트가 말한 것에서 결론을 이끌어내고 말 자체보다 그 의미를 도출해내는 기법을 가리킨다. 클라이언트가 말한 것을 해석함으로써 클라이언트가 자신과 자신의 문제를 심층적으로 이해할 수 있도록 돕고, 상황에 대한 인식력을 높여준다. "당신은 엄마에 대해 양가감정을 가지고 있군요. 당신은 독립을 원하지만, 엄마가 떠남으로써 엄마의 마음을 아프게 하고 싶지도 않는 것 같군요"라고 응답하는 경우 해석기법을 적용한 것이다.

클라이언트의 간접적 표현의 직접적 언어화

클라이언트는 의사표현을 직접적이며 명확하게 하기보다는 은유와 비유를 사용하여 간접적으로 표현하는 경우가 많다. 사회복지사는 자신의 판단과 추측으로 직접적으로 반응하여 클라이언트가 의미하는 바를 명확하게 언어화하는 기술이 필요하다.

Shulman(1979)은 면담의 초기에는 위험을 감수하더라도 직접적으로 반응할 것을 적극적으로 권하고 있다. 간접적인 의사소통이 서로의 이해를 방해할 뿐 아니라 사회복지사의 추측이 터무니없는 것일 경우 클라이언트는 그 추측이 틀렸음을 지적하게 되며, 이런 과정을 통해 명확한 대화로 발전할 수가 있다.

클라이언트에게 정보제공

클라이언트가 구체적인 사항에 대해 직접적으로 물어올 때가 있다. 사회복지사에게 자신의 얘기를 털어놓아야 하는지, 물어보면 이에 대해 정확한 설명이나 정보를 제공하는 것을 말한다.

클라이언트의 장점의 강조

대부분의 클라이언트는 많은 문제를 지니고 있어 삶에 대해 비관적이며 희망을 잃은 경우가 많다. 그들의 장점을 찾아 강조해주는 것은 원조의 전체 과정을 통해 중요한 개입기법이다. 클라이언트의 장점이란 그의 행동과 성취한 것, 성격과 자질, 그리고 그를 둘러싼 물리적 환경 속에서 찾아질 수 있다.

사회복지사의 자기노출

연구결과에 따르면, 사회복지사의 어느 정도의 자기 노출(self-disclosure)이 클라이언트와의 관계형성을 증진시킨다고 한다. 그러나 지나치게 자신에 대해 얘기하는 사회복지사에 대해서 클라이언트는 신뢰감을 가지지 못한다는 보고도 있다. 첫째, 사회복지사를 위한 것이 아니라 클라이언트에게 도움이 되어야 한다는 것이며, 둘째, 클라이언트 상황에 적합해야 하며, 셋째, 짧고 간결해야 한다는 것이다.

요약

면접의 내용을 요점만 간추려 간결하고 분명하게 재구성하는 것으로, 클라이언트에게 면접의 중요 사안을 이해시키며 동시에 면접의 방향을 정 위치로 잡는 데 도움이 되는 기법이다. 요약하기 위해 사회복지사는 가장 중요한 사실, 쟁점, 주제를 지적할 줄 아는 능력을 갖춰야 한다.

면담 목적과 역할을 분명히 하는 것이 긍정적인 관계형성에 보다 효과적임을 주장하면서 '관계수립'을 해야 한다는 생각 때문에 면담의 목적을 명확히 하는 것을 꺼리는 것이 원조관계 발전에 도움이 되지 않는다고 하였다. 즉, 관계란 단순히 감정을 목적으로 하는 행동보다는 면담목적과 사회복지사의 역할을 분명히 하는 전문적인 원조관계가 강조될 때 더욱 쉽게 수립된다는 것이다.

Shulman이 제시한 원조관계 형성 기술은 다음과 같다.

목적을 명확히 하기

사회복지사가 전문적 용어가 아닌 평이한 언어로 간단하게 사회복지사와 클라이언트가 만나는 목적에 대해 클라이언트에게 설명해주는 것을 가리킨다. 클라이언트는 기관과 사회복지사에 대한 기대를 정리할 수 있게 된다. 클라이언트가 원해서 이루어진 만남인 경우 사회복지사는 클라이언트로 하여금 기관에 찾아온 이유를 '자신의 말'로 설명하도록 격려하여야 한다.

사회복지사가 주도한 만남인 경우에는 사회복지사가 왜 이 만남이 이루어졌는지에 대해 분명하게 직접적으로 설명을 해주어야 한다.

역할을 명확히 하기

사회복지사가 자신이 어떻게 클라이언트를 도울지에 대해 클라이언트에게 명확하게 알려주는 것을 말한다.

명확히 제시된 목적에 대한 클라이언트의 반응을 끌어내기

만남의 목적에 대해 설명한 뒤에는 클라이언트의 의견을 들어야 한다. 이를 통해 클라이언트의 기대와 목적 간의 차이점을 알 수가 있다.

도움의 확신을 심어주기

클라이언트에게 도움이 될 것이라는 자신의 신념을 보여주는 것이다. 신뢰감을 갖게 되며 이것은 원조의 전체 과정을 성공적으로 이끌기 위한 초석이다.

■ 비언어적 의사소통

사람 사이의 상호작용은 비언어적인 측면에 크게 영향을 받는다. 우리는 여자 친구 앞에서 빙판에 미끄러져 넘어진 사춘기 소년이 "하나도 안 아프다"라고 말한다고 해서 정말 아프지 않을 것이라고는 생각하지 않는다. 오히려 많이 아프지만 여자 친구 앞에서 미끄러져 넘어진 것이 창피하여 아무렇지도 않은 척할 뿐이라는 것을 말하지 않아도 안다. 때문에 얼마나 아픈지에 대해 더 이상 관심을 표명하지 않는 것이 소년에게 도움이 될 것이라는 점도 안다. 이것은 소년의 '아프지 않다'는 언어적 표현보다도 소년의 찡그린 표정과 몸짓과 같은 비언어적 면들이 더 많은 진실을 전해주기 때문이다. 이처럼 비언어적 의사소통은 언어적 의사소통의 내용과 상반된 메시지를 전달하거나 더 사실에 가까운 정보를 주는 누설적 기능을 갖고 있어 면접에서 매우 중요한 정보의 근원이 되므로 사회복지사의 주의가 필요하다.

커스트-애시맨과 헐(Kirst-Ashman & Hull, 1993), 그리고 시퍼 등(Sheafor et al., 1991)은 비언어적 의사소통을 원활히 하기 위한 기법들을 다음과 같이 소개하고 있다.

〈표 4-1〉 비언어적 의사소통기법 목록

구분	바람직한 태도	바람직하지 않은 태도
얼굴표정	• 따뜻하고 배려하는 표정 • 적절하게 다양하며 생기 있는 표정 • 자연스럽고 여유 있는 입모양 • 간간이 적절하게 짓는 미소	• 눈썹 치켜뜨기 • 하품 • 입술을 깨물거나 꼭 다문 입 • 부적절한 희미한 미소 • 지나친 머리 끄덕임
자세	• 팔과 손을 자연스럽게 놓고 상황에 따라 적절한 자세 • 클라이언트를 향해 약간 기울인 자세 • 관심을 보이는 그러나 편안한 자세	• 팔짱끼기, 클라이언트로부터 비껴 앉은 자세 • 계속해서 손을 움직이는 태도, 의자에서 몸을 흔드는 태도 • 몸을 앞으로 수그리는 태도 • 입에 손이나 손가락을 대는 것, 손가락으로 지적하는 행위
눈 맞춤	• 직접적인 눈 맞춤(문화를 고려한) • 클라이언트와 같은 눈높이 • 적절한 시선 움직임	• 눈을 마주하기를 피하는 것 • 클라이언트보다 높거나 혹은 낮은 눈높이 • 시선을 한곳에 고정하는 것
어조	• 크지 않은 목소리 • 발음이 분명한 소리 • 온화한 목소리 • 클라이언트의 느낌과 정서에 반응하는 어조 • 적절한 말 속도	• 우물대거나 너무 작은 목소리, 단조로운 어조 • 주저하는 어조, 너무 잦은 문법적 실수 • 너무 깊은 침묵, 들뜬 듯한 목소리 • 너무 높은 목소리, 너무 빠르거나 느린 목소리 • 신경질적인 웃음, 잦은 헛기침 • 큰 소리로 말하기
신체적 거리	• 의자 사이는 1~2.5m	• 지나치게 가깝거나 먼 거리 • 책상이나 다른 물체를 사이에 두고 말하기
옷차림과 외양	• 기관의 특성에 맞추어 클라이언트의 특성에 맞게 보통 단정하고 점잖게	

자료: 양정남 외 3인, 『사회복지실천론』, 2008

■ 클라이언트의 방어적인 태도를 완화하는 의사소통 기술

저항감과 양가감정을 가지고 있는 클라이언트는 사회복지사와의 의사소통 과정에서 대단히 방어적인 태도를 취한다. 클라이언트가 자주 보이는 방어적 태도를 성격별로 〈표 4-2〉와 같이 개념화시켰다.

〈표 4-2〉 의사소통과정에서의 클라이언트의 방어적 태도의 예

종류	예
부정(denial)	우리에게는 문제가 없어요.
비난(blaming)	그것은 제 남편 탓이에요.
명명(labeling)	그 사람은 할 수 없어요. 원래 그런 사람이에요.
엄살(being fragile)	더 이상 스트레스가 오면 나는 미치고 말 거예요.
회피(avoidance)	남편은 오늘 올 수 없어요.
주의분산(distraction)	남편은 오늘 비서와 싸웠어요. 그것에 대해 얘길 하도록 하죠.
비관(belplessness)	아무런 소용이 없을 거예요.
지나친 동조(being overly agreeable)	그럼요, 맞습니다. 지당한 말씀입니다.
침묵(silence)	

자료: 양정남 외 3인, 『사회복지실천론』, 2008

2. 노인상담 이해와 접근방법

■ 노인상담의 정의 및 필요성

노인상담이란 노인이 전문적 훈련을 받은 상담자와의 대면관계에서 개인적·경제적·신체적 문제를 해결하고, 감정·사고·행동 측면의 인간적 성장을 통해서 성공적인 노후생활을 영위하기 위하여 노력하는 일련의 과정을 말한다.

노인상담은 노인이 접하는 모든 사회관계와 관계가 있는 노인복지과제의 한 측면이다. 그러므로 현대의 가족과 사회의 변화는 노인상담에 대한 시대적 필요성을 부각시키고 있다.

첫째, 산업화나 도시화와 같은 사회의 변화는 연령에 상관없이 가족 간의 인간관계에 영향을 주고 있다. 그러므로 산업화, 도시화가 가속화될수록 인간소외, 가치규범의 혼란, 세대차이의 강

화, 욕구 좌절감에서 오는 공격성 증대 등이 야기된다. 이런 문제들이 전통사회에서는 연로한 부모나 친지들과의 친밀한 만남을 통해서 대부분 해결되었으나, 정서적 유대관계가 점점 더 약화되어 가는 산업사회에서는 노인문제가 다양하게 발생되고 이에 대한 전문적 지식이나 기술이 요구된다. 둘째, 가족의 욕구 확대가 야기되고 있다. 그러므로 노인의 욕구가 무엇이며, 이들이 어떻게 충족되어야 하는가를 규명하여 노인을 이해하고 진실로 노인들이 좀 더 보람 있게 살 수 있도록 노력이 있어야 하며, 이는 상담을 통해 실천되어야 한다.

그러나 지금까지 젊은층을 중심으로 가족상담이 전개되어 왔으며, 사회적·가정적으로 소외당하고 있는 노인에 대한 상담은 거의 이루어지지 않고 있다. 상담을 원하는 노인들의 수가 여성이나 청소년 등의 다른 영역보다 적다고 하여 노인들의 문제가 적은 것은 아니다. 오히려 그렇기 때문에 노인들의 문제는 숨어 있다. 사실상, 상담을 한 나이든 사람들도 젊거나 중년기 사람들과 마찬가지로 많은 욕구를 가지고 있다. 첫째, 사랑받고 싶은 욕구, 둘째, 자아-가치를 느끼고 싶은 욕구, 셋째, 문제를 명확히 해서 살고 싶은 욕구, 넷째, 보호하는 사람에 의해 이해받고 싶은 욕구, 다섯째, 문제가 생겼을 때 대처하고 진전시킬 수 있는 능력을 갖고 싶은 욕구, 여섯째, 수용과 지지를 얻고 싶은 욕구를 가지고 있다. 따라서 노인의 욕구에 대한 적극적인 탐색과 연구가 필요하다(고정자, 2003).

■ 노인상담의 영역과 목적

노인상담의 영역

노인의 심리·사회적 욕구 충족, 노인문제의 예방과 해결을 지원하고 노후생활 적응을 도모하기 위한 노인상담은 일반적인 상담이나 정신치료와 마찬가지로 노년기의 4고 중에서 심리적 고독과 사회적 소외의 예방 및 해결에 중점을 둔다. 하지만 노인상담의 목표가 성공적인 노후생활 적응이라는 점을 고려해 볼 때, 노인상담의 영역은 〈표 4-3〉에서와 같이 노년기의 네 가지 주된 문제가 되어야 할 것이다(권중돈, 2000).

<표 4-3> 노인상담의 주요 영역

상담영역	주요 내용
정서적 영역 (고독)	• 배우자 상실, 자녀와의 애정적 교류 단절 • 노인의 가족 내 지위하락, 가치관 및 생활양식 변화에 따른 세대 간 갈등(예: 고부갈등) • 성격특성의 변화문제: 우울성향, 완고성, 내향성 및 수동성, 조심성, 친근한 사물이나 사람에 대한 애착 증가, 의존성 증가, 유산을 남기려는 성향 등 • 이성교제 또는 노년기 성생활에 관한 문제 • 정서서비스(예: 말벗 파견 등)의 문제
경제적 영역 (빈곤과 일)	• 은퇴 전후의 재정관리에 관한 문제 • 소득감소 또는 상실에 따른 생계유지와 경제 지원 문제 • 사회보장제도의 정보 제공 • 유산배분의 문제 • 경제활동 지원(취업알선, 부업알선 등)
건강 영역 (질병과 부양)	• 노년기 건강 유지 및 질병 예방에 관한 상담 • 질병 치료 및 의료비 지원 상담 • 사회복지시설, 노인전문 의료시설에 관한 상담 • 가족부양체계 조성 상담 • 부양가족의 부담 경감을 위한 지원 상담
사회참여 영역 (소외와 무위)	• 종교활동, 사회단체 및 비공식 모임 참여 문제 • 노년기 친구 및 이웃관계 문제 • 가족 내 역할 부적응에 관한 문제 • 은퇴 이후의 사회적 관계 유지 문제 • 법률 및 복지제도에 대한 정보 상담

자료: 권중돈, 『노인복지론』, 2007

정서적 영역

노년기에 있어서 가정은 가장 직접적이고 중요한 환경이라 할 수 있다. 가정과 가족, 특히 자녀들은 노인들의 삶 자체이며 생의 목적이었다. 그러나 1960년대 이후 사회적 변화는 이 시대의 노인들에게 당연히 그들의 몫이라고 생각하던 가부장적 권위, 효와 경로의 개인적·사회적 보상은 찾기 힘들게 된 반면, 자식에 대한 실망과 자신의 삶에 대한 좌절과 후회, 포기와 체념 등을 경험하게 되어 더욱 고립감에 빠지게 되어 가족과 가정은 더 이상 노인을 정서적으로 지켜주지 못한다. 이러한 상황에서 노인들은 정서적 고립과 소외감으로 인하여 노인의 정신건강에도 매우 해로우므로 전문 상담원이나 상담자가 필요하다.

경제적 영역

노인들이 여생을 인간답게 살아가기 위해서는 경제적 자립을 통하여 주체성의 회복이 이루어져야 한다. 그러나 대부분의 노인들은 경제적으로 자립하지 못한 상황에서 기혼자녀와 동거하게 되므로 여러 가지 문제와 은퇴 후 생활수준의 하락으로 인한 생활의 경제적 빈곤을 야기할 수 있다.

따라서 노인들 중 건강하고, 일할 능력이나 일할 의사가 있는 빈곤노인에 대해서는 상담자들이 적극적으로 취업알선에 힘써야 하며, 또한 노인들의 경제적인 욕구를 충족시키는 실질적인 상담이 되려면 상담기관은 구인 상담을 위한 길도 터놓아야 하며, 산업체와 정부기관의 체계적인 지원을 받아야 한다.

건강영역

노년기에는 소화기능, 기초대사율, 세포의 재생 및 호흡기능이 감퇴되고, 수면시간이 줄어들며, 혈액순환 기능이 저하된다. 또한 시각, 청각, 미각, 촉각 등의 감각능력에도 변화가 오며, 체온조절의 효율성이 감소한다. 그러므로 노인들의 가장 주된 관심사는 건강에 관한 것이다.

우리나라 노인의 85% 이상이 만성질환을 3개월 이상 앓고 있는 것으로 나타났으며, 암과 뇌질환이 20년 전보다 3배 이상 증가했다. 특히 최근에는 치매와 우울증에 관한 관심이 대단해 치매와 우울증 관련 전문상담에 대한 필요성이 높아지고 있어, 질병과 관련된 정보와 상담이 더욱 늘어날 것으로 생각된다. 그러므로 노인상담 영역에서 중요하게 다루어져야 한다.

사회적 영역과 법률적 영역

노인들은 종교적인 봉사활동, 가족단체의 봉사활동, 자연보호운동, 마을단위의 우호와 협동을 위한 일 등을 위해 참여하는 것이 노인의 생활 만족을 위해 매우 중요하다. 이러한 여러 가지 사회활동에 참여하기 위해서는 구체적인 정보, 알선, 원조 등에 대해 상담이 필요하다. 또한 노년기에 오는 사회·경제적 문제에 직면해서 법률적 정보가 매우 필요할 수 있으며, 또한 급변하는 사회변화로 인하여 과거의 낡은 정보는 쓸모가 없게 되어 새로운 정보가 필요할 수 있다.

그러므로 노인이 필요로 하는 사회·법률적 욕구에 대한 적절한 정보의 제공은 매우 중요하다. 이는 한국노인의 상담전화에서 여가 및 사회활동과 법률상담이 총 상담의 6.7%를 차지하는 것으로 볼 때, 노인상담 영역에서 중요하게 다루어져야 할 부분이라고 생각된다 (고정자, 2003).

노인상담의 목적

종래에 가족과 친척, 가까운 친구들에 의해 이루어지던 정서적 지지와 지원, 문제해결과 예방 의 역할을 객관적으로 이해하여 줌으로써 현대사회에서 고립되고 소외된 많은 노인들에게 제1차 사회 관계망의 역할을 해준다.

노인들로 하여금 변화하는 현대사회에 기능적으로 잘 대처할 수 있도록 새로운 정보를 제공하 여 줌으로써 복잡한 현대인의 생활양식에 잘 적응할 수 있도록 해주는 정보제공자의 역할을 한다.

노인뿐 아니라 노인을 부양하는 가족원들로 하여금 노인들에 대한 이해를 돕고, 서로 더불어 잘하고 지낼 수 있는 정서적 지지와 정보를 제공한다.

노인의 숨은 욕구와 필요에 대한 실증적 탐색을 가능하게 한다. 그러므로 상담은 이들의 다양 한 증상에 대한 심리·정서적 돌봄 행위를 통해 그들이 정말로 필요로 하는 욕구와 필요를 듣고 이해하여 줌으로써 노인들의 문제를 예방 및 치료할 수 있게 하는 의미가 있는 것이다.

3. 노인상담의 방법 및 상담자의 역할

■ 노인상담의 방법

노년기에 접어들면 심신기능의 저하와 사회·경제적 변화에 대한 많은 적응 문제를 갖게 된다.

노인상담은 노인생활 전반에 관한 문제를 다룰 수 있다. 그러므로 상담자는 상담을 통하여 내담자로 하여금 그의 자아개념을 보다 확장시키고 융통성 있게 함으로써 그의 자아개념을 위협 하는 유기체적 경험들을 불안이나 두려움 없이 자신의 것으로 수용하고 통합할 수 있도록 도와 야 한다(Rogers, 1942).

노인의 정신적 문제에 대한 기능적 행동분석, 문제상황 분석, 문제행동의 선행과 결과의 발견, 개인의 자산과 결손, 사회관계의 분석, 동기분석, 노인의 신체적·문화적 및 물리적 환경과의 관계,

발달적 역사의 개연이 중요하다(Kanfer & Saslow, 1965). 따라서 노인상담은 내담자와의 대화가 충분히 이루어졌다 하더라도 노인이 처한 환경과 문제에 따라 상담의 방법에 차이가 있다.

① 노인 및 그 가족의 욕구에 따라 서비스를 개별화한다. 피면접자에게 편리한 면접시간, 면접 방법, 비밀보장 등을 유의해야 한다.

② 노인들이 가족관계나 사회관계에서 잠재적으로 갖고 있는 부정적 감정을 의도적으로 표현하도록 하여 이를 긍정적으로 전환시킨다.

③ 노인과의 관계형성을 속히 이루고 노인의 사고 및 감정을 수용한다.

④ 노인의 생각과 감정에 대해 선입관이나 편견을 버리고 비심판적인 태도를 보여야 하며, 다만 문제해결에 참여하도록 격려한다.

⑤ 노인의 자유로운 의사를 존중하고, 문제해결을 위한 목표설정을 노인 스스로 결정하도록 도와준다. 노인 자신이 결정할 수 없을 때는 노인의 능력을 최대한 개발하고 지역사회자원을 동원하여 도와준다.

⑥ 치료할 수 없는 질병으로 죽음을 앞둔 노인을 상담할 때에는 먼저 신체적인 고통과 심리적인 불안을 덜어주도록 노력하고 죽음을 긍정적으로 수용하도록 도와준다. 또한 임종간호 프로그램을 소개하여 환자와 가족들에게 필요한 도움을 받을 수 있도록 주선해 준다.

노인상담자는 무엇보다도 '노인중심 상담자'가 되어야 한다. 훌륭한 노인상담자는 노화와 노인의 심리·사회적 변화에 대한 충분한 이해 및 가족과 사회의 변화에 대한 통찰력을 갖고 있어야 하며, 노인을 심리적으로 지지하고 인정하여 노인 스스로가 자기 문제를 직시하고 해결하려는 시도와 더불어 진정한 인격성장을 경험할 수 있도록 돕는 자여야 한다.

■ 노인상담자의 역할

상담의 어휘적 의미로 보아도 '서로 이야기한다'라는 뜻이 되며, 따라서 서로 마주보고 정보를 교환하고, 이야기를 하는 상황이면 모두 상담이라고 할 수도 있다. 그러나 상담이란 경험과 식견을 갖춘 사람이 그렇지 못한 사람에게 관심사나 문제가 해결되는 방향으로 정보를 제공하거나 조언을 통해 긍정적인 결과를 얻도록 도와주는 구체적인 행위라고 할 수 있다.

현대사회의 상담자는 개인의 발달을 촉진하는 촉진자로서의 역할과 정보와 기술을 제공하고 조언하는 조언자로서의 역할을 담당할 뿐 아니라, 상담을 통하여 개인과 가족, 사회가 당면하는 문제를 발굴하는 사례발굴자로서의 역할도 매우 중요하다.

노인상담자는 노인과의 상담에 있어서 비언어적인 의사소통을 활용하고, 노인 자신이 무능력·무가치감을 가지고 있으며, 자신들의 역할변화에 대한 갈등이나 부적응을 호소하는 경우가 많으므로, 이를 지지하고 숨겨진 노인의 가족적·사회적 역할갈등을 찾아낼 필요가 있다.

노인상담에 있어서 상담자 역할은 매우 중요하다. 왜냐하면 정상적인 노화 과정에 대한 이해가 있는 상담자는 상담을 통해 긍정적 역할을 할 수 있는 반면, 노인 자신은 무능력·무가치감을 갖고 있으므로 상담자가 자존심을 강화시켜주지 못하거나 격려 또는 지지하는 분위기를 마련해 주지 못하면 부정적 역할을 할 수도 있다. 그러므로 상담자의 긍정적 역할과 부정적 역할을 살펴보면 다음과 같다.

긍정적 역할

피상담노인이 자기수용을 할 수 있도록 지지하며, 노인의 잠재적 자원을 발견하여 자원을 제시하고 이것을 선택의 참고자료로 삼도록 하며, 노인 스스로 자기 문제를 해결하게 하여 인격적 성장을 이룩할 수 있도록 분위기를 조성해 준다.

부정적 역할

첫째, 상담자가 노인의 문제에 전적으로 책임을 지고 노인에게는 소극적인 역할을 담당하게 함으로써 노인이 독립적으로 문제를 해결하는 능력을 제한한다.

둘째, 노인이 요구하는 서비스를 도외시하고 노인의 사회적·정서적 생활의 작은 부분에만 관여함으로써 전체적인 생활계획의 능력을 제한한다.

셋째, 직접적으로나 간접적으로 노인을 조종함으로써 문제해결의 태도와 기술을 발전시키는 것을 제한한다.

넷째, 강제적인 방법으로 설득함으로써 노인이 적절한 의사결정과 실천 태도를 발전시키는 것을 제한한다.

4. 노인상담의 제언

노인상담은 노인 개인의 인간발달을 돕는 수단이 되며, 노인가족 전체의 조화로운 발달과 행복한 삶을 도와주는 중요한 기능을 할 수 있을 뿐만 아니라, 많은 노인과 가족들이 일상생활을 만족하게 영위할 수 있도록 도울 수 있다. 그러므로 앞으로 노인상담을 효과적으로 하기 위해서는 다음과 같은 제언을 하고자 한다.

노인상담제도가 발달되지 않았다

노년기 생활에서 발생하고 있는 문제를 대부분 가족과 상의하거나 혼자 해결하고 있는 실정이다. 이는 상담에 대한 인식이 부족할 뿐만 아니라 실제로 이용할 수 있는 체계적인 노인상담제도가 개발되지 못했기 때문이다. 그러므로 정서적·경제적, 신체·서비스 및 사회·법률적인 영역을 포함하는 종합적인 노인상담제도를 구체적·현실적으로 마련해야 할 것이다.

상담의 필요성에 대한 인식부족

노인상담은 노인의 자발성, 자주성이 전제로 되어야 하기 때문에 상담이 필요하다는 인식을 심어주기 위해 상담에 대한 정보를 제공해 줄 수 있어야 한다.

인적 자원

가족 간의 유대관계 개선

노인문제를 노인 스스로가 해결해야 할 경우, 노인 자신이 계속 긴장하게 되어 정신건강에 매우 해롭게 되므로 노인가족 상담이 필요하다.

노인전문상담원 부족

노인복지법에 구·시·군에 노인상담원을 두도록 되어 있으나, 실제 전문상담원은 부족한 실정이다. 그러므로 노인상담에 대한 전문교육과 훈련을 받은 가족학, 노인학, 사회복지학, 사회학, 사회사업학, 심리학 전공자들이 노인상담원으로 활용되어야 할 것이다.

노인상담에 대한 홍보 부족

노인상담원의 치료적 목적보다 예방적 목적 강조
노인집단의 심성훈련, 집단상담 프로그램을 개발하여 예비상담 프로그램을 다양화한다.

통합적 상담체계
상담기관은 서비스기관과의 연계를 원활히 해야 한다.

구체적·현실적 상담과 사회적·환경적 협력 필요
노인이 인접사회와 협력하여 노인의 생활을 지키고 풍요로운 인간적 심리관계를 형성하도록 노인을 둘러싼 인간환경의 조직화와 이해를 깊게 하는 활동이 필요하다.

노인에게 사회자원을 활용할 수 있는 도움 제공
문화적인 공공시설이나 문화 활동을 노인에게 개방하여 활용 가능한 상황을 보장해야 한다.

노인에게 활용 가능한 서비스에 대한 정보 제공
많은 노인들이 정보 부족으로 지역사회에서 이루어지는 서비스에 참여하지 못하고 있다. 그러므로 가능한 널리 알리고 지도해야 한다.

노인에게 집단상담 실시
집단상담은 지지적이고 사회화 경험을 제공해 주므로 큰 효율성을 높일 수 있다.
평생교육을 통해 일반 대중교육에 적극적으로 참여시킨다

노인에 대한 일반인들의 잘못된 고정관념에 대해 정확하고 희망적인 견해를 갖게 한다.

노인들 정서와 발달에 맞는 상담이론을 개발·정립

우리나라 노인들에게 적용하기에 적합한 상담이론을 모색하여 정립하고, 다양한 기법들을
연구하여 보급시킬 필요가 있다.

3
부

노인에 관한

주요 문제

05 노인과 정신건강

1. 노년기의 우울증

■ 우울증이란?

정의

살아가다 보면 우리는 실망스럽거나 슬픈 일들을 자주 겪게 된다.

이럴 땐 누구나 정도의 차이는 있지만 마음이 '우울하다, 울적하다'는 느낌을 받는다. 그러나 어떤 사람들에게는 이런 느낌이 일시적으로 슬프고 우울한 기분이 드는 것을 넘어서 수면이나 식사, 행동, 생각, 신체에까지 영향을 주게 되고, 결국 개인의 생활에 막대한 영향을 주는 경우가 생기게 된다. 이러한 상태를 우울증이라고 한다.

우울감은 저조한 기분을 느끼는 감정이며 매우 흔하게 느낄 수 있으나 우울증은 질병으로 의심해볼 수 있다. 예를 들어, 우울감은 친구가 죽었거나 부부끼리 다투었을 때, 아이들이 아프거나 부모님이 편찮으실 때, 큰 경제적 손실을 보았을 때에 우울한 기분을 느끼거나 때로는 아무런 이유도 없이 저조한 느낌을 받을 수 있다. 그러나 우울증은 우울한 기분이 매우 심각하며, 그 기분이 2주 이상 지속되어 집이나 직장, 학교에서 제 역할을 할 수 없게 만든다.

현재까지 우울증의 원인에 대해 많은 연구가 진행되었고, 최근 신경전달물질의 불균형이 우울증을 일으키는 중요한 요인이라는 사실을 지지하는 많은 연구 결과가 보고되고 있다.

다시 말해서, 우울증은 단순히 개인의 나약함이나 약한 의지 때문에 생기는 것이 아닌 하나의 '질환'이기 때문에 자신의 의지만으로 벗어나기는 어렵고, 적절한 치료를 통해서만 극복될 수 있다. 치료를 제대로 받지 못할 경우, 우울증의 증상으로 몇 달 혹은 몇 년간 고통을 받을 수도 있으며 일시적으로 좋아진 후 재발을 하기도 한다. 또 심한 고통으로 인해 자살에까지 이르기도 한다.

반면에 우울증은 '마음의 감기'라는 말로 불릴 정도로 많은 사람들이 겪고 있으며 정신과 질환 중에서 가장 치료가 잘되는 질환 중의 하나이다. 적절한 치료를 통해 80% 이상이 호전될 수 있으며 이전의 모습과 같이 행복한 삶을 경험할 수 있게 된다.

유형

정신의학이 발전되어 오면서 우울증을 분류하는 기준도 많은 변화가 있어 왔다. 그러나 아직도 병태생리나 증상, 예후 등에서 분명하지 않은 부분이 많기 때문에 단일화된 분류체계는 아직 없다. 현재 그 특징적인 양상에 따라 다양하게 분류하고 있다.

멜랑콜리아 우울증

멜랑콜리아 우울증은 생물학적인 원인으로 나타나는 우울증의 전형적인 형태를 말한다.

거의 모든 일에서 즐거움을 상실하였기 때문에 좋은 일이 일어나도 일시적으로도 기분이 나아지지 않으며, 특히 오전에 우울감이 뚜렷하게 악화된다. 또 새벽에 일찍 잠에서 깨어나며, 뚜렷한 식욕 부진이나 체중 감소, 부적절하고 과도한 죄책감을 느끼게 된다.

상대적으로 흔하진 않으며, 유병률은 남성과 여성이 거의 비슷하다.

멜랑콜리아 우울증은 저절로 호전되는 경우가 거의 없고, 주로 생물학적인 치료(항우울제 등)를 적용하나 상담이나 정신치료 같은 비약물적인 치료의 단독 적용은 효과가 없다.

기분부전장애

기분부전장애는 일정 기간 동안 심한 우울증상을 보이는 주요 우울증과는 달리, 만성적으로 경도의 우울증상이 지속되는 상태이며, 예전에는 신경증적 우울증이나 성격적 우울증이라고도 했다.

2년 이상의 만성적인 우울 장애이며, 청소년기부터 우울해 왔다고 얘기하는 경우가 많다.

우울증상을 자신의 성격이나 인생의 일부로 느끼기도 하고, 겉으로 보이는 것보다 스스로 우울하다고 느끼는 것이 강하다.

기분부전장애는 전체 인구의 6% 정도가 앓고 있다.

대부분의 기분부전장애 환자들은 치료를 받지 않는 경우가 많으며, 최근에는 약물치료나 인지행동치료가 효과적이라는 많은 보고들이 나오고 있고, 이전과는 달리 치료에 잘 반응하고 예후도 비교적 좋은 반응이 나타난다.

정신병적 우울증

정신병적 우울증은 비교적 덜 흔한 유형이며, 심한 우울증과 동반된 정신증적 증상을 말한다. 망각과 환각을 징후로 하는데 주로 망각 증상이 나타나며, 이런 망상의 내용은 우울증의 주제와 일치하게 된다.

자신이 죄를 지어서 벌을 받아야 한다는 망상과 자신이나 세상이 망해버릴 것이라는 허무망상, 자신의 신체에 큰 병이 있다고 믿는 신체망상, 또는 자신이 파산하였고 가진 것이 전혀 없다는 빈곤망상 등의 징후가 나타난다.

연구에 따라 전체 우울증의 16~54%를 차지한다. 정신병적 우울증은 저절로 좋아질 가능성이 매우 낮으며, 약물 같은 생물학적인 치료에만 반응을 보인다.

비전형적 우울증

비전형적 우울증은 일반적으로 관찰되는 우울증의 특징들과 대비되는 증상을 보이는 우울증이다.

좋은 일이 있을 때는 일시적으로 기분이 좋아지기도 하며, 과도한 식욕(주로 군것질 거리)으로 인해 체중이 증가하기도 한다. 또한 과도한 수면으로 인해 팔과 다리가 무겁고 무기력한 느낌을 받게 되고, 상대방의 거절에 대해 지속적으로 민감한 반응을 보이며, 자신을 싫어하는 느낌을 빨리 알아챈다.

전체 우울증의 15% 정도를 차지한다.

증상

노년기 우울증의 두 가지 증상을 살펴볼 때가 되었다. 우울증의 첫 번째 증상은 문자 그대로 기분이 가라앉고, 세상이 회색빛으로 보일 만큼 신나는 일이 없다. 매사가 귀찮고, 몸이 무거워 움직이기 싫다고 말하는 분이 많다. 정신운동성 지둔증(Psychomoter Retardation)이 오기 때문에 남들의 얘기도 잘 알아차리지 못하고, 반응하는 동작도 느리게 된다.

우울증의 두 번째 증상은 이른바 네 가지 맛이 없어지게 되는 것이다. 첫째는 입맛(Appetite)이다. 음식의 맛을 느낄 수가 없고, 아무리 맛있는 음식도 마치 모래를 씹는 듯이 느껴지기 때문에 자연히 음식을 먹지 않게 되는 것이다. 배가 고픈 것도 잘 느끼지 못하고, 따라서 남이 옆에서 챙겨주지 않으면 식사하는 것도 잊어버리기 때문에 습관적인 거식증이 나타나게 된다. 결과적으로 체중이 감소하고, 영양부족 현상이 발생하기 때문에 드물게는 탈수현상과 더불어 극심한 영양실조로 사망하는 경우도 있다.

둘째, 잠을 자는 맛이 없어진다. 잠자는 맛이 없어지면 결과적으로 불면증으로 연결될 수밖에 없다. 우울증에서 오는 불면증을 나타내는 사람들은 대개 '깊은 잠에 빠질 수 없다'고 호소하고, 특히 새벽잠이 없어 일찍 깨진다는 것이다. 밤에 잠을 잘 때 근육이 경직되기도 하고, 잠자는 동안에 숨을 몰아쉬는 현상이 오는 경우도 흔히 보고되고 있다. 이와 같이 노인성 우울증자가 깊은 잠을 잘 수 없게 되는 데는 우울증 자체와도 관계가 있겠지만, 이미 언급된 바와 같이 대뇌세포의 변성과도 관계가 있음이 밝혀지고 있다.

셋째는 성 맛이다. 노인기에 우울증에 빠지면 성욕이 급격하게 감퇴되는데, 이 점은 다른 항목에서 자세히 살펴보기로 한다.

넷째는 '살맛'이다. 살맛이 없어지면 일할 맛, 즉 '노동의 기쁨'도 사라지게 된다. 일하기도 싫고, 살기도 싫게 되면 결국 자살을 시도할 수도 있다.

노인성 우울증의 세 번째 증상은 자긍심이 없어지고, 자기 자신을 비하·비난하게 된다는 점이다. 이미 언급된 바도 있지만 자신이 아무런 잘못을 안 했는데도 큰 죄를 지었다고 믿게 되기도 하고, '자살충동'을 느끼기도 하는 것이다.

■ 우울증의 원인

유전적인 요인

우울증이 인생에서의 고통이나 성격적인 요인 때문에 발생한다고 보는 일반적인 견해와는 달리, 각 개인의 우울증에 대한 취약성은 유전적 특징에 의해 큰 영향을 받는다는 많은 증거들이 밝혀지고 있다.

우울증은 유전될 수 있다. 임상적으로 우울증의 발병에 대한 유전적인 위험성은 약 40%, 환경에 의한 요인은 60%가 예상되며, 실제 우울증은 질병을 유발할 수 있는 중요한 환경적인 요인이 없이는 잘 발생하지 않는다. 그러나 같은 환경적인 요인에 있더라도 각 개인에 따라 우울증이 생기는 여부는 강력하게 유전에 의해 결정된다.

생물학적 요인

우울증에서 관찰되는 가장 중요한 생물학적 요인은 신경전달물질의 기능 장애이다.

신경전달물질은 호르몬과 비슷한, 뇌의 한 부분에서 다른 부분으로 신호를 전달하는 화학물질로, 뇌 속에는 다양한 목표를 수행하는 많은 신경전달물질이 있다. 그중에서 우울증의 발병에 영향을 미치는 주된 신경전달물질은 세로토닌, 노르아드레날린, 도파민 세 가지이다.

정상적인 뇌에서는 신경전달물질이 하나의 신경세포에서 다음 신경세포로 빠르게 전달되며, 여러 차례 이런 전달이 반복되어도 다음 신경세포에서는 처음만큼 강력한 신호를 가지게 된다. 그러나 우울증을 앓고 있는 사람들에서는 기분을 조절할 수 있는 신경전달물질이 정상적인 기능을 하지 못하기 때문에 다음 신경세포로 신호가 전달되기도 전에 신호가 감소하거나 혼란이 생기게 된다.

질병관련 요인

우리가 병을 앓게 되면 불편함과 통증 같은 증상들 때문에 고통스러워지고, 평소에 즐기던 일들을 잘하지 못하게 되므로 우울한 마음이 생기게 된다. 그러나 질병 때문에 기분이 가라앉지 않는다고 해도 종종 우울증은 발생한다. 질병은 신체기능을 변화시켜 우울증을 유발시키기도 하기 때문이다.

예를 들면, 호르몬 분비와 연관되거나 뇌에 생긴 종양은 우울증을 유발하기도 하는데, 이런 경우 우울증상을 느낄 수 있어도 자신에게 암(종양)이 있다는 사실은 모를 수도 있다.

갑상선 질환 같은 일부 내과적 질환은 조증과 우울증을 유발할 수 있으며, 면역체계의 이상이 우울증의 발병에 영향을 미칠 수 있는데, 둘 사이의 정확한 관련성에 대해서는 더 연구가 필요한 상태이다.

노화

나이가 들수록, 인간의 뇌는 일반적인 기능이 감소하게 된다. 따라서 기분 상태에 영향을 줄 수 있는 신경전달물질들도 이러한 뇌의 기능 감소에 영향을 받는다.

노화와 관련된 변화들 중 특히 우울증과 관련해 주목할 만한 것들은 다음과 같다.

치매가 진행되고 있는 일부 노인들은 대개 치매 초기 단계에 심한 우울증을 경험한다. 이때 정신병적인 우울증을 흔히 볼 수 있는데, 이것은 대뇌의 기저핵 부위와 전두엽 간의 연결 경로에 이상이 있음을 의미한다. 치매가 있지 않더라도 단지 나이가 들면서 이런 변화들이 나타나기도 한다. 특히 스트레스에 민감하고 우울증에 취약한 사람들에게는 더욱 그러하다.

어떤 사람들은 고혈압이나 자신도 모른 채 지나간 뇌졸중에 의해 우울증이 생기기도 하고, 이런 위험성이 있는 사람들은 혈압관리를 잘함으로써 우울증을 예방할 수 있다.

성별

많은 연구에서 스트레스에 의한 우울증의 발병 가능성은 남성보다 여성에서 더 크다는 것이 입증되었다. 이 사실에 대해서는 다양한 이유를 들 수 있다.

여성들이 남성보다 스트레스를 더 잘 받기 때문에 우울증에 취약할 수 있고, 또 불만족스러운 결혼생활을 하고 있거나 많은 자녀를 가진 여성들에서 우울증이 더 많이 발생하는 것을 보면 사회에서 성에 따른 역할의 차이나 사회적인 지지의 차이가 영향을 미치는 것을 짐작할 수 있다.

또한 사춘기부터 증가하기 시작하는 여성호르몬이 불안이나 우울증과 연관되기도 한다. 즉, 여성호르몬이나 생물학적인 차이 때문에 여성들에서 우울증이 더 잘 발생된다고 생각되지만, 사회적인 스트레스가 존재한다는 사실도 여성의 우울증을 증가시키는 데 중요한 요인이 된다.

스트레스

거의 모든 사람들이 특정한 상황에서 스트레스를 받고 우울해질 수 있다. 그러나 어떤 사람들은 스트레스를 받아도 며칠 또는 몇 주 내에 이것을 극복하지만, 어떤 사람들은 그렇지 못하다. 스트레스가 우울증을 일으키는 기전에 대해서는 다음과 같이 설명할 수 있다.

어린 시절의 지속적인 스트레스는 확실히 우울증의 발생 가능성을 증가시킨다. 그 예로 어렸을 때 부모로부터 학대를 받은 아이들은 지속적으로 자존감이 떨어져 있으며, 어른이 되어서 우울증이 생길 수 있는 가능성이 높아지게 된다는 것을 들 수 있다.

우울증을 앓고 있는 많은 사람들은 우울증이 생기기 직전에 납득할 만한 중요한 사건을 경험한다. 우울증을 일으키는 사건들은 대부분 사람들의 자존감을 떨어뜨리거나 명성에 손상을 입힐 수 있는 사건들이다. 대부분의 성인에서 자존감은 친밀한 인간관계와 연관이 있고 직장 같은 자신에게 중요한 사회·환경과도 관계가 깊기 때문에 인간관계가 깨어지거나 결혼이 파경에 이르렀을 때 우울증이 시작되는 일은 매우 흔하다.

어떤 사람들은 자신이 열등하다고 느껴질 때, 즉 자신이나 주변 사람의 기대를 충족시키지 못하고 있다고 느끼는 경우 자존감이 떨어지고 우울증이 생기기도 한다. 그러나 어떤 사람들의 경우에는 명확한 스트레스 없이도 우울증이 생기기도 한다.

스트레스는 우울증의 직접적인 원인이 되기보다는 우울증을 촉발하든가 재발에 영향을 주기 때문에, 자신이 우울하다고 여겨질 때에는 스트레스가 다음 중 어떤 방식으로 영향을 주고 있는지 알아보는 것이 도움이 된다.

너무 많은 스트레스가 있을 때 일반적인 스트레스 관리 프로그램에 참여하는 것이 도움을 줄 수 있다.

스트레스의 종류와 관련된 문제인 경우

어떤 특별한 사건이나 환경에 대해 스트레스를 받고 이런 일이 계속 반복된다면 이런 문제의 핵심이 무엇인지, 왜 이런 사건들이 자신에게 스트레스 반응으로 다가오는지 밝혀내기 위해 집중적인 면담이나 정신치료를 받는 것도 도움이 된다.

성격

쉽게 불안을 느끼며 고민이 많은 성격, 혹은 주변상황에 대해 과민한 반응을 보이는 성격, 수줍음이 많고 대인관계를 꺼리는 성격, 자기 자신을 쉽게 비난하거나 자존감이 낮은 성격, 대인관계에 예민한 성격, 완벽주의, 자기중심적인 성격에 해당되는 사람들은 우울증에 걸릴 위험이 매우 높다. 완벽주의적인 성격을 가진 사람들에서는 우울증의 발병을 예측하기는 어렵지만, 일단 우울증이 발생했다면 더 오랜 기간을 앓을 수 있다. 자기중심적인 성격을 가진 사람들은 짧은 기간의 우울증에 더 취약하다.

그러나 기질이나 성격은 어떤 종류의 우울증의 발병에는 거의 영향을 미치지 않는다.

■ 우울증의 치료

약물치료

항우울제

많은 종류의 항우울제가 있는데 우울증의 유형에 따라 다양한 효과가 나타난다.

선택적 세로토닌재흡수억제제(SSRIs)와 삼환계항우울제(TCAs), 단가아민산화효소억제제(MAOIs)가 가장 흔히 사용되는 분류이고 이 분류에 따라 약제의 작용도 다양하다. 만약

치료에 사용한 첫 번째 항우울제가 효과가 없다면, 다른 종류의 항우울제를 투여하는 것이 현명한 방법이다.

신경안정제

신경안정제는 보통 일반신경안정제와 강력신경안정제로 분류된다.

일반신경안정제(주로 벤조디아제핀 계통)는 보통 우울증의 치료에 큰 도움이 되지 않는다. 이 약제들에는 중독성이 있으며 우울증을 더 악화시킬 수도 있다. 강력신경안정제는 다른 약물에 의해 호전되지 않는 정신병적 우울증을 앓고 있는 환자들에게 매우 유용하다.

기분안정제

기분안정제는 특히 양극성 장애 환자들에게 매우 중요하다. 기분변화의 정도와 빈도를 감소시키는 효과가 있기 때문에 양극성 장애와 우울증의 치료에 사용되며, 리튬이나 발프로에이트, 카바마제핀 등이 가장 일반적으로 사용된다.

때때로 우울증의 치료나 예방을 위해 항우울제와 기분안정제가 모두 사용되기도 한다. 또 한 어떤 사람들에서는 증상이 좋아진 이후에도 일정 기간 동안 약물을 꾸준히 복용하는 것이 필요할 수도 있다.

심리적 치료

우울증에 대한 심리치료의 영역은 매우 광범위하다. 주된 영역은 인지행동치료(CBT), 정신분석치료(PT), 대인관계치료(IPT), 상담치료(CT)가 있다.

인지행동치료와 대인관계치료, 정신분석, 상담 등은 모두 약물치료에 대한 대안으로 사용되거나 혹은 약물치료와 병행해서 사용될 수 있다. 환자에 대한 철저한 평가를 통해 어떤 치료적 접근이 가장 효과적인지 결정하는 것이 중요하다.

인지행동치료(CBT)

우울증으로 고통받는 사람들은 흔히 자신과 주변 환경에 대해 부정적인 시각을 가지고 있다. 이러한 부정적인 생각들을 모두 우울증의 증상으로 한정할 수는 없지만, 이런 생각들은 개인의 삶 동안 지속적으로 영향을 미칠 수 있다. 환자들의 삶의 경험 중 대부분 혹은 전부는 부정적인 사고경향을 통해 왜곡되며, 그들의 사고 경향은 너무 완고해서 스스로 비이성적인 생각에 의한 판단오류임을 알아채기는 매우 어렵기 때문에 생각이 정서에 어떻게 영향을 미치는가를 알게 하며, 부정적인 사고는 하나의 습관인 것을 이해시키고 삶과 자신에 대해 덜 부정적인 사고를 하도록 함을 목표로 해야 한다.

치료에서 치료자는 환자와의 일대일상담과 환자의 소규모 집단에서 환자들의 부정적인 생각에 대한 논리적 증거를 찾도록 훈련하며, 주변의 삶을 보는 방식을 조절하여 치료기간 동안 과제를 준다. 보통 6~10회 정도의 치료가 시행되지만 치료 횟수는 개인차가 있다. 그러나 인지행동치료(CBT)는 우울증 환자에게 매우 유용한 치료지만, 일부의 환자들에게는 적합하지 않을 수도 있다.

대인관계치료(IPT)

우울증이나 우울증에 대한 취약성은 때때로 일이나 인간관계, 사회적 역할 같은 사회적 기능과 성격적인 측면의 영향을 받고 어려움을 주기 때문에 현재 개인의 삶에서 우울하도록 만드는 요인을 찾도록 하며, 어떻게 장래의 우울증의 위험성을 높이는지 이해하도록 한다. 치료에서 치료자는 환자의 과거력에 대한 평가를 통하여 환자의 대인관계에서의 문제영역을 밝히고 치료로 이끌어내며, 환자들이 깨달은 것을 확인하고 강화하며 장래에 생길 수 있는 우울증상을 밝혀내고 막을 수 있는 방법을 개발하도록 한다. 보통 12~16회의 치료를 시행한다.

정신분석치료

정신분석치료는 치료자와 환자 사이의 관계를 재구성하는 장기적인 치료이다. 치료자와 환자 사이에 형성된 관계는 개인의 과거를 심도 있게 밝혀내고 어떻게 현재의 우울증을 일으키게 되었는지 알아내는 데 사용된다. 과거와 현재의 연결을 이해하는 것을 통찰이라고 하는데, 통찰은 우울증을 회복시키고 재발을 막는다.

상담치료

상담치료는 광범위한 접근을 통해 개인의 문제해결을 도와주는 것을 목적으로 하고 있다. 예를 들면, 직장과 가정 내에서 오랫동안 지속된 문제를 해결하거나 갑자기 발생한 심각한 문제의 해결을 도와주는 것이다.

전기경련요법

전기경련요법은 1934년 인공적으로 유발한 경련을 통해 정신분열병의 여러 증상이 감소한다는 사실이 발견되면서부터 발전하기 시작했다. 이후 정신의학이 발전하면서 전기경련요법이 많은 신경전달물질을 조절하고, 특히 항우울제 치료의 효과와 유사하게 뇌의 변화를 일으킨다는 사실이 밝혀지면서 우울증의 유용한 치료 방법 중 하나로 사용되었다. 그럼에도 불구하고 잘못된 인식 때문에 많은 사람들이 전기경련요법을 받기를 꺼리거나 친지들이 치료결정을 망설이게 된다.

전기경련요법은 우울증의 치료에서 중요한 역할을 하고 있다. 특히 정신병적 우울증, 자살 위험성이 높은 심각한 우울증 환자나 질환이 너무 심각하여 음식이나 약을 먹는 것조차도 하기 힘들 때, 위험한 상태의 조증, 심각한 산후 우울증에서 중요하다.

일시적으로 약간의 부작용이 있을 수도 있지만, 전기경련요법은 상대적으로 매우 안전한 치료이며, 치료를 시작하기 전에 마취제가 사용되기 때문에 심하게 불쾌하게 느껴지지 않는다.

경두개자기치료

전기경련요법의 대안은 경두개자기치료가 있다.

경두개자기치료는 신경과 의사들에 의해 치료와 진단에 모두 사용되어 왔다. 환자 머리의 옆에 위치한 코일에서 자기장이 생성되며, 이것은 뇌의 특정부위를 자극하게 된다. 전기경련요법과는 달리 이 치료는 마취가 필요 없고 경련이 발생하지도 않는다.

이 치료방법에 대해서는 아직 명확하게 밝혀지지 않았지만 많은 연구들이 시행되고 있다. 경두개자기치료가 전기경련요법 정도의 치료효과를 보여줄 수 있다면 다양한 기분장애의 치료에 획기적인 발전이 될 것이다. 그러나 아직 그 유효성에 대한 명확한 증거는 밝혀지지 않았다.

자가치료와 대체요법

현재 다양한 자가치료방법과 대체요법이 알려져 있는데 이들은 단독으로 사용되기도 하지만, 다른 생물학적 치료나 심리적 치료와 함께 사용되기도 한다.

다른 생물학적인 치료와 함께 사용하였을 때는 도움이 될 수 있다고 하더라도, 특히 생물학적 성향의 우울증인 경우 이런 치료가 단독으로 사용되었을 때 거의 효과가 없는 것으로 보인다. 그러나 명상, 이완, 균형 잡힌 식사, 술과 약물 피하기, 운동, 독서 요법, 요가, 아로마 치료, 마사지 치료, 침술등의 방법들은 우울증의 치료에 도움이 될 수도 있다.

경과와 예후

대부분의 우울증상은 회복된다. 적절한 치료를 받으면 5명 중 4명은 회복하는 것으로 알려져 있다. 그러나 일부에서는 경도의 우울 증상이 지속되기도 하고 재발이 반복되는 경우도 있다. 특히 처음 우울증을 앓은 이후 충분한 기간 치료를 받지 않으면 6개월 이내에 25%, 2년 이내 50%, 5년 이내 75%까지 재발을 한다고 한다. 치료를 받다가 중단했을 때 재발하는 경우가 많고 재발이 반복될수록 우울증을 앓는 시기가 길어지며, 정상적인 생활을 하는 시기가 짧아진다. 또 우울증 환자의 10~15%가 자살을 시도하게 된다. 우울증은 적절히 치료를 받는다면 예후가 좋아지지만, 방치할 경우에는 여러 가지 심각한 결과들을 가져올 수 있다.

■ 노년기 우울증

노년기 우울증

노년기 우울증의 징후는 다른 연령 집단의 사람들과 거의 같다. 그러나 노년기 우울증에는 탐지하기 더 어렵게 만드는 많은 문제들이 있다.

젊은 사람들과 비교해보면, 노인들은 우울 증상을 더 적게 보고하고 있으며, 슬픈 기분이나 가라앉은 기분, 우울한 기분이 있다는 것을 인정하지 않는다. 연령 그 자체 때문인지 아니면 그들이 성장해온 시대의 반영 때문인지는 알려지지 않았다.

종종 노인에서 관찰되는 인생에 대한 흥미 상실이나 일상적인 활동에서의 즐거움의 부족, 격정, 수면 부족, 죽음에 대한 지속적인 생각, 설명되지 않는 만성적 통증, 집중력 저하, 기억력 손상과 같은 우울증상은 건강의 저하나 치매와 같은 노년기의 문제들 때문으로 설명할 수도 있다.

노년기 우울증의 증상

설명되지 않는 만성적인 신체적 증상

노인들은 의학적으로 설명되지 않는 신체 증상을 호소한다. 여기에 포함되는 일반적인 증상은 현기증, 만성적 통증과 고통, 침체, 체중감소와 불면증 등이 있다. 노인들이 처음에는 이런 증상에 대해 부인하거나 본인에게 문제가 되지 않는다고 생각하기도 하지만, 철저한 면담을 통해 우울증의 증상들을 명백하게 밝혀낼 수 있다. 극단적으로 노인들은 이런 증상을 통해 자신이 불치병에 걸렸다고 확신하고 다른 설명을 듣지 않는 경우도 있다. 이 때문에 자살을 시도하는 노인들을 종종 발견할 수 있다.

기억력 감퇴

노년기 우울증은 흔히 기억력의 변화와 함께 나타난다. 그러나 때로는 기억력의 손상이 주된 문제처럼 보이기 때문에 노인과 그들의 가족들은 치매를 먼저 염려하게 된다. 모든 경우에 그렇지는 않지만, 대개 우울증을 치료하는 경우 기억력이 향상된다.

행동의 변화

행동의 변화는 매우 다양하게 나타날 수 있다. 광장공포증처럼 공포에 질려 집에서 꼼짝 못하게 되기도 하고, 음식을 거부하기도 하며, 가게에서 물건을 훔치거나 과량의 약물을 복용하는 일도 있을 수 있다. 또 어떤 경우에는 씻지 않고 지내거나 알코올 중독 환자처럼 지내기도 한다.

유서를 고치거나 자신의 재산을 남에게 나누어준다든가, 죽음에 관해서 이야기를 자주 하거나, 갑자기 자살의 도구가 될 수 있는 위험한 물건들에 관심을 보이는 경우, 가족들은 우울증의 가능성을 의심해보아야 할 뿐 아니라 자살의 위험성에도 주의를 기울여야 한다.

노년기 우울증의 원인

노인들이 처음으로 우울증을 경험할 때 다음을 고려해야 한다.

우울증의 발병이 더 이른 시기에 일어날수록, 우울증에 기여하는 유전적, 성격적인 요인이 더 많이 작용할 수 있다. 인생 후반기에 처음 발병하는 우울증은 신체적 건강과 더욱 관계가 있을 것 같다. 신체건강이 좋은 노인들은 상대적으로 우울증에 걸릴 위험성이 더 낮다.

신체적 건강

신체 질병과 장애, 우울 간에는 복잡한 관계가 있다. 많은 신체 질병들은 다양한 생물학적 메커니즘을 통해 우울증을 야기한다. 이것은 우울증에 대한 심리적이거나 사회적인 요인이 분명하지 않은 사람에게서 더 흔히 관찰할 수 있다.

뇌혈관 장애가 노년기 우울증의 중요한 위험요인이라는 결과가 보고되고 있으며, 암과 갑상선 질환, 비타민 결핍과 감염 등도 여기에 포함된다. 따라서 나이가 들어 처음으로 우울증이 생긴 환자들에게는 의학적 평가가 필수적이다.

노년기에 나타나는 신체질환 중 많은 것들은 운동기능에 문제를 일으켜 영구적인 장애를 초래하기도 하고, 기본적인 자기관리조차도 다른 사람의 도움 없이는 하기 힘들게 만들기도 한다. 이런 원치 않는 의존은 자존심의 손상, 다른 사람들에게 부담이 되고 있다는 느낌, 어떤 시설에 수용되어 치료받지도 못하고 방치될지도 모른다는 두려움을 일으킬 수도 있다.

노인들에서 사용되는 약물들, 특히 고혈압 약제와 스테로이드, 진통제, 신경안정제도 우울증을 초래할 수 있다.

사회적 고립과 외로움

많은 사람들은 노년기에 사회적 고립감과 외로움을 경험한다. 혼자 살게 되면서 가까운 가족과의 유대가 부족해지거나 문화생활의 기회가 감소하기도 하고, 또는 교통수단의 문제로 인해 사회활동 참가가 불가능해지는 것을 경험하기도 한다.

신체적 질병과 이로 인한 사기저하가 함께 있을 때 우울증은 흔하게 동반된다. 몇몇 노인들은 우울증상을 견뎌내기 위해 술을 찾을 수도 있다. 그리고 대부분의 노인들은 술이 우울증을 더욱 악화시킨다는 사실을 알지 못한다.

노년기 상실

실제적이거나 상징적인 상실은 많은 우울증에서 중요한 심리적인 요인이다. 노년기의 삶은 상실이 반복되고 축적되는 시기이다. 그러나 실제로, 많은 노인들이 배우자나 형제, 친구, 애완동물의 죽음, 독립성, 건강, 가정, 삶의 방법 등의 상실 등에 놀라울 정도로 잘 대처한다.

노년기 우울증의 치료방법

약물치료

심한 우울증에서는 대개 약물치료가 요구된다. 노인들에게 약물치료는 부작용을 최소화하기 위해 적은 용량부터 시작되어야 하며, 그 양을 조금씩 늘려가야 한다. 또 다른 약물들과의 상호작용도 잘 일어날 수 있다. 일부 항우울제, 예를 들면 삼환계 항우울제들은 부작용이 더 빈번히 나타나기 때문에 쉽게 사용되지는 않는다. 항우울제를 이용한 노인 우울증환자들의 약물치료는 효과가 날 때까지 더 오랜 시간이 걸릴 수 있다. 따라서 적어도 6~8주간 경과를 지켜봐야 한다.

전기경련요법

전기경련요법은 약물치료에 실패한 멜랑콜리아 우울증과 정신병적 우울증, 또 매우 심각한 우울증에 더 유용한 치료이다. 마취에 대한 부담이 있긴 하지만 일반적으로 노인들은 치료에 잘 견디어낸다. 청력과 시력의 감퇴, 신체적 질병 등의 제한점이 있기는 하지만, 우울증을 앓고 있는 노인들에게 심리학적인 접근은 좋은 효과를 보인다. 일반적으로 짧은 치료 코스로 진행되지만, 젊은 사람들만큼의 효과를 나타낸다.

노년기 우울증의 예방방법

중년기 생활양식의 변화가 노년기 우울증을 예방할 수 있는 핵심이다. 또 앞에서 언급했듯이 뇌혈관질환이 노년기 우울증을 야기할 수 있는 중요한 요인이기 때문에 혈관질환의 위험요인을 조절하여 우울증을 예방할 수 있다. 혈압관리, 금연, 콜레스테롤과 지질의 감소, 신체활동의 증가, 체중관리, 생선, 곡식, 야채류가 풍부한 식사, 정신적 흥분의 조절, 사회적 활동 증가, 만성적 통증의 조절, 상담이 이에 해당한다(보건복지가족부 지정 우울증 임상연구센터, 2010).

2. 노인의 자살

노인기의 자살률은 모든 노인의 사망률 중 단연 1위를 차지하고 있다. 미국의 백인 노인 중 65세 이상 된 이들의 자살률은 모든 세대 자살률의 5배가 넘는다는 연구 결과가 있으며, 우리나라의 경우 75세 이상 자살자 수가 39.3으로 전체 자살률 14.1보다 상회하고 있으므로 노인심리에 대한 이해와 적절한 대책이 있어야 한다.

■ 자살의 정의

자살은 자신의 목숨을 노환으로 인한 자연사, 질병이나 급작스런 사고로 인한 사망이 아니라 의도적으로 죽음을 이끌어내려는 행위이다. 이러한 자살, 자살기도, 자살의도의 내면의 숨겨진 동기는 사랑의 결핍과 무능감, 거부감을 느끼기 때문이거나 자기를 버린 사람에게 죄책감 등이다. 그러나 자살의 동기는 단순하거나 단편적이라기보다는 매우 다양하고 때론 복잡한 양상을 지니고 있다.

노인들의 자살률은 세계보건기구의 통계에 의하면 대부분의 나라에서 젊은 성인에 비해 높으며, 평생 동안 자살의 위험 정도와 자살사고는 연령이 증가함에 따라 같이 증가하는 것으로 알려졌다. 유럽에서는 노인의 평균 자살률이 10만 명당 29.3명이었으며, 미국의 노인 평균 자살률은 10만 명당 19.7명으로서 25~40세의 자살률인 10만 명당 14.9명보다 더 높았다. 노인의 자살 중에서도 고연령층에서 자살이 더 흔하며, 특히 서구에서는 남자들의 자살률이 더 높은 경향이 있는 것으로 보고됐다.

■ 자살의 원인

노인 자살에 관련된 요인으로는 정신질환, 신체적 질환 및 사회·환경적 스트레스를 들 수 있다. 대표적으로 정신질환은 노인 자살의 주요한 위험요인으로 손꼽히고 있다. 자살한 노인의 75% 이상에서 자살 당시에 정신질환의 상태에 이환되어 있는 것으로 추정되고 있다. 특히 자살한 노인의 50~87%에서 자살 당시에 우울증이 있는 상태인 것으로 보고되고 있으며, 이러한 경향은 고령층의 노인에 더 많이 적용되는 것으로 보인다.

치매환자의 경우는 자살률이 일반 노인군의 자살률보다 높지 않으며, 치매로 인한 인지기능 저하가 오히려 자살을 막는 보호요인의 역할을 하고 있는 것으로 추정하고 있다. 노인은 만성 또는 중증 신체질환 단독으로는 자살을 유발하지 않지만, 신체질환으로 인해 우울증이나 다른 정신병리가 유발한다면 자살에 큰 영향을 미칠 수 있다. 암 환자의 경우 진단을 받은 2년 이내에 자살률이 증가하는 것으로 보고되고 있고, 이들 환자의 약 60~80%에서 우울장애나 불안장애 같은 정신질환을 동반하는 것으로 보고되고 있다.

퇴직이나 은퇴가 원치 않은 상태에서 갑작스럽게 일어났을 경우, 퇴직 후의 새로운 생활에 적응할 수 없거나 이러한 변화에 대처할 융통성이 부족한 노인에게는 위험이다. 또한 사별은 자살을 유도하는 심각한 위험요인으로 추정되고 있다. 특히 배우자와 사별했거나 사별이 갑작스럽게 일어났을 때, 그리고 남자 노인이 사별을 당했을 때 위험도가 매우 높은 것으로 보고되는데, 사별 후 6개월 이내에 자살의 위험도가 가장 높다.

■ 자살의 형태

우리나라의 자살형태에 따른 사망 순위를 보면 목맴(13,000명), 살충제 중독(5,700명), 기타(3,700명), 추락(3,600명) 순이다. 목맴은 지속적으로 증가 추세이며, 살충제 중독에 의한 자살은 감소추세이다.

살충제 중독에 의한 자살률은 남자가 여자보다 2.0배 이상 많고, 추락은 남녀 간 차이가 1.1

배로 가장 적고, 20~60대는 목맴, 70대 이상에서는 살충제 중독에 의한 자살이 가장 많다. 살충제 중독에 의한 자살은 고연령층에서 급증, 80대 이상이 20대보다 50배 이상 높다.

목맴에 의한 자살은 20대 여자가 남자보다 많고(0.8배), 50~60대는 남자가 여자보다 4배 이상 많다.

⟨표 5-1⟩ 성·연령·수단별 자살사망률, 2008 (단위: 인구 10만 명당)

연령	남녀 전체				남자				여자			
	살충제 중독	목맴	추락	기타	살충제 중독	목맴	추락	기타	살충제 중독	목맴	추락	기타
계	5.7	13.0	3.6	3.7	7.6	16.7	4.0	5.1	3.7	9.4	3.3	2.3
10~19세	0.1	1.8	2.3	0.4	0.1	1.8	2.5	0.5	0.2	1.8	2.0	0.3
20~29세	0.9	14.4	4.0	3.4	1.0	12.4	4.4	4.4	0.7	16.5	3.6	2.3
30~39세	2.4	14.7	3.6	4.1	3.3	15.8	3.5	5.7	1.5	13.4	3.7	2.4
40~49세	5.0	15.1	3.6	4.7	6.9	20.8	3.9	6.5	3.1	9.3	3.3	2.7
50~59세	7.5	16.9	3.5	5.0	11.3	27.6	4.2	7.4	3.8	6.1	2.7	2.5
60~69세	15.6	20.1	5.4	6.2	23.8	33.3	6.9	10.1	8.2	8.3	4.0	2.8
70~79세	30.4	25.2	8.7	7.5	49.3	43.3	11.5	10.9	18.2	13.5	6.9	5.4
80세 이상	43.3	44.2	14.7	10.7	76.7	77.6	21.2	19.0	29.7	30.6	12.0	7.3

자료: 통계청(http://www.kostat.go.kr), 2009

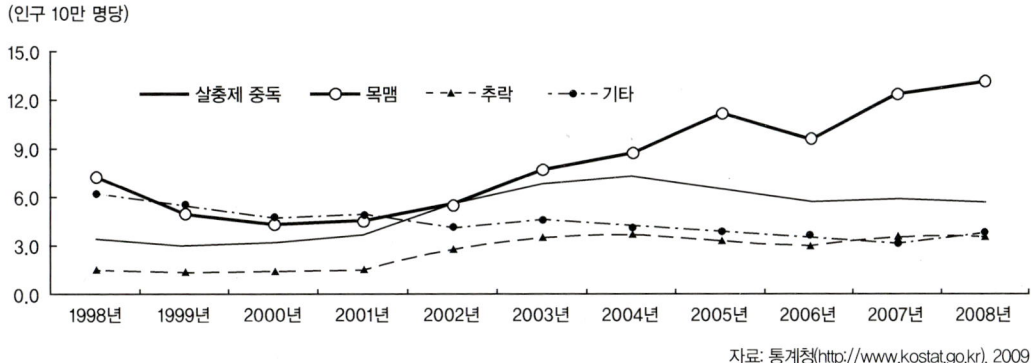

(인구 10만 명당)

자료: 통계청(http://www.kostat.go.kr), 2009

⟨그림 5-1⟩ 자살 수단별 사망률 추이 (1998~2008)

■ 노인 자살의 예방 및 관리

노인의 자살은 일단 시도가 이루어졌을 때, 반복적인 시도는 물론 신체적인 합병증을 일으키기 때문에 무엇보다도 예방이 중요하다. 선진국의 노인자살예방센터에서는 전화와 방문을 이용하는 프로그램을 활용한다. 이는 24시간 전화를 통해 정서적 지지와 위기개입, 정보제공 및 의료서비스를 제공하며, 계획표에 따라 전화접촉을 하며 고위험군으로 판단되는 경우 가정방문을 한다. 즉, 가족이나 친구 또는 전문가에 의해 의뢰된 환자에 대해 전화를 통하여 다차원적인 평가와 서비스, 지지적 정신치료를 제공한다. 자살의 관리에는 무엇보다도 신속하고 올바른 응급상황에 대한 정신의학적 평가가 이루어져야 한다. 자살의 위험도 및 위험신호는 다음과 같다.

첫째, 심각한 위험으로는 '계속적인 자살위협, 정신병, 심한 우울증'을 들 수 있으며, 둘째, 위험신호로는 '자살기도 경력, 정신병의 과거력, 유서, 난폭한 기도방법, 만성질환, 최근에 받은 수술 또는 자녀 출생, 최근의 심각한 상실, 주정중독, 약물의존, 건강염려증, 40세 이후의 여성, 동성애, 경미한 우울증, 사회로부터 격리, 만성적 적응부진 및 파산' 등을 들 수 있다.

치료단계는 심각한 자살의 위험성이 있을 때에는 위기를 극복할 때까지 지지적으로 돌봐야 한다. 무엇보다도 성실히 듣고 공감하는 태도가 중요하다. 약물치료로는 항우울제나 항불안제를 주로 사용한다. 우울증과 망상상태에서는 항정신병약물을 사용하기도 한다. 자살의 위험성이 아주 큰 경우에는 전기충격요법을 이용하기도 한다. 또한 우울증 환자의 경우 입원치료가 필요한 경우는, 자살을 기도했거나 자살이 예상될 때, 심한 불면증, 심한 초조, 절망감, 갑작스런 감정의 폭발 및 식욕부진 등으로 인해 신체적으로 심하게 쇠약해졌을 때, 일을 포기하거나 직장을 사직할 정도의 기능상실이 왔을 경우, 환자 자신이 치료를 거부하거나 치료에 협조가 안 될 경우이다. 입원의 경우 위험성이 큰 환자는 병동 간호사실 가까이 두거나 가족이 지키도록 해야 하며, 유리창이나 위험한 물건은 자해용으로 사용 가능성이 있으므로 멀리해야 한다. 그러나 노인 자살에 있어서 무엇보다도 중요한 것은 노인의 심리를 올바르게 이해하고, 노인기에 부닥치는 과제를 해결할 수 있는 능력을 길러야 된다.

일반적으로 노인기는 4단계로 나눈다.

첫 단계는 은퇴 전기로 60~65세에 해당된다. 외모, 성적 기능, 스태미나, 민첩성 등에서 부정적 변화의 속도가 증가하고 사회적 활동의 주축에서 벗어나는 시기이다. 그러나 비교적 높은 수준의 생물학적, 행동학적 능률성을 유지하며 높은 지위를 갖는 시기이다.

둘째 단계는 은퇴기로 65~70세에 해당된다. 이 시기는 생산적인 단계에서 의타적인 단계로 전환하는 시기로, 직장에서 은퇴하는 시기이다. 사회 재적응 문제가 일어나고, 노화에 대한 신체질병, 무능력이 생기는 시기이다.

셋째 단계는 노년기로 70세 이상에 해당된다. 경제적, 사회적 활동에서 완전히 벗어나는 시기이다. 노화과정이 뚜렷해지며 질병이 수반되기 쉬운 시기이다.

넷째 단계는 종료기로 인생의 마무리를 짓는 단계로 임종을 준비하는 단계이다. 인생의 최종 단계에서는 질병에 대처하는 강인한 용기, 사람들과의 화해, 죽음을 받아들이는 자세가 필요한 시기이다.

■ 결론

노인의 자살은 치명적이다. 신체적인 건강상태의 저하와 사회적 문제, 자살의도를 은폐하려는 특성뿐만 아니라, 자살에 대한 의지가 강하여 좀 더 치명적인 방법을 시도하기 때문이다. 따라서 이에 대한 접근은 예방에 중점을 두고 시행되어야 한다.

특히 자살은 문화적·사회적 영향이 뚜렷하기 때문에 외국의 경우를 그대로 적용하기가 어렵다. 따라서 국내 노인 자살의 예방계획을 수립하기 위해서는 자살의 위험인자를 밝혀내는 연구를 우선적으로 시도해야 한다.

우리나라는 노인 인구의 빠른 증가와 더불어 노인 자살 수 및 노인 자살률이 매년 증가하고 있고, 다른 연령층에 비해서도 매우 높은 자살률 보이고 있다. 따라서 이에 대한 체계적인 분석을 통해 노인 자살을 예방하는 것이 매우 중요하다. 즉, 노인 자살의 실태 및 관련요인, 사회구조적 요인 등에 대한 연구를 진행해야 하며, 이러한 연구를 토대로 고위험군을 선별하고 이들에 대한 다차원적인 접근이 포괄적으로 이뤄져야만 적절한 예방이 가능하다.

또한 지역사회의 자살예방 프로그램을 기획하고 능동적으로 참여해 지역사회 노인들이 쉽게 정신건강 서비스를 이용할 수 있어야만 노인 자살률을 낮출 수 있을 것이다.

또한 노인 인구가 증가함에 따라 노인들에게 일어나는 여러 가지 건강복지 문제들에 적극적인 관심을 기울이고 건강증진의 차원에서 미리 대비해야 질병으로 인한 의료비의 상승을 억제하며,

향후 우울장애 및 자살로 일어나게 될 심각한 후유증을 막을 수 있을 것이다.

그러나 무엇보다도 중요한 것은 노인의 심리에 대한 이해와 적절한 대책이 자살방지에 선행되어야 할 것이다. 노인심리에서 중요한 것은 노인들이 죽음이라는 관점을 심각하게 필연적으로 이를 겸허히 받아들이는 과정에서 출발해야 할 것이다. 만약 이러한 현상에 적응하기 위한 인격의 성숙이 이뤄지지 않은 경우에는 적응곤란 및 자살의 방편을 택할 수밖에 없는 곤경에 처하게 된다. 노인의 경우 과거 자신이 살아왔던 삶과 원칙적인 삶을 연관 지어 통합함으로써 의미 있는 삶을 만드는 과정이며, 이러한 과정을 잘 조합하고 조화롭게 하면서 인생의 마감에 대한 준비를 성실하게 이루어가는 것이 최선의 자살 예방책일 것이다.

3. 노인과 치매

■ 치매란?

치매는 라틴어에서 온 말로서 'de'는 '제거한다', 'mens'는 '정신'을, 'tia'는 '병'을 의미한다. 즉, '정신이 제거된 질병'이라는 뜻이다.

치매란 정상적인 일상생활을 유지하던 사람이 뇌에 후천적으로 발생한 외상이나 질병 등 외부적인 요인에 의해서 뇌신경세포가 손상되거나 파괴되어 기억력, 판단력, 사고력, 언어능력 등에 대한 전반적인 인지기능이 떨어지고, 시간과 장소 그리고 사람을 식별하는 능력이 떨어지며, 성격변화 및 감정과 행동조절능력 장애가 함께 발생하는 질병을 일컫는다. 즉, 치매란 지금까지 체득된 지적인 기능들이 급격하게 감소된 상태를 말한다.

치매는 연령과 매우 밀접한 관련이 있다. 대체로 65세 이상 노인의 5~10%, 85세 이상 노인의 20~40% 정도에서 치매가 발생한다. 예전에는 치매가 희귀했으나, 평균수명이 길어지면서 치매환자가 급격히 증가하고 있다. 우리나라에서는 치매가 나이가 들면 어쩔 수 없이 생기는 노화현상으로 여기고 적극적인 예방과 치료를 하지 않았다. 그러나 치매는 분명히 정상적인 노화 현상과는 구별해야 하는 병적인 현상이며, 나이가 들었다고 해서 모두 다 치매에 걸리는 것은 아니다. 요즘에는 젊은 사람들에게서도 치매 발병 사례가 보고되고 있다.

■ 치매의 종류와 원인

치매의 원인

치매는 크게 가역성 치매와 비가역성 치매로 나눌 수 있다.

가역성 치매란 원인 질환을 치유하면 다시 정상으로 되돌아갈 수 있는 치매를 말한다. 우울증, 약물이나 알코올 또는 화학물질에 중독이 되었을 때, 신체 체액의 불균형, 갑상선 질환, 비타민 결핍증, 일시적인 뇌기능 장애를 초래하는 감염성 뇌질환, 머리에 외상을 입었을 때에 가역성 치매를 유발할 수 있다.

비가역성 치매는 치매의 대부분을 차지한다. 여기에는 알츠하이머병이나 피크병과 같은 퇴행성 치매, 중풍 등으로 인한 혈관성 치매, 병원균의 감염에 의한 치매(크로이츠펠트-야코프병), 대사질환으로 인한 치매, 중독(알코올이나 약물)성 치매 등이 있다.

치매의 종류

알츠하이머병

미국인에게 치매를 일으키는 많은 질환들 중 가장 흔한 것(50~60%)이 알츠하이머형 치매이다. 알츠하이머병은 주로 50~60대에 나타나며, 주로 기억력이 상실되고 언어이해능력이 점차 사라진다. 또한 기억과 그 외 지적능력 유지에 중요한 뇌부위의 신경세포가 소실되고, 뇌신경세포 간에 복잡한 신호들을 전달해 주는 데 필요한 특정한 화학물질의 양이 감소된다. 1907년 알츠하이머(Alzheimer)가 뇌조직에서 비정상적인 물질들이 모여 있는 집합체들(노인성반)과 신경세포 안에서 신경원 섬유들이 비정상적으로 꼬여 있는 모습을 관찰하여 발표하였기 때문에 그의 이름을 본떠서 알츠하이머병이라고 하였다.

알츠하이머병은 뇌가 위축되며, 유전적인 경향이 있다. 그런데 점차 평균수명이 연장되면서 70~80대의 연령에 있는 노인에게서 뇌의 노화로 인해 알츠하이머병과 같은 증상이 나타나는 사람이 많아지고 있다. 이런 고령자들의 증상을 알츠하이머형 치매라고 부르며 노인성 치매라고도 한다. 최근에는 알츠하이머병과 노인성 치매를 합쳐서 알츠하이머병이라고 한다.

① 알츠하이머병 치매의 원인

원인은 확실히 밝혀져 있지 않다. 그러나 유전인자, 신체 대사활동, 면역상태, 바이러스성 질환, 독성물질이나 유해환경 등 여러 가지 원인이 관계가 있다고 믿고 있다.

최근 연구 결과 알츠하이머병은 특정한 단백질(베타아밀로이드 단백질과 타우 단백질)이 뇌에 비정상적으로 축적되는 것과 관계가 있다고 보고되고 있다. 이러한 단백질이 뇌세포에 침착되어 뇌세포를 파괴시키는 것이다.

알츠하이머병 치매는 여자에게서 남자보다 2배 이상 높게 발병되는 것으로 알려져 있다.

우울증이나 어떤 특징적인 신경증상, 뇌졸중, 두부 외상, 혹은 치매를 일으키는 다른 질병을 앓은 적이 없이 점차 인지기능이 소실되면 알츠하이머병을 의심해 볼 수 있다.

피크병은 알츠하이머병과 같이 원발성 치매이다. 이 병에서는 알츠하이머병에서 발견되는 것과 유사한 피크 소체라고 부르는 단백질이 발견되며, 행동장애, 인격장애, 그리고 기억장애를 특징으로 하는 뇌질환이다. 피크병은 계속적으로 증상이 악화되어 언어장애, 이상행동증을 보이며 치매 상태가 된다.

② 증상

처음에는 가벼운 건망증을 보이다가, 병이 진행하면서 기억력, 조정능력, 논리적 사고력, 판단력, 자기조정력이 상실된다. 성격에도 변화가 오는데, 성격이 아주 민감해지거나 반대로 둔화된다.

• 초기(건망기)

증상은 서서히 진행하여 가족과 환자가 그 시작을 알 수 없는 경우가 많다. 다른 질환 또는 약물을 복용하다가 급작스럽게 나타는 혼돈증세를 시작으로 치매를 진단하게 되는 경우가 종종 있다.

초기에는 주로 기억에 장애가 생긴다. 그리고 어지럽다거나 머리가 띵하다거나 다른 신체 증상을 호소한다. 잘 쓰지 않는 단어를 떠올리기가 어려워지고 약속이나 물건을 둔 곳을 잊게 된다.

기억은 크게 즉각기억과 단기기억, 장기기억의 세 가지로 나누어 볼 수 있다. 즉각기억은 수초 정도의 짧은 시간 동안만 유지되는 기억이다. 단기기억은 수분에서 수시간에 걸쳐 기억되는 것이며, 단기기억에서 장기기억으로 저장되게 된다. 장기기억은 수년 이상 오래 기억되는 것이다. 알츠하이머형 치매의 초기에 나타나는 특징적인 증상으로는 단기기억의 장애를 들 수 있다. 따라서 환자는 최근에 있었던 기억에 장애가 있으며, 장기기억은 대부분 잘 기억하는 경향을 띠고 있다.

건망증이 잦아지고 무엇을 잊어버렸다는 사실에 대해 부끄럽게 느끼거나 잊어버렸다는 사실을 스스로 알기 때문에 감추려고 하고 변명을 늘어놓기도 한다. 일상생활을 하는 데는 지장을 초래하지 않으므로 가족들도 나이가 들어서 오는 건망증 정도로 생각하고 지나치는 경우가 많다. 그러나 치매가 진행되면서 시간과 장소, 날짜, 계절에 대한 착각이 빈번해지므로 사회생활이나 일상생활을 하기 어렵게 된다.

〈표 5-2〉 치매와 건망증의 차이

치매	건망증
뇌의 질병	정상 노화과정
일상적 생활체험의 대부분을 기억하지 못한다.	가끔 잊어버리거나 이런 상태가 진행되지 않는다.
시간 · 장소 · 사람에 대해 식별 장애가 계속 진행된다.	가끔 잊어버리거나 이런 상태가 진행되지 않는다.
기억장애를 스스로 알지 못한다.	건망증이 있음을 스스로 알고 있다.
판단력이 저하된다.	판단력이 유지된다.

자료: 기독간호대학산학협력단·광주동구노인종합복지관

• 중기(혼란기)

건망증이 심해져서 방금 있었던 일은 물론이고 자신의 이름뿐만 아니라 사물의 이름도 기억하지 못하며, 자신과 관련된 오래된 기억이 심하게 손상된다.

언어능력은 비교적 유지되지만, 구체적인 단어 대신 '이-, 그-, 저-'와 같은 지시대명사를 점차 빈번하게 사용하게 된다. 시간이 지날수록 어휘력이 떨어지며, 글쓰기가 어려워지고 이해력이 감소된다. 더 진행하면 반복적인 질문을 하고, 묻는 말을 그대로 따라 하기도 하며, 간단한 계산도 불가능하게 된다.

공간지남력에 장애가 있으므로 자신이 어디에 있는지 모르고 배회를 하게 되며, 단조로운 일상생활뿐 아니라 식사나 목욕도 스스로 할 수 없게 된다.

사회적인 측면이나 성격의 변화, 그리고 정신증상이 나타나게 되며, 이러한 증상들은 치매 중기에 두드러지게 나타나는 현상이다. 즉, 짜증을 잘 내거나 공격적으로 되어 무례한 행동과 말을 하고, 판단력에도 장애가 오며, 자신의 몸 관리를 못하고 불안, 공포감, 수면주기의 변화, 망상, 환시나 환청 등의 증상을 보인다. 망상이나 환청, 환시의 흔한 내용으로는 '자신의 집에 누군가 다른 사람이 살고 있다', '누군가 자신을 해치려 한다', '집 안에 도둑이 들었다', '배우자가 바람을 피운다' 등이다. 환청보다 환시가 더 흔히 나타난다.

• 말기(치매기)

발병 후 5년 내지 10년 사이에 완전한 치매상태에 이르게 된다. 지적 능력이 심하게 저하되어 심한 언어장애가 오고, 기억력은 더욱 망가지며, 정서적으로 무감각해진다. 자신의 이름과 고향 등 단순한 기억을 하고 있는 경우가 있기도 하나, 가족을 알아보지 못하게 된다. 또한 자가 간호를 할 수 없게 되어 면도나 수저질도 할 수 없게 되며, 완전히 의존적인 상태가 된다.

온몸이 뻣뻣해지고 구부정한 자세를 취하게 되지만 걸음걸이를 포함한 운동지각 기능은 비교적 오래 유지된다. 대소변을 실금하여 만지작거리고 종일 배회하거나 멍하게 있는 모습을 보인다. 점차 기력이 쇠해진 상태에서 식물인간과 같은 상태가 되면 2~3년 내에 사망하게 된다.

치매 증상의 경과는 보통 증상이 나타난 후 5년 이상 진행하며, 진단 후 7~10년 동안 생존한다. 그러나 치매의 병리학적 변화는 증상이 나타나기 7년 전부터 시작되므로 조기 진단과 조기 치료가 매우 중요하다고 하겠다.

뇌혈관성 치매

뇌동맥경화성 치매라고도 하며 뇌혈관의 장애에 의해 발생하는 치매이다. 우리나라에서는 뇌혈관성 치매가 알츠하이머병 치매보다 더 많으며, 치매환자의 50~60% 정도가 혈관성 치매로 알려져 있다.

① 뇌혈관성 치매의 원인

뇌의 혈관이 좁아지거나 혈전(피떡)으로 인해 뇌 안으로 흐르는 혈액의 양이 줄거나 막혀서 중요한 뇌세포의 부분적인 기능이 마비되어 치매가 발생하는 것이다. 작은 뇌경색이나 뇌혈전이 반복되거나 한꺼번에 여러 부위의 혈관에 문제가 생겨서 건강하게 활동을 하고 있는 뇌세포의 수가 차츰 줄어들어 인지기능에 장애가 오게 된다.

이러한 혈관의 문제는 동맥경화나 고혈압으로 인해 발생하는 경우가 대부분이다. 그 외에도 심장병, 당뇨병, 과음, 흡연, 고지혈증 등이 뇌혈관성 치매를 일으킬 수 있다.

갑자기 말이 어눌해지거나 손발이 저린 증상이 나타났다가 회복되는 경우 뇌혈관에 장애가 생겼을 가능성이 크다. 이러한 경미한 뇌혈관 장애가 반복되는 경우 치매가 진행되고 있는 경우가 많다.

뇌혈관성 치매는 비교적 젊은 나이에 발병할 가능성이 크다. 많은 경우 50~60대에 발병한다. 그러나 다행히도 혈관성 치매는 생활습관의 변화로 예방이 가능하며, 조기진단과 조기치료로 악화를 방지할 수 있다.

② 뇌혈관성 치매의 증상

뇌혈관성 치매 환자의 증상은 기본적으로 손상을 받은 뇌의 위치와 손상받은 뇌조직의 범위에 따라 여러 가지로 다르게 나타난다.

뇌혈관성 치매는 현기증이나 두통, 저림, 마비, 시야장애, 언어장애와 같은 증상을 스스로 느낀다. 가끔 재발작을 일으키면서 치매가 갑작스럽게 진행되는 경우도 있으나, 더 이상 진행되지 않고 일정한 상태에 머물러 있기도 한다.

뇌혈관성 치매는 갑작스럽게 증상이 나타나거나, 뇌졸중이나 고혈압 병력이 있거나, 혹은 동맥경화증의 증거를 보이며, 특징적인 신경계의 증상을 보인다. 병의 진행과정이 나빠졌다가 좀 회복되거나 멈추기를 반복하는, 즉 단계적으로 악화되는 모습을 보이기도 한다. 우울증을 보이기도 하며, 정서적으로 불안정하지만 인격은 비교적 유지되고, 신체적인 증상을 호소하기도 한다.

뇌혈관 장애로 인한 치매는 대개 초기·중기·말기의 증세로 진행된다. 초기에는 즉각적인 기억이 상실된다. 생활에 대한 관심이 없어지며, 어제 일이나 아침의 일도 기억나지 않고 전화 후 내용이 생각나지 않는다. 중기에는 최근의 생활체험이 기억나지 않을 뿐 아니라, 장소나 시간에 대한 지남력도 소실되므로 밖에 나갔다가 집에 돌아오지 못하게 된다. 말기에는 기억력이 거의 사라져 젊은 시절의 기억을 단편적으로 유지하고 있으며, 일상생활을 스스로 해결하지 못하고 대소변 실금을 하게 된다.

대사성 질환, 영양 문제, 내분비 질환, 중독에 의한 치매

치료 가능한 치매가 여기에 속하나, 이 중 모든 치매가 치료가 가능한 것은 아니다.

대사성 질환과 관련하여 나타나는 치매는 나트륨, 칼슘 등의 전해질 불균형에서 온다. 그리고 간, 신장, 폐기능이 나쁠 때에도 급성으로 치매 증상이 나타난다. 만성 신장질환에서 치매 증상이 나타나며 점차 진행된다.

영양장애로 나타나는 치매는 비타민 부족으로 오며, 비타민 B_{12}의 부족으로 인한 악성빈혈이 있을 때 감정의 변화가 심해지는 장애를 초래한다. 비타민 B_1, B_6의 부족으로 기억의 장애가 오기도 한다.

내분비 장애로 오는 치매는 갑상선, 부갑상선, 부신피질 호르몬의 장애로 오며, 흔히 갑상선 기능저하증일 때 인지기능에 장애가 온다. 중독으로 인한 치매는 예방과 치료에 중요하다. 납이나 환경에서 오는 중금속 중독이 치매 증상을 일으키는 경우는 드물며, 오히려 약물의 효과(항고혈압제, 히스타민 차단제 등)로 오는 경우가 흔하다. 여러 가지 약물을 복용하는 경우에도 정신의 혼돈이 오는 경우가 있다. 약물 때문에 증상이 나타나는 경우에는 약물을 끊으면 회복이 된다.

알코올 자체가 치매를 일으키지는 않으나 알코올 섭취로 인한 비타민 부족이 문제를 일으킨다. 만성적으로 알코올을 섭취하는 경우 기억력뿐만 아니라 신경정신적인 장애를 일으킨다. 알코올로 인해 치매가 나타나는 경우는 알코올 섭취와 함께 영양부족(티아민), 두부손상, 다른 물질의 사용 등이 있었을 때이다.

간염증으로 인해 발생하는 치매

간염, 폐렴과 같은 감염증에 의해서 치매현상이 나타나기도 한다. 폐렴과 같이 고열이 발생하는 병에 걸리면 때로 일시적인 착란상태가 된다.

크로이츠펠트-야코프병은 감염성 질환으로 염증 증세가 없이 뇌가 스펀지 모양으로 변하며 신경세포가 소실되는 질병이다. 크로이츠펠트-야코프병을 유발하는 프라이온이라는 단백질은 전통적인 바이러스와 다르며 치료가 불가능하다. 초기 증상으로 기억력 장애가 있을 수 있으며 시야장애, 행동장애, 의식장애와 불수의적 운동, 근경련, 시각장애, 혼수에 이르기도 한다.

종양과 치매

뇌종양으로 인한 신경의 손상, 뇌종양 덩어리와 부종 등으로 인해 치매증상이 나타날 수 있다. 종양 치료에 사용되는 방사선 치료와 약물로 증상이 나타날 수도 있다.

신경의 질병

페닐케톤뇨증, 지질을 축적하는 질병, 백혈구 위축증은 진행성 치매와 함께 운동·지각 등에 장애를 초래한다. 어려서 발병하는 경우 정신지체라 하고, 나이가 들어서 발병하는 경우 치매로 분류한다.

파킨스병이란 수족이 떨리고 몸이나 안면근육이 경직되어 자신의 의지대로 잘 움직여지지 않는 신경질환으로 점점 나빠져 가는 병이다. 파킨슨병 환자들 중 30~40% 정도가 질병 말기에 치매 증상이 나타난다고 한다.

루이소체는 망가져 가는 신경세포 안에서 발견되는 단백질 덩어리로서 파킨슨병 환자의 주요 병변 부위인 뇌간의 흑질 부위에서 관찰된다. 루이소체가 대뇌 전체에 걸쳐서 광범위하게 발견될 때 알츠하이머병의 증상과 유사한 치매 증상을 보인다.

헌팅턴병은 뇌의 특정 부위 신경세포가 선택적으로 파괴되는 유전성 진행성 퇴행성 뇌질환의 일종이다. 병의 진행에 따라 인격과 지적능력이 저하되고 기억력, 언어능력, 판단력이 감소되며 말기에 치매 증상이 나타난다.

■ 치매의 증상

기억력의 저하

치매에 걸렸을 경우 나타나는 증상은 치매의 원인이나 환자에 따라 차이가 있으나, 일반적으로 기억력이 급격히 떨어지게 된다. 기억력의 급격한 저하는 대부분 발병 초기에 나타나는 증상으로 대개 다음과 같다.

① 사람 이름, 전화번호 등을 기억하기가 힘들다.

② 방금 있었던 일을 기억하지 못하여 같은 질문을 반복하며, 한 일을 다시 반복하여 한다.

③ 물건을 두고 다니며 가지고 갈 물건을 놓고 가기도 한다.

④ 치매가 진행되며 오전의 일을 오후에 잊어버리거나 방금 했던 일도 잊어버린다. 그리고 과거에 있었던 일을 떠올리는 것도 어려워진다. 전혀 기억을 하지 못하는 것은 아니며, 일상생활에 필요한 것을 되풀이하여 알려주면 기억을 하기도 한다. 그러나 날마다 반복되는 생활을 유지하는 데 필요한 기억력도 없어질 수 있으므로 일상생활에 심각한 장애를 가져온다.

⑤ 치매노인은 어렸을 때로 돌아가 어린아이와 같은 행동을 하기도 하는데, 그 이유는 돌아간 시점 이전의 기억밖에 남아 있지 않기 때문이다. 그러나 돌아간 시점 이후의 기억이 떠오르는 순간이 있을 때는 자신의 처지를 심하게 비관하기도 한다. 치매노인의 입장에서 볼 때 기억력 상실은 매우 적막하고 서글픈 일이며, 매우 큰 고통 속에 살고 있음을 알 수 있다.

언어장애

일반적으로 하고 싶은 말이나 표현이 금방 떠오르지 않고, 물건 이름이 잘 생각나지 않으며, 책을 읽을 때도 같은 문장을 여러 번 반복해야 이해하게 된다. 심한 경우 신문이나 잡지를 읽을 때 이야기 줄거리를 파악하지 못한다.

지남력 장애

시간, 장소, 사람을 잘 분간하지 못하는 지남력 장애가 나타나는데, 이러한 증상은 치매를 초기에 진단하는 데 유용하다. 방향감각이 떨어져서 길을 잃거나 헤맨 적이 있으며, 특히 자주 가던

곳도 가지 못하고 헤매게 되는 경우가 있고, 심한 경우 집 안에서 화장실을 찾지 못하고 헤매게 된다.

치매노인의 경우 기억이 없어져서 뇌 속에 입력된 기억을 꺼내어 사용하는 것을 할 수 없을 뿐만 아니라, 외부에서 받아들인 정보를 뇌 속에 입력할 수 없기 때문에 인지기능이 떨어지므로 지남력 장애가 나타나게 된다.

판단력 장애

치매노인의 경우 기억력이 급격히 떨어져서 생활하는 가운데 일어나는 단편적인 일들 사이에 연속성이 없으므로 주변의 사건을 확실하게 알지 못하기 때문에 항상 어리둥절해하고 현실적인 판단을 내리기가 어려워진다. 병이 진행되면 자신의 배우자조차도 알아보지 못하게 된다.

성격장애 및 실행장애(이상행동)

이전에는 사교적이었으나 외출하기를 싫어하게 되고 집에만 있으려고 한다. 생각이 단순해지고 어린아이 같아지기도 하며, 심한 경우 이기적이고 자신의 몸 관리를 게을리한다. 사소한 것으로 가족을 귀찮게 하고, 문제행동을 되풀이하는 것은 주위 사람들의 주의를 끌기 위한 경우가 대부분이다. 치매가 심해지면, 누군가 자신의 물건을 훔쳐갔다거나 배우자가 바람을 핀다는 망상이 나타나기도 한다. 우울증이나 공격적인 행동을 보이기도 하며, 바깥을 배회하거나, 혼자 있으면 초조해한다. 감정의 기복이 심하고 충동적인 행동을 조절하지 못한다. 성적인 행동을 조절하지 못해서 타인을 당황스럽게 하는 경우도 있다. 식사를 한 것을 기억하지 못하여 계속 요구하고, 집 안을 왔다갔다 하거나 옷을 꺼내어 개어 넣기를 반복하기도 한다.

■ 치매의 진단과 치료

치매의 진단

치매는 뇌의 손상이 비교적 경미한 초기 단계에서는 사소한 인지기능의 장애만을 보이지만, 손상부위가 점차 광범위하게 진행됨에 따라 보다 심각한 인지기능 저하와 행동장애, 일상생활 및 직업적·사회적 기능장애를 나타내는 경과를 보이게 된다. 따라서 치매의 치료에 있어서 가장 중요한 점은 뇌의 손상이 아직 경미한 초기 단계에 진단을 받고 가능한 한 조기에 치료를 시작하여 증세가 더 악화되지 않도록 대책을 세우는 것이 중요하다.

치매를 확진할 수 있는 임상병리검사는 없으며, 치매를 진단하기 위해서는 정상 노화와 구별하는 것이 가장 중요하다. 그리고 우울증, 가성 치매, 섬망 등과도 구별해야 한다.

진단은 치매에 숙련된 의사가 진찰과 여러 검사 과정을 통하여 치료가 가능한 질환에 의한 치매인지, 알츠하이머형 치매인지를 확인하게 된다.

병력 청취와 진찰

① 병력 청취: 병력에 중요한 항목은 일반적인 것 외에도 사회·경제적 성취, 교육 정도, 직업, 발병 전의 성격이나 대인관계, 발병 양상, 치매의 기간, 경과 및 선행 질환 유무 등이다. 치매에 걸렸는지, 그 정도는 어떠한지를 좀 더 정확하게 진단하기 위한 진찰은 신경학적 검사와 인지검사를 통해서 하게 된다.

② 신경학적 검사: 환자의 보행, 자세, 운동 및 감각계, 반사운동에 대한 검사와 뇌신경에 대한 검사를 한다.

③ 인지기능 검사: 초기단계의 치매를 진단할 때 매우 중요하게 활용한다.

진단적 검사

의료적인 진단적 검사에는 치매를 일으키는 요인이 되는 질환들을 알아내는 검사법으로 혈액학적 검사, 전해질 검사, 갑상선 기능 검사, 대사성 질환 검사, 흉부 엑스선 검사, 심전도 등을 실시한다.

알츠하이머병은 자기공명 검사(MRI), 유전자 검사 등을 사용하여 검사한다. 확진은 사망 후 부검을 통한 뇌 조직 검사에 의해서만 가능하다.

의료적인 검사를 통해서 구체적인 진단을 내리면 치료 가능한 치매인지 아닌지를 구별할 수 있고, 이에 따라 치료의 방향을 정할 수 있다. 그러나 진단 후에도 확실한 치료법이 제시되지 않는 경우가 종종 있으므로 반드시 필요한 경우에 검사를 받도록 하는 것이 중요하다.

인지기능 검사

치매에서 일반적으로 많이 발견할 수 있는 증상이 기억력과 지남력 장애이므로 이러한 장애의 유무와 그 정도를 측정하는 것이 바로 치매 유무를 진단하는 핵심적인 내용이 된다. 일상생활에서 문제를 일으키는 사고력과 기억력의 저하가 최소한 6개월 이상 지속되었을 때 치매라고 진단하게 된다.

인지기능의 평가도구로 다양한 척도들이 개발되어 있다. 그중에서 MMSE(Mini-Mental State Examination)를 많이 사용하고 있는데, MMSE는 장애를 발견해 내고 경과를 추적하며 치료에 대한 반응을 추적하는 데 사용하며, 정식 진단용으로는 사용하지 않는다. 인지기능의 평가 항목에는 지남력, 의식, 주의력, 기억력, 언어, 시공간 능력, 사고 및 판단력이 포함된다.

① 지남력: 사람, 장소, 시간에 대한 인지력을 알아본다.

② 의식: 급성 혼동 상태(섬망)와 구별하는 데 중요하다.

③ 주의력: 숫자를 외우도록 함으로써 주의력을 알아본다.

④ 기억력: 즉각적인 기억은 환자에게 숫자를 바로 또는 거꾸로 따라하게 하여 평가한다. 장기기억은 생일이나 고향을 물어 검사한다. 인지기능에 장애가 있을 때는 최근의 기억이 먼저 손상된다. 단기기억은 환자와 면담 중에 이름 3개를 불러주었다가 나중에 되풀이하도록 하여 검사하기도 한다.

⑤ 언어: 언어를 제대로 배열하지 못하는지, 생각을 글로 표현하지 못하는지, 독서장애가 있는지 알아보아야 한다.

⑥ 시공간 능력: 단순한 5각형에서 3차원적인 입체까지 따라 그려보게 함으로써 구성능력을 상실했는지, 공간을 시각적으로 이해하지 못하는지 알아본다.

⑦ 사고 및 판단력: 언어력과 계산능력의 검사나 속담풀이 등을 통해 평가한다.

이상의 인지기능 평가에서 이상이 있으면 치매증을 의심하고 정밀진단을 할 필요가 있다. 치매에 대한 간이 평가도구에는 한국형 치매선별도구인 MMSE-K와 치매선별선물지(SIRQD) 등 여러 가지가 있다.

치매의 치료

치매는 뇌의 손상이 비교적 경미한 초기 단계에서는 사소한 인지기능의 장애만을 보이지만, 손상부위가 점차 광범위하게 진행됨에 따라 보다 심각한 인지기능 저하와 행동장애, 일상생활 및 직업적·사회적 기능장애를 나타내는 경과를 보이게 된다. 따라서 치매의 치료에 있어서 가장 중요한 점은 뇌의 손상이 아직 경미한 초기 단계에 진단을 받고 가능한 한 조기에 치료를 시작하는 것이라고 할 수 있다.

약물치료

치료의 궁극적인 목적은 병의 완치이나 알츠하이머병의 경우 완치방법은 아직 없다. 치료의 목표는 인지기능과 연관되어 나타나는 병의 증상을 완화시키거나 진행을 늦추는 것이다. 최근 초기·중기 환자의 인지능력을 향상시킬 수 있는 약제들이 개발되어 1차적 치료 약물로 사용되고 있는 중이며, 정신증상에 대한 약물이 사용되고 있다.

① 인지기능 개선제

비타민 E와 같은 항산화제, 아스피린과 같은 항소염제, 콜린성 제제, 칼슘통로 차단제, 모노아민 산화효소 억제제, 여성호르몬 등이 치매의 진행을 억제시키거나 발병을 억제시킨다는 보고가 있으며, 신경세포의 손상을 막거나 재생을 촉진시키는 약물이 개발되어 일부 사용되고 있다.

② 정신증상에 대한 약물

치매노인의 경우 상당수가 우울증이나 망상, 환각, 적개심, 불면 등의 정신병적 증상이 동반되며, 약물치료는 이러한 증상을 호전시켜 준다. 여기에 사용되는 약물은 항정신병 약물, 항우울제, 항불안제 등이 있다.

치매 원인 질환의 치료

고혈압, 당뇨병, 고지혈증, 심장병, 갑상선 질환 등 치매의 원인 질환에 따라 치료해야 한다.

혈관성 치매로 진단되면 대부분의 경우 좁아진 혈관이 완전히 막히는 것을 방지하기 위해 항혈소판제제를 사용하게 된다. 심장이나 주요 뇌동맥에 문제가 있는 경우에는 항응고제를 사용하기도 한다.

재활치료

치매노인을 위한 재활요법은 치매노인의 집중력 향상과 자기표현 증진을 목적으로 한다. 이를 통하여 증상이 크게 호전되지는 않더라도, 현재 치매노인의 정신적 기능을 가능한 한 오래 유지하고 극대화할 수 있도록 하여 치매노인이 인간으로서의 존엄성을 잃지 않고 살아가도록 도와줄 수 있다.

치매환자는 인지기능이 감퇴되어 있으므로 환자에게 익숙한 환경이 중요하다. 치매환자를 위해서는 가정중심의 치료보호체계가 바람직하나, 시설에 입소하는 경우 환자가 평소에 지니던 소지품이나 가구들을 갖고 오도록 권장하기도 한다.

치매환자의 치료를 위해서는 지역사회를 구성하고 있는 모든 요소들이 함께 공동 협력하여 '치료적인 환경'을 만드는 것이 바람직하다. 치료적인 환경에는 물리적인 환경과 함께 치매환자와 접촉하는 모든 사람들을 일컫는 인적인 환경이 매우 중요하다.

지역사회가 치료공동체를 만들어나가야 하는데, 이는 치매환자를 가정과 사회로부터 격리 수용하는 것이 치매의 치료에 해롭고, 환자의 가족이나 친구 등과의 지속적인 대인관계가 중요하며, 환자가 사회생활을 계속하도록 도움을 주는 것이 재활치료에서 중요하기 때문이다.

■ 치매노인의 증가

치매 유병률은 연령에 따라 증가하고 노인인구가 증가하면 치매노인의 절대 수도 증가한다. 우리나라 치매 유병률에 대해서는 학자들마다 많은 차이를 보이고 있는데, 아직까지 체계적이고 정확한 치매 유병률은 조사가 이루어지지 않았다. 1997년 한국보건사회연구원의 '치매관리 Mapping 개발연구'에 의하면 65세 노인의 8.3%가 치매환자로 추정되고 있지만, 실제는 훨씬 높을 것으로 보고 있다.

<표 5-3> 치매노인 수 추계(2000~2020)   (단위: %, 명)

구분	비율	치매정도별 치매노인 수 추계				
		2000	2005	2010	2015	2020
치매노인 수	100.0	277,743	363,789	460,444	580,050	703,890
경증	59.2	164,427	215,363	272,583	343,390	416,703
중등증	27.2	75,547	98,951	125,2411	157,774	191,458
중증	13.6	37,774	49,475	62,620	78,886	95,726

자료: 보건복지부, 2000~2020

국민건강보험공단이 공개한 '2000~2007년 노인성 질환자 진료추이 분석'에 따르면 노인성 치매로 의료기관을 찾은 사람은 2002년 4만 7천 명에서 2007년 13만 5천 명으로 2.8배 늘었다. 전체 노인성 질환자가 49만 9천 명에서 84만 7천 명(중복 질환자 제외)으로 5년 새 1.6배 증가한 것에 비해 3배 가까이 증가하고 있다. 후기고령자의 증가와 더불어 치매노인은 더욱 증가될 전망이며 이에 대한 대책이 필요하다(서울신문, 2008. 7. 21).

<표 5-4> 노인성 질환자 진료 추이

노인성 질환	연도	진료인원(명)	총진료비(원)
치매	2002	4만 7,747	560억 8,000만
	2007	13만 5,219	3,267억 5,000만
뇌혈관질환	2002	43만 8,927	4,979억 5,000만
	2007	69만 7,844	1조 2,700억
파킨슨병	2002	3만 2,236	269억 8,000만
	2007	5만 9,512	1,020억
뇌의 기타퇴행성질환	2002	624	2억 9,000만
	2007	1,236	18억 8,000만

자료: 건강보험공단, 2008

■ 치매가족의 부담

치매노인 가족의 현실

질병의 진행이 장기화

치매는 발병 후 장기간 동안 질병이 진행되며 의학의 발달로 점점 수명이 길어져 사망 시기를 예측할 수 없으므로 장기적인 대책을 세워야 하는데, 치매노인은 병원에서보다 가정에서 간호하는 경우가 많다. 치매노인의 가족들이 치매의 경과와 증상에 따라 가족이 함께 황폐화될 수 있으므로 환자간호와 함께 가족에 대한 관리도 중요하다.

가족이 간호하는 상황에 따라 증상이 호전될 수는 있지만, 대뇌조직이 회생되는 것이 아니고 점진적인 파괴가 오므로 정신적·신체적인 증상이 점진적으로 더욱 심해지며 증상이 악화될 것이라는 것을 알고 대처하도록 해야 한다. 신체적인 문제는 신체간호를 잘하면 대처할 수 있다. 치매노인은 대부분 치매로 죽는 것이 아니라 치매로 인한 합병증(감염, 욕창)으로 사망하게 된다. 치매는 사망 시기를 예측할 수 없으므로 장기적인 대책을 강구하여 계획해야 한다.

질병의 진행을 예측하기 어려움

환자의 질병이 진행되는 것을 예측하기 어렵고 잘 모르기 때문에 가족들은 환자의 병이 앞으로 어떻게 진행될 것인가 궁금해하지만, 환자의 상태가 어떻게 진행될지 의사도 예측하기 어렵다.

특히 치매가족의 분노, 죄의식, 우울, 수치심, 공포 등 감정을 편안하게 표현할 수 있도록 지지해 주고, 치매가족들의 모임을 주선하여 모임에 참여하여 서로의 지혜를 나누고 대인관계를 갖도록 도와주어야 한다.

가족의 감정적·재정적 부담

치매노인을 돌본다는 것이 가족들에게는 커다란 부담이 되며, 또한 재정적인 문제, 가족들이 사랑하던 사람의 옛날 모습을 찾을 수 없다는 슬픔, 환자로 하여금 빚어지는 여러 가지 문제들이 반복적으로 일어나고 가족들의 책임과 관계가 변화됨으로써 문제가 나타나며, 환자의 치료에 대한 의견충돌, 가장의 부재로 인하여 발생되는 혼란, 환자를 돌보는 사람이 지쳤을 경우 나타내는 분노와 우울 혹은 환자로 인하여 가족 중 누군가가 낙담하여 환자가 더 늘어났을 경우 등이 치매노인 가족이 겪어야 하는 부담이다.

치매가족은 환자를 돌봄으로 인한 감정적인 문제나 기타 부담들을 다른 사람들도 마찬가지로 겪고 있다는 사실을 아는 것만으로도 상당히 마음이 가벼워지는 것을 느낀다.

가급적이면 가족 모두가 환자간호에 참여하는 것이 필요하다. 만일 어떤 한 사람이 환자를 책임지고 보살핀다는 것은 절대로 바람직하지 못하다. 상태가 점점 나빠지는 환자를 옆에서 지켜보고 있는 것 자체가 큰 부담이 되며, 가끔 환자로 인하여 가족 간에 갈등이 나타날 수 있다.

대부분의 가족들은 변화되는 행동에 인내하지 못하고 계속 반복적으로 대응해야 하는 일에 죄의식을 갖게 되고, 말 못할 고민이 쌓이게 된다.

치매노인 가족의 특성

우리나라는 가족을 우선시하는 문화로 가족에게 의존하는 의존도가 높아 질병과 다른 모든 생활 면에서 발생하는 문제를 해결하기 위하여 가족에게 가장 먼저 도움을 청한다. 치매노인은 건강한 노인에 비해 가족과 동거하는 비율이 높은 것으로 나타나고 있다. 가족 내에서 치매노인의 간호자를 결정하는 데 있어 가정형편에 따라 지역적으로 가깝게 살거나 경제적 여유, 시간적 여유, 기타 정서적 요구에 의하여 정하기는 하지만, 가족 위계구조에 따른 세대원칙이 적용되며, 가족 수라든가 취업에 관계없이 여성의 무상노동에 의한 보호에 집중되는 경향이 강하다. 치매노인에 대한 한국보건사회연구원의 조사결과에 의하면, 치매노인을 1차적으로 책임지는 주 간호자는 며느리(42.7%), 딸(22.3%), 부인(21.4%), 아들(6.9%), 남편(2.9%) 등의 순이다. 우리나라 치매노인의 80~90%는 가정에서 가족이나 친지 등에 의해 간호되고 있다. 주 간호자가 대부분 여성으로 치매노인의 며느리나 딸이 담당하고 있다. 환자와 가까이에서 그 일을 맡게 되는 사람은 두려워할 것이 아니라, 현실을 인정하고 마음을 느긋하게 하여 한 사람의 약한 노인을 도와드린다는 심정으로 자연스럽게 대하는 것이 좋다.

치매노인 가족이 부담

간호자로서의 책임 때문에 주 간호자에게 생기는 어려움은 사회활동 및 개인생활의 제한, 가족관계에 미치는 부정적 영향, 분노, 죄의식, 불안, 우울, 무력감, 만성피로감, 감정적 피곤 등의 심리적·정서적 부담, 재정 및 경제활동의 부담, 건강상의 부담으로 인한 나쁜 건강상태 등을 들 수 있다. 치매노인의 간호는 자연스러운 일이기는 하지만 결혼 상태와 가족의무에 크게 영향을 미친다.

치매노인 가족의 부담

대부분의 가족들은 주 간호자가 필요하게 되고 어느 한 사람만이 집중적으로 노인간호에 매달리게 된다. 주 간호자들은 치매노인의 인지기능 저하와 문제행동으로 노인의 행동에 종일 주의를 집중해야 하므로 매일 시간이 없어 교회활동, 여가활동, 사교적 모임 참석 및 취미생활과 같은 사적인 일을 할 수가 없다.

가족관계에 미치는 부정적 영향

가끔 보는 사람은 노인의 치매를 알아차리지 못하기 때문에 노인의 치매상태의 일을 이야기하면 적은 일에도 크게 놀라고, 어떤 때에는 며느리가 시어머니의 나쁜 점을 이야기하는 것으로 오해받을 수 있다. 특히 자녀들은 자신의 부모의 치매상태를 받아들이기가 쉽지 않다. 다른 가족들이 주 간호자가 처음에는 가족체계 한 부분의 변화였던 것이 점차 세대 간의 관계, 부부관계, 형제관계 등에 갈등을 초래하고, 더 나아가 부부간 이혼 등으로 가정이 파괴되는 문제를 초래하기도 한다. 이는 다른 가족들이 주 간호자가 노인에게 적절한 간호를 하지 못한다고 하여 간호자의 행동을 비난하거나 간섭을 하는 데 따른 것이며, 또한 주 간호자는 가족들이 자신의 어려움을 이해해 주지 않는 것에 대해 화를 내는 등 가족관계에서 부정적인 변화를 경험하게 된다.

심리적·정서적 부담

만성적이고 여러 가지 문제들을 나타내는 치매노인을 돌보면서 가족들은 여러 가지 감정을 느끼게 된다. 때로는 낙담을 하고 때로는 화가 나서 참을 수 없게 되기도 한다. 절망감과 환자에 대한 미움, 그리고 그에 따른 죄책감으로 자신을 주체할 수 없어 몸부림친다. 그러나 이러한 감정들을 갖는 것이 정상적인 반응이라는 것을 알려주어 고통받지 않도록 한다. 간호자는 양가 감정으로 당황해한다. 어떤 감정이나 정답은 없으며 어떻게 느끼고 또는 '왜 그렇게 느끼는지'에 대해 생각해보는 것은 큰 의미를 갖는다. 수발자의 스트레스가 적을수록 반응하는 감정의 양상이 다를 수 있다.

재정 및 경제활동의 부담

주 간호자가 직장인인 경우 치매노인의 간호와 직장 일을 동시에 해야 하기 때문에 스트레스를 경험하며, 직장을 그만두어야 하지 않을까 하는 두려움, 경제활동 시간의 중단, 재교육 및 훈련기회의 상실, 잦은 결근과 외출, 간호에 대한 염려로 인한 업무방해, 경제활동의 중단, 승진기회 상실 등의 어려움이 생긴다. 직장생활이 점점 어려워지며 몸이 고달프고 집중력이 떨어지고 생각이 단절되어 문제가 발생하면 즉시 해결하지 못하므로 누군가의 도움이 필요하다.

건강상의 부담

치매노인은 낮에는 피곤하여 졸고 밤에는 불면증이 생겨 문제가 된다. 시간에 대한 관념이 흐려져 밤에 일어나 낮처럼 행동하려 할 수 있다. 일어나서 '밥 안 짓느냐'고 깨우거나 이 방 저 방을 왔다 갔다 한다. 밤 동안의 수면장애로 가족 전체의 수면장애를 유발한다.

가족들은 쉴 시간이 없어서 만성적인 피로가 발생하면 환자에게 진정제를 투여하거나 수면제를 투여하도록 권장한다(가족은 약을 먹인다는 것에 대해 죄책감을 갖지 않도록 한다). 단 진정제를 투여하면 근육이완효과가 있으므로 신체기능이 둔해질 수 있으므로 균형을 유지하도록 주의하도록 한다.

치매가족을 돕기 위해서는 1주일에 한 번이라도 친지나 다른 가족이 데리고 외출하도록 하여 치매노인을 돌보는 가족이 쉴 수 있는 시간을 제공하도록 한다. 그런데 치매노인은 환경변화에 적응하기 어렵기 때문에, 가능하면 같은(동일) 환경에서 시간을 지낼 수 있도록 하고 간호자만 교환하는 것이 좋다.

집에서 계속 간호하는 경우에도 휴식시간을 가지도록 하는 서비스(respite)가 필요하다. 노인을 맡아주는 동안 레크리에이션이나 사회생활에 필요한 사교모임 참석 등으로 긍정적인 기분을 가지게 되어 다시 환자를 돌보게 되는 활력을 얻게 된다.

간호자의 부담이 과중해지면 환자의 질병이나 증상이 심해도 모를 수 있다. 정신건강, 신체건강의 위험신호를 사정해야 한다.

가족 부담감의 차이는 남녀와 주 간호자 또는 기타 가족에 따라, 서로의 관계에 따라 다르다. 주 간호자와 가족이 모여 간호로 인한 신체적 부담이나 정신적 고통에 대해 자연스럽게 이야기할 수 있어야 하며, 가능하면 가족집단 모두가 조금씩 역할을 나누어서 간호하는 것이 바람직하다.

06 노인 학대

1. 노인학대의 정의

노인복지법에 의하면 노인학대는 "노인에 대하여 신체적, 정신적·심리적·성적 폭력 및 경제적 착취 또는 가혹행위를 하거나 유기 또는 방임을 하는 것"으로 정의되고 있다. 즉, 노인학대는 노인의 가족 또는 타인이 노인에게 신체적·언어적·심리적·정서적·성적·재정적으로 고통이나 장애를 주는 행위, 또는 노인에게 필요한 최소한의 적절한 보호를 제공하지 않는 방임 및 유기를 의미한다.

노인학대는 사회적·문화적 차이에 따라 국가와 학자에 따라 일관성 있는 표준화된 정의나 개념화가 이루어지고 있지 않은 실정이다. 이러한 상황에서 존슨(Johnson, 1986)이 제안한 학대의 개념화는 어떠한 행동이 학대인가 아닌가를 결정하는 데 고려해야 할 포괄적인 요소들을 비교적 명료하게 지적하고 있다. 존슨의 학대의 개념화 과정에서 다음과 같은 네 가지 단계, 즉 ① 학대에 대한 함의적 정의(intrinsic definition, 노인의 삶의 질을 유지하는 데 불필요한 고통을 야기하는가)와 ② 학대유형에 따른 정의(extrinsic definition, 구체적인 행동적 특성에 따른 정의), ③ 행위의 지속기간(duration)과 빈도(frequency), 강도(intensity), ④ 고의성(intentionality)과 행위의 결과(consequence) 등이 포괄적으로 고려되어야 한다고 제안하였는데, 이는 학대를 정의하는 것뿐만 아니라 개입의 정도와 시급성을 결정하는 필수적인 요소들이라고 할 수 있다.

Lau & Kosberg(1979)는 노인학대가 신체적·언어적·심리적 공격, 경제적 남용 또는 소유물이나 재산의 남용, 노인의 권리침해를 포함한다고 했다. Rathbone-McOuan(1980)과 Pillemer(1985)는 신체적 학대만을 논의하였고, Hickey & Douglass(1981)는 노인학대를 노인에 대한 부적절한 처우로 보고 이는 소극적 및 적극적 방임, 언어적 또는 정서적 학대와 신체적 학대를 포함한다고 했다.

2004년 우리나라의 개정된 노인복지법(제1조의 2)에 의하면 노인학대는 "노인에 대하여 신체적·정신적·성적 폭력, 경제적 착취 또는 가혹행위를 하거나 유기 또는 방임을 하는 것을 말한다"라고 정의되고 있다.

구체적인 유형에 대한 설명은 금지행위(제29조 제9항)를 통해 볼 수 있는데, 노인의 신체에 폭행을 가하거나 상해를 입히는 행위, 노인에게 성적 수치심을 주는 성폭행, 성희롱 등의 행위, 자신의 보호, 감독을 받는 오인을 유기하거나 의식주를 포함한 기본적 보호 및 치료를 소홀히 하는 행위, 노인에게 구걸을 하게 하거나 노인을 이용하여 구걸하는 행위, 노인을 위하여 증여 또는 급여나 금품을 그 목적 외의 용도에 사용하는 행위로 규정하고 있다. 즉, 우리나라의 노인학대는 신체적 학대, 정신적·심리적 학대, 정서·언어적 학대, 성적 학대, 경제적 학대, 유기·방임 등의 유형을 폭넓게 포함하고 있다.

위의 내용을 종합해 볼 때 노인학대는 크게 신체적 학대, 언어·정서적 학대, 성적 학대, 경제적 학대, 방임, 자기방임, 유기로 나누어 볼 수 있으며, 학대의 유형을 정리해 보면 〈표 6-1〉과 같다.

학대 발생 장소에 따라서 노인학대의 유형을 구분하여 보면, 가정 내 학대, 시설 내 학대, 자기방임의 세 가지로 분류할 수 있다.

가정학대는 노인과 동일가구에서 생활하고 있는 노인의 가족 구성원인 배우자, 성인자녀뿐만 아니라 노인과 동일가구에서 생활하지 않는 부양의무자 또는 기타 사람들에 의하여 행해지는 학대로서, 우리나라 노인학대의 대부분을 차지한다. 시설학대는 노인복지시설, 장기요양보호시설, 의료시설, 의료기관 등에서 노인에게 이루어지는 학대를 말하며, 자기방임은 노인 스스로가 의식주 제공 및 의료 처치 등 최소한의 자기 보호관련 행위를 의도적으로 포기 또는 비의도적으로 관리하지 않아 심신이 위험한 상황 또는 사망에 이르게 되는 경우를 말한다.

학대유형		개념	학대행위 예시
신체적 학대 (physical abuse)		신체의 상해, 손상, 장애(결손)를 일으키는 모든 형태의 폭력적 행위	때리기, 치기, 밀기, 차기, 화상, 신체의 구속, 상처나 멍, 타박상, 골절, 탈구 등을 가하는 것
언어 · 정서적 학대 (verbal/emotional abuse)		정서적인 고통을 주거나 언어로 정신적인 고통을 주는 것	모멸, 겁주기, 자존심에 상처 입히기, 위협, 협박, 굴욕, 어린애 취급하기, 의도적인 무시, 멸시, 비웃기, 대답 안 하기, 고립시키기, 짓궂게 굴기, 감정적으로 상처 입히기 등이나 욕설, 모욕, 협박, 질책, 비난, 놀림, 악의적인 놀림 등
성적 학대 (sexual abuse)		노인과의 합의가 없는 모든 형태의 성적 접촉 또는 강제적 성행위를 하는 것	
경제적 학대 financial abuse		자금, 재산, 자원의 위법 또는 부당한 착취, 오용 및 필요한 생활비 등을 주지 않는 것	재산이나 돈의 악용, 훔치기, 경제적으로 의존하기, 함부로 사용, 무단으로 사용, 허가 없이 또는 속이고 자기 명의로 변경하는 것, 무단으로 신용카드나 소유물을 사용하는 것, 연금 등의 현금을 주지 않거나 가로채서 사용하거나, 노인 소유의 부동산을 무단으로 처리하는 것, 경제적으로 곤란한 노인에게 생활비, 용돈 등을 주지 않는 것도 포함됨.
방임	적극적 방임 (active neglect)	의도적으로 서비스나 수발을 제공하지 않는 것, 또는 보호 의무의 거부, 불이행	일상생활에 필요한 것(식사, 약, 접촉, 목욕 등)을 주지 않기, 생활자원을 주지 않기, 신체적인 수발이 필요한 사람을 수발 안 하기, 보호가 필요한 사람을 보호 안 하기, 의도적으로 필요한 보건 · 복지 · 의료서비스의 이용을 거부하거나, 노인에게 필요한 의치, 안경을 빼앗거나, 복용해야 할 약을 복용시키지 않는 것
	소극적 방임 (passive neglect)	비의도적으로 서비스나 수발을 제공하지 않는 것, 또는 보호 의무의 거부, 불이행	노인을 혼자 있게 하기, 고립시키기, 존재조차 잊어버리기, 수발자가 비의도적으로 적절한 보호를 하지 않거나 방치한 결과 신체적 · 정신적 고통이나 건강의 악화가 일어난 것. 예컨대 수발자의 쇠약 또는 체력부족, 역량부족, 지식부족으로 적절한 수발과 보호가 이루어지지 않았거나, 보건 · 복지 · 의료서비스에 대한 인식부족으로 서비스를 이용하지 않아서 케어가 제공되지 않은 경우도 여기에 해당됨.
자기 방임	적극적 자기방임 (active self-neglect)	본래 자기가 해야 할 신변의 청결 · 건강관리 · 가사 등을 본인이 할 수 있는 능력이 있어도 스스로 포기하여 하지 않은 결과 심신의 건강상의 문제가 생기는 것	스스로 의식적으로 식사와 수분을 섭취하지 않거나, 질병으로 인한 식사 제한을 지키지 않거나, 필요한 치료와 약 복용을 중지한 결과 건강상태가 악화된 경우 등도 여기에 포함됨.
	소극적 자기방임 (passive self-neglect)	자기의 신변의 청결 · 건강관리 · 가사 등을 본인의 체력 · 지식 · 기능의 부족으로 또는 어떤 사정으로 인해 본인도 모르는 사이에 못하게 된 결과 심신의 건강상의 문제가 일어나는 것	
유기		격리 · 감금 · 외부와의 교류 차단, 집에서 내쫓기 등 위의 종류에 포함되지 않는 것	

자료: 한국노인학대연구회(www.elderabuse.or), 2010

2. 노인학대의 원인

노인학대와 관련된 연구들 대부분의 주요 관심사는 학대의 발생원인과 학대 가해자와 피해자의 인구적·사회적·경제적 특성이다. 노인학대와 관련하여 발표된 연구를 종합해 볼 때 학대의 주요 원인은 다음과 같이 정리될 수 있다.

■ 부양부담(스트레스)

일반적으로 노인학대는 부양부담으로 인해 발생되는 스트레스와 밀접한 관계가 있다. 즉, 노인이 일방적으로 지나치게 신체적·정신적·물질적으로 부양자에게 의존하거나, 정신적 또는 신체적으로 문제가 있는 노인(특히 치매환자와 정신질환자)이 부양자에게 공격적인 폭언, 무절제한 행동, 폭행을 행하기 때문에 그로 인해 발생되는 스트레스 때문에 부양자가 노인을 학대하게 된다. 그러나 부양부담으로 인한 스트레스를 받는 부양자 모두가 학대행위를 하는 것은 아니기 때문에 부양자의 개인 특성 또한 무시할 수 없는 요인이 된다.

노인학대와 관련된 많은 연구 결과들이 부양부담으로 인한 스트레스를 노인학대의 주요 원인으로 지적하고 있다. 시부모를 부양하는 40세 이상 기혼남녀 200명을 대상으로 조사한 이성희와 한은주의 연구(1998)에서, 노인과 학대자 쌍방 간의 이해 부족과 부양자의 경제적 능력 부족으로 인한 부양부담으로 발생한 스트레스가 노인학대와 밀접한 관계가 있음을 지적하고 있다. 이는 경제적 형편이 넉넉하지 못한 성인자녀와 노인이 함께 거주할 때 노인의 용돈과 의료비 등의 재정적인 부담이 궁극적으로 스트레스로 변해 학대로 이어진다고 볼 수 있다. 조애저 외의 연구(1999) 결과도 노인학대의 주요 원인을 부양자의 경제적인 문제로 지적하고 있다.

Paveza(1992)의 연구에 의하면, 노인환자의 건강상태는 노인학대와 관련이 없고 피부양자인 노인의 폭행(때리고, 발로 차고, 물고, 꼬집고, 무기로 위협하는 행동)으로 인한 부양자의 우울증 때문에 노인학대가 발생한다고 지적하고 있다. Hamel과 그의 동료의 연구(1990)에 의하면, 치매노인의 57.2%가 부양자에게 공격적인 행동을 했고, 부양자 가운데 10.6%가 치매노인에게 공격적인 행동을 한 것으로 나타났다. 이러한 치매노인의 공격적인 행동으로 인한 부양자의 스트레스가 치매노인을 시설로 보내는 데 결정적인 역할을 하는 것으로 나타났다. Zarit과 그의 동료(1986)의 연구에서도 치매에 걸린 노인을 간호하는 데서 오는 부양부담을 노인을 요양원으로 입소시키는 주요 원인으로 지적하고 있다. 이러한 연구 결과는 피부양자인 노인들의 폭행, 무절제한 행동 등으로 인해 부양자는 스트레스를 받게 되고 그로 인해 학대를 행하게 되는, 즉 피부양자의 공격적인 행동이 노인학대의 주요 원인임을 암시하는 것이다.

■ 부양자와 피부양자의 주거상태

부양자와 피부양자의 주거상태와 노인학대 간의 관계는 연구마다 상이한 결과를 보이고 있다. 어떤 연구는 부양자와 피부양자가 동거할수록 학대가 많이 발생한다고 지적하고 있다 (Pillemer & Finkelhor, 1988). 이들의 연구에 의하면, 부양자가 피부양자와 동거할 때 부양자는 집안 살림과 경우에 따라 직장생활을 하면서 피부양자를 수발해야 한다. 이러한 상황에서 부양자는 취미생활, 모임과 같은 개인생활의 유지가 곤란하여 발생하는 신체적·정신적 스트레스가 학대로 이어지기 쉽다는 것이다. 반면에 어떤 연구 결과는 피부양자가 부양자와 별거하여 혼자 살수록 학대가 더 발생한다고 지적하고 있다(김한곤, 1998; 최선화 외, 1998; 한국형사정책연구원, 1995; Wolf, 1996). 즉, 혼자 사는 노인은 사회적으로 고립되기 쉽고 다른 사람의 주목을 받지 못할 가능성이 높아 학대를 당해도 다른 사람에게 발견될 가능성이 낮기 때문에 학대자가 쉽게 학대를 할 수 있다는 것이다. 부양자와 피부양자와의 동거·별거만을 기준으로 연구하지 말고 구체적으로 어느 가족구성원과 동거하는지를 구분하여 연구할 필요성이 제기된다.

■ 부양자의 개인적인 특성

노인을 부양할 때 스트레스가 생긴다고 부양자 모두가 학대에 가담하지는 않는다. 이와 관련하여 거론되는 것이 부양자의 개인적인 특성이다. Greenberg와 그의 동료(1990)는 노부모에게 학대를 하는 성인자녀의 특성을 조사한 결과, 젊고 재정적으로 노부모에게 의존하고, 알코올과 마약 중독 증세를 보이는 자녀일수록 학대를 자행한다고 보고하고 있다. 또한, 부양자가 자부심 (self-esteem)이 결여될수록 피부양자에게 학대를 한다고 설명하고 있다. 이러한 연구 결과에 따르면, 경제적으로 부모에게 의존하고, 알코올이나 마약에 중독되어 있어서 자부심이 결여된 젊은 부양자일수록 학대를 자행한다고 볼 수 있다.

■ 세대전이

세대전이(generational inversion)는 학대의 원인을 가해자와 피해자의 관계로 설명해 주는 이론이다(Pillemer & Finkelhor, 1988). 부양자가 어렸을 때 피부양자에게 학대를 당한 경험이 있는 경우 부양자가 성장하여 역으로 나약해진 피부양자에게 학대를 행하게 된다는 이론이다. 우리나라에서 노인에게 학대를 가한 가해자가 어릴 때 노인에게 학대를 당한 경험이 있는지를 조사한 결과, 경험이 있다고 응답한 가해자가 39.4%로 매우 높게 나타났으나(서윤, 2000), 다른 학대 원인과 비교할 때 중요성에서 별 의미가 없는 것으로 조사되었다.

3. 노인학대의 특성

■ 노인학대의 피해자 특성 및 관련 요인

일반적인 연구들에 의하면 학대 피해자 노인은 연령이 높고, 교육 정도는 낮으며 배우자가 없는 경우가 많으며, 학대받지 않는 노인에 비하여 상호적 관계망의 연계가 부족하여 고립되어 있고, 경제적·신체적 의존성이 큰 경우가 더 많았다. 특히 노인학대의 피해자들은 대부분이 고령의 여성이라는 연구 결과들이 있다(한국보건사회연구원, 2000). 즉, 나이가 들수록 신체적·정신적 손상이 증가할 확률이 커지고 의존성이 커지면서 학대의 위험성이 높아지는데, 여성은 남성에 비하여 평균수명이 더 길어 홀로 살면서 교환 자원이 적어 학대의 대상이 되기 쉽기 때문이다.

대부분 연구에서는 신체적·정신적 상태가 좋지 않은 노인, 일상생활 수행능력에 어려움이 있거나 인지장애가 있는 노인이 부양자에게 더 의존하게 되고 부양 스트레스를 더 유발시켜서 학대의 대상이 될 경우가 높다고 주장하고 있다(Pillemer & Finklhor, 1988; 1997).

경제적 어려움과 부양자에 대한 경제적 의존이 학대 발생과 관계가 있는 것으로 나타났으며, 경제적 의존성 정도는 다른 요인들과 복합적으로 작용할 확률이 높다(Pillemer & Finklhor).

그 외에 아동기에 학대 경험이 있거나(Hotaling & Surgarman, 1986; Gelles & Cornell, 1990), 배우자 없이 가족과 동거하는 경우, 사회적으로 고립되어 있거나 사회적 지지가 부족한 경우에도 학대를 많이 받는 것으로 나타났다. 또한 학대노인은 자녀와 동거하는 노인이 더 많았으며 교육수준이 낮을수록 학대를 더 많이 받는 것으로 나타났다.

결론적으로 노인학대 피해자 관련 요인으로는 성별, 학력, 신체적·정신적 상태 및 경제적 의존, 사회적 관계 및 과거 학대력 등으로 나타났으나, 연구마다 일치하지는 않는다고 할 수 있다.

■ 가해자의 특성 및 관련 요인

노인학대 가해자들의 연령은 대체로 40세에서 60세에 이르는 분포를 보이고 있었으며, 대체로 노인에 대한 부양책임을 느끼고 있는 자들로 며느리가 가장 많고, 다음이 아들, 딸, 사위 등의 자녀들이었다(한국보건사회연구원, 1999). 여성이 남성보다 더 많았다는 연구들이 있는가 하면, 남성이 더 많거나 비슷한 비율이라는 연구들도 있어서 성별에 따라서는 뚜렷한 특성 차이가 없었다. 학대 가해자의 특성 가운데 가장 많이 지적되고 있는 것은 경제적 상태와 부양 스트레스인데, 가해자는 경제적으로 어려운 경우가 많았다. 여기서 주목할 것은 학대 가해자는 학대 노인에게 경제적으로 의존되어 있는 경우가 많고(Laches & Pillemer), 가해자가 피해자에 대한 의존 정도가 높은 경우에 학대가 유발될 수 있음을 지적하고 있다.

■ 가족 상황 특성 및 관련 요인

노인학대 가족의 상황으로는 노부모-자녀 관계, 자녀와의 정서적 유대감, 동거 자녀 및 비동거 자녀와의 만남과 접촉의 빈도, 도움을 받거나 교류할 수 있는 가족원 수와 도움의 정도 등(Hugman, 1995)이 노인학대에 영향을 미치는 것으로 나타났다. 가족원의 관계 만족도가 높을수록 학대 발생이 적었으며(이해영, 1996; 한동희, 1996), 낮은 수준의 애정표현을 하고 의사소통이 제대로 이루어지지 않는 경우 학대가족이 되는 경우가 많았다(Gilliland & Jimenez). 한편, 노인학대는 자녀와의 오랜 관계에서 누적된 갈등이나 감정적 대립이 공격적이고 폭력적인 형태로 표출되는 것이라는 주장도 있다(Sodei, 1998).

4. 노인학대 예방 및 대책

노인학대의 예방과 방지를 위하여 가장 먼저 선행되어야 할 주요 과제는 학대를 당한 노인 스스로가 학대를 조사기관에 보고하는 일이다. 정부에서 아무리 훌륭한 노인학대에 관련된 예방과 방지와 관련된 정책을 시행하더라도 학대 당사자인 노인이 학대를 보고하지 않는다면 효과를 볼 수 없다. 이를 위해 노인권익 보호운동의 일환으로 노인들의 인식전환을 위한 교육과 홍보를 실시해야 한다. 이와 함께 노인이 자주 이용하는 사회복지관이나 노인복지회관에서 노인학대에 관련된 상담서비스를 제공해야 한다.

한편, 노인학대를 사회문제로 인식시키기 위한 대국민 홍보와 교육을 실시해야 한다.

노인학대는 부양자가 받는 스트레스와 관계가 있으므로 가족에 대한 노인의 의존성을 줄일 수 있는 사회복지서비스 프로그램을 개발하거나 기존의 프로그램을 더욱 보완·강화해야 한다. 예를 들어, 휴식보호서비스(respite care service), 단기보호사업, 주간보호사업, 노인보호소(부양자나 가족과 갈등이 있을 때 일시적으로 피할 수 있는 곳, emergency shelter), 전문의료보호서비스(skilled home nursing service), 가정봉사원 파견사업을 통한 가사지원서비스, 식사배달서비스, 간병서비스, 정서적 서비스를 지원해 준다.

노인학대와 관련된 법적 장치가 마련되었으나, 노인학대를 목격한 사람이 관할기관에 신고하지 않을 경우 이에 대한 처벌 규정을 마련할 필요가 있으며, 현행 노인복지법에 시설에서의 노인학대와 관련된 법조항을 신설하고 노인복지시설에서의 노인인권 실태를 정기적으로 조사하는 옴부즈맨 제도를 실시하여야 한다.

그러나 이러한 개입전략보다 더욱 중요한 것은 노인들이 독립적이고 안정된 생활을 할 수 있는 환경을 조성하는 일, 즉 정부가 노인복지에 대한 안전망을 구축하는 일이다. 학대를 경험하는 노인들의 특성은 주로 경제적으로나 신체적으로 자녀에게 의존하는 경향이 있다. 따라서 노인들의 소득을 보장할 수 있는 정책(예: 취업을 통한 소득보장과 무갹출연금제도의 도입)을 수립하고, 노인 모두가 안정된 노후생활을 영위할 수 있는 주택단지(아파트/그룹홈)를 건설하여 전문인력에 의한 주거와 의료서비스를 제공하는 주거안정정책의 도입을 고려할 필요성이 있다.

07 노인의 여가생활

1. 노인 여가활동의 개념

■ 노인 여가활동의 정의

여가란 노동의 반대 개념으로 심신의 강제성과 의무성이 희박한 상태로 자유롭게 휴식을 갖는 것을 의미하며, 첫째, 창조적인 여가, 즉 재창조를 위한 에너지 충전의 시간을 위한 여가와 둘째, 오락으로서의 일반적인 즐거운 시간을 말한다.

여가의 기본적인 속성은 Kaplan이 발표한 정의에서는 경제적 기능을 하는 일과 반대의 것으로 즐거움을 기대하고 즐거운 것을 회상할 수 있는 것, 즉 자발적으로 사회적 역할을 수행해야 하며, 여가의 의무성이 최소한인 것, 심리적으로 자유를 느낄 수 있는 것, 문화적 가치에 위배되지 않는 것, 중요성과 관심의 정도가 다양한 것, 가끔 놀이의 요소가 어느 정도 포함하고 있는 것 등을 들 수 있으며, 이들 전체가 조합이 잘되어야 여가는 이루어진다고 할 수 있다.

Parker의 여가의 개념에서는 여가활동인 놀이(Play: 즐거운 여가)와 레크리에이션(Recreation: 창조적 여가)라는 두 가지 기능이 있다고 전제를 하면서 개념을 세 가지로 구분하였는데, 첫째, 일상적인 하루 생활 가운데서 노동시간, 생리적으로 필요한 시간, 노동 이외의 의무시간들을 제외한 잔여시간을 중시한 개념들과, 둘째, 전자의 잔여시간에 대한 여가활동의 내용과 기능을 중시한다는 개념, 셋째, 여가의 질적 측면을 중시하고, 특정 가치와 관련하여 여가활동을 바람직한 모습으로 규정하는 규범론적 정의를 내리고 있다.

■ 노인 여가활동의 의의

가정과 사회에서 역할이 축소되어가고 있는 노년기에 여가시간의 활용문제는 생계문제 이상으로 중요한 문제로 부각되고 있다. 일반 성인의 경우에는 여가란 노동으로부터 발생하는 피로의 해소 및 재생산을 위한 활력의 개념으로 인식되지만, 퇴직을 한 노인의 경우 여가란 불가피하게 받아들여야 하는 하나의 현상이다(원형중, 1994).

노년기는 의무적인 직업 활동에서 벗어나는 시기로 대부분의 시간과 활동은 여가활동으로 볼 수 있다. 극단적으로 노인 생활의 전부를 여가시간으로 볼 수 있으며, 이러한 여가시간을 무엇을 하며 어떻게 보내야 할 것인가는 노인복지에서의 큰 과제 중의 하나이다(장인협·최성재, 2002).

여가활동의 형태는 적극적인 여가활동, 수동적인 여가활동, 사회문화적 여가활동 등으로 구분될 수 있다. 적극적 여가활동(Active Leisure Activity)은 여가활동에 개인이 적극적으로 참여하는 것이며, 수동적인 여가활동(Passive Leisure Activity)은 개인의 직접적인 참여 없이도 이루어질 수 있는 활동이다. 예를 들어서 TV나 VTR 시청, 라디오 청취, 음악 감상 등이 이 범주에 속한다. 사회문화적 여가활동은 여가활동에 개인이 직접적으로 참여하기보다는 스포츠 경기 관람, 영화감상, 박물관 관람 등에 참여하는 것을 의미한다(Hooyman & Kitak, 1996).

일반적으로 노인들은 적극적인 여가활동보다는 수동적인 활동에 참여하는 경향이 높고, 사회·문화적 여가활동은 비용적인 측면과 장소의 접근성을 고려해야 되기 때문에 노인들의 이러한 여가활동의 참여 수준은 저조한 편이다. 여러 학자들이 여가활동을 분류한 내용을 소개하면 〈표 7-1〉과 같다.

Kaplan 의 분류	Maw 의 분류	Time Budget 의 분류	Dumazedier의 분류	Meyersohn 의 분류	Callois 의 분류

• 개인사교
• 단체활동
• 경기
• 예술
• 동적 활동
• 정적 활동
	• 대화, 연회 등
	• 스포츠, 놀이 등
	• 연극
	• 외식, 여행, 자기 사업,
	  정원 가꾸기 등
	• 휴식, 독서, TV 시청,
	  라디오 청취 등
	• 취미활동
		• 사교, 대화 등
		• 조직
		• 스포츠
		• 영화, 연극 등
		• 휴식, 독서, TV 시청,
		  라디오 청취 등
		• 취미활동
			• 휴식의 기능
			• 기분전환(오락)의
			  기능
			• 자아(인격)개발의
			  기능
				• 휴식, 휴양,
				  보양의 기능
				• 오락의 기능
				• 자아실현의
				  기능
				• 정신적 변화의
				  기능
					• aggon의 유형
					  (축구, 체스 등)
					• alea의 유형
					  (룰렛, 제비뽑기 등)
					• mimicry의 유형
					  (연극, 축제 등)
					• ilinx의 유형(곡예 등)

자료: 나항진, 「성공적 노화를 위한 노인의 여가에 관한 연구」, 2002, 재인용

2. 노인 여가활동의 유형

Stones & Kozma(1986)는 여가교육으로서 미국 노인의 관심 분야를 다음과 같이 주장하였다. 첫째, 주거환경을 관리하는 일(household maintenance work), 둘째, 가족복지를 위한 일(family well-being affair), 셋째, 조용히 홀로 즐기는 활동(solitary activity), 넷째, 친구관계 및 지역사회활동에 참여(friendship and community involvement), 다섯째, 건강증진활동(health promotion activity), 여섯째, 종교활동(religious activity), 일곱째, 가사활동(homemaker activity)이 그것이다.

다카하시 몬지(高橋絞士, 1984)는 노인의 여가활동 유형을 다음과 같이 단독충실형, 우인충실형, 독서형, 가족충실형, 사회참여형 등 다섯 가지 형태로 분류했다.

① 단독충실형: 미술이나 음악 감상, 서예, 다도, 사진촬영, 등산, 우표·골동품 수집 등으로 시간을 보내는 유형이다. 이 유형은 비교적 차분하고 내성적인 성격으로서, 집 안을 잘 꾸미고 집에서 홀로 생활하는 성격의 소유자에게서 많이 찾아볼 수 있다.

② 우인충실형: 사교적 성격으로서 친구들과 어울리는 일에 많은 시간을 소모한다. 이 형은 홀로 있는 것을 싫어하며 동료들과 어울려 식사, 대화, 게임 등을 즐기는 것을 인생의 낙으로 생각한다. 이 유형은 남의 일을 돕는 데 적극적이며, 특히 관혼상제 등의 일에 적극적으로 참여한다.

③ 독서형: 자신의 서재에서 글을 쓰거나 독서하는 것을 인생의 가치로 생각하며 발전적이고

창조적인 활동에 적극적이다. 그러나 이 유형의 활동은 다른 사람과 어울려 행해지는 것이 아니고 홀로 이루어진다는 데 특징이 있다. 이러한 사람은 독선적인 면이 강하다.

④ 가족충실형: 정원 가꾸기, 가옥수리 및 꾸미기, 가구를 이동하여 실내구조에 변화를 주어 환경을 신선하게 하는 것을 좋아하고, 가족야유회, 음악회, 전람회, 운동경기 등을 구경하기 위해 가족과 함께하는 것을 즐긴다. 무엇을 하든지 가족 우선에 입각하여 생각하고 행동하는 형이다.

⑤ 사회참여형: 지역사회를 위한 각종 모임과 봉사활동에 자신의 가치를 부여하고, 동창회, 향우회, 친목회, 때로 정치활동 등의 단체에 참여하는 것을 좋아하는 형이다. 이 유형은 목표 지향적 생각과 사고를 하고 행동하는 형이다.

노인의 여가활동 유형은 위와 같이 분류할 수 있지만, 사람들이 이러한 여가활동 중의 어느 하나에 꼭 들어맞는다고 볼 수는 없다. 뿐만 아니라 경제력, 학력수준, 성격, 환경 등은 노인의 여가활동 유형에 영향을 미치고 있다. 이러한 여가활동 유형으로 첫째, 성격(내향적-외향적)과 여가활동 유형, 둘째, 성별과 여가활동 유형, 셋째, 거주 지역에 따른 여가활동 유형에 대하여 소개한다.

① 성격(내향적-외향적)과 여가활동 유형: 융(Jung)의 내향성-외향성 성격체계와 관련하여 이해할 수 있는 것으로, 외향적인 사람은 늘 사람들과 같이 있기를 좋아하고 사교적이며 진취적이어서 자신이 생각한 일을 직접 행동으로 실행하는 반면, 내향적인 사람은 조용하며 혼자 있기를 좋아한다.

② 성별과 여가활동 유형: 이효재(1996)의 연구조사에서, 남성 노인의 경우는 공원, 노인학교, 노인회관 등에서 소일을 하고, 자녀 집이나 친구 집 방문, 교회 일 등 주로 가정 밖에서 여가활동을 보내고 있는 반면, 여성인 경우는 집 지키기, 손자 손녀 돌보기, 집안일 돕기 등 주로 가정 내에서 주어진 역할을 수행하며 소일하고 있는 것으로 나타났다.

③ 거주지역에 따른 여가활동 유형: 리스만(Riesman)이 도시근교에 거주하는 노인과 도시지역 아파트 지역에 거주하는 노인을 대상으로 조사한 결과, 교외거주자의 여가활동 유형은 가족과의 대화, 텔레비전이나 라디오 청취, 정원 가꾸기, 집 근교 산책 등이 주를 이루었고, 도시지역에 거주하는 노인의 경우는 발달된 교통수단을 이용하여 상당히 먼 거리에 있는 관

광지를 돌아보는 빈도가 높았으며, 노인클럽 또는 공원 등지에서 같은 연배의 노인과 어울리는 등 교외에 거주하는 노인보다 사교범위가 넓고 또한 사회활동의 빈도가 높았다고 한다(박재간·김태현, 1986 재인용).

생활이 향상되고 문화 환경이 발전할수록 여가활동의 형태 및 종류는 매우 다양해진다.

■ 가정중심의 여가유형

① 노인들이 아직 가정에서 많은 역할이 있는 경우(예: 손자녀의 양육)

② 자녀들과 뜻이 맞아서 이야기 동무가 되기 때문에 구태여 말벗을 찾아 외출할 필요가 없는 경우

③ 외출은 하고 싶지만 찾아갈 만한 곳이 별반 없고 또 외출하면 용돈이 많이 들기 때문에 집에 머물러 있어야 하는 경우

④ 고령으로 인한 노쇠현상 때문에 외출을 할 수 없어 자택에 머물러 있는 경우가 있다.

Haivighurst(1959)는 자녀 유무가 가족중심 생활양식의 선택 여부와 밀접한 관계가 있음을 지적하였다. 도시교외에 거주하는 노인과 도시중심부에 가까운 아파트에 거주하는 노인들을 비교 연구한 결과, 교외거주자 노인의 경우는 가족과의 대화, TV 시청, 라디오 청취, 정원수 손질, 집근교 산책, 독서 등으로 시간을 보내는 비율이 높았으며, 도시지역에 거주하는 노인들의 경우에는 먼 거리에 있는 관광지를 돌아보거나 대화를 나누는 등의 형태가 많아, 도시중심부 노인들이 교외 노인들보다 활동범위가 넓고 빈번함을 보여주었다.

■ 가정 밖에서의 여가활동

최근 우리나라 노인들 중에서 가정 밖에서 여가시간을 보내려고 하는 노인이 점차 늘어나고 있는 추세이다. 가정 내에서의 노인들의 가부장적 지위와 역할상실, 세대 간의 가치관 차이로 인한 소외와 대화단절, 가사결정권에서의 소외 등은 노인들을 집 안에 있게 하기보다는 가정 밖에서 여가시간을 보내게 하고 있다.

가정 밖에서 소일하는 형태는 다음과 같다.

① 동년배 노인들이 노인정, 경로당, 공원, 인근공터 등에 모여 세상 돌아가는 이야기를 주고
받으며 세월을 보내는 유형

② 노인정, 경로당에서 친구들과 어울려 바둑, 장기, 마작, 화투 등 취미활동을 하며 여가를 보
내는 형태

③ 노인들이 한데 모여 노래도 부르고 춤도 추고 식사도 같이 하면서, 때로는 이성 노인들과
도 만나면서 시간을 보내는 유형

④ 테니스, 탁구, 배드민턴, 게이트볼 등 스포츠 활동을 하거나 운동경기 관람 등에 여가시간
을 할애하는 유형

⑤ 매일 정기적으로 일정한 코스를 산책하거나 약수터를 다니면서 여가시간을 건강관리와 연
결시키는 유형

⑥ 식당이나 다방에서 친구들과 만나거나 관광여행, 등산, 낚시 등으로 여가시간을 보내는 형태

⑦ 노인학교나 사회교육기관에서 실시하는 교양강좌에 참석하면서 학습활동에 참여하는 유형

⑧ 지역사회의 봉사활동에 참여하거나 조기청소, 청소년 선도, 사회봉사활동을 통해서 노후생
활의 보람을 찾는 유형

■ 새롭게 등장한 통크족

새로운 시대의 젊은 맞벌이 부부상을 딩크족(Double Income No Kids: DINK)이라고 일컫는
다. 최근에 통크족이 노인세대에 등장했다. 통크는 'two only no kids'의 약칭으로, 사회적·경제
적 활동을 그만둔 뒤 자녀의 부양을 거절하고 두 부부가 독립적으로 생활하면서 손자나 손녀를
돌보느라 개인적 시간을 가질 수 없었던 전통적인 노년의 삶을 거부하고 정신적·육체적으로 자
신들의 인생을 여유롭게 살아가는 것을 추구한다. 이들은 자식들을 위해 여유 없이 일에만 매여
살았던 지난날을 보상이라도 받으려는 듯, 수영·등산 등의 취미생활을 하거나 문화센터, 노인복
지센터 등을 찾아 컴퓨터, 스포츠댄스, 포켓볼 등을 배우거나 소외된 이웃의 말벗이 되어주고 급
식을 하며, 다른 치매노인들을 돌보기도 한다. 연장된 평균수명과 현대화된 부모세대들의 의식수
준과 연금제도 발달 등이 통크족의 등장배경이 된다.

이 같은 통크족의 출현은 우리 사회의 변화와 함께 고소득·고학력과 건강한 노인들이 늘어나면서 나타난 현상이다. 이들은 신체적·생물학적 퇴화가 시작되는 시기에 와 있지만 사회적, 경제적 지위와 대인관계에서는 오히려 절정기에 도달한 새로운 세대이다. 정서적으로도 자식에게 기대기보다는 자기 자신이 만족할 수 있는 것을 찾고 스스로의 생활에서 충실하려고 한다.

이들의 가치관은 다른 세대에 기대지도 않지만 일찍 재산을 상속하지도 않는다. 자식에게 일찍 재산을 상속해주고 눈칫밥을 먹는 동료들의 교훈을 잘 알고 있기 때문이다. 따라서 노인들의 심리적 특성을 고려하여 여가생활을 위한 보다 많은 편의시설과 공공기관의 확충이 이루어져야 하며, 쾌적하고 조용한 휴식공간이 제공되어야 할 것이다. 결국 노령기는 대부분의 사람들에게 있어 직업적인 활동이 중단된 시기로서 의무적인 일에서 벗어난 자유활동의 시기이므로 노령기 노인의 활동 대부분은 여가로서 표현적 활동, 무상적 활동이고, 공식적 활동 또는 비공식적 활동일 수도 있으며, 대인관계적 활동 또는 단독활동일 수도 있는 것으로, 노인의 개인적·사회적 요건에 영향을 받고 있다.

3. 여가활동의 참여 실태

2007년 사회통계조사에 의하면 〈표 7-2〉와 같이 주말이나 휴일의 여가활용 방법으로는 'TV 및 비디오 시청'이 52.9%로 가장 많고, '휴식' 45.1%, '가사일' 30.2% 순이었으며, 성별로 보면 남자는 'TV 및 비디오 시청'(54.6%), '휴식'(48.5%), '사교 관련일'(25.5%) 순인 반면, 여자는 'TV 및 비디오 시청'(51.3%), '가사일'(45.2%), '휴식'(41.9%) 순으로 나타났다. 주말이나 휴일의 주된 여가활용방법은 주로 'TV 및 비디오 시청'과 '휴식'이었다.

또한 〈표 7-3〉에 의하면, 주말이나 휴일에 여가를 함께 보내는 사람으로 '가족'이 57.3%로 가장 많고, '친구' 20.7%, '혼자서' 15.8% 순이었으며, 연령대별로 보면 10대, 20대는 '친구', '가족', 30대는 '가족', '친구', 40대부터는 '가족', '혼자서' 순으로 보내는 것으로 나타났다.

<표 7-2> 주말이나 휴일의 여가활용   (단위: %)

구분	TV 및 비디오 시청	여행	문화예술 관람	스포츠 관람	스포츠 활동	컴퓨터 게임	종교 활동	가사일	휴식	사교 관련일
2004	56.7	12.4	8.2	2.5	9.0	18.9	–	32.9	50.7	30.0
2007	52.9	10.8	6.5	2.0	9.0	16.1	15.0	30.2	45.1	25.6
남자	54.6	12.7	5.0	3.3	14.2	21.6	11.3	14.5	48.5	25.5
여자	51.3	8.9	8.0	0.8	3.9	10.8	18.5	45.2	41.9	25.7
15~19세	52.8	2.5	9.5	1.5	9.4	50.6	9.6	3.7	36.6	28.0
20~29세	48.7	10.2	17.0	2.9	8.4	32.0	10.2	14.6	42.2	37.7
30~39세	52.3	16.6	7.9	2.4	9.4	16.4	13.1	39.1	45.7	26.4
40~49세	52.5	12.9	3.6	2.3	12.6	8.7	16.4	38.1	49.0	20.6
50~59세	52.8	11.5	1.7	1.8	9.5	5.4	19.4	36.2	47.1	22.1
60세 이상	58.3	4.7	0.6	0.7	4.0	1.8	19.2	32.2	44.9	20.6

자료: 통계청(http://www.kostat.go.kr/), 2007

<표 7-3> 여가활동을 함께 하는 사람   (단위: %)

구분	계	가족	친구 (연인)	동호회 (종교단체 등)	혼자서	기 타
2007	100.0	57.3	20.7	6.2	15.8	0.1
15~19세	100.0	33.6	42.7	3.4	20.2	0.1
20~29세	100.0	29.3	52.5	4.5	13.5	0.1
30~39세	100.0	75.1	11.9	4.2	8.8	0.1
40~49세	100.0	71.6	8.6	7.2	12.5	0.1
50~59세	100.0	61.2	10.9	8.9	18.8	0.1
60세 이상	100.0	53.4	12.5	7.9	26.1	0.1

자료: 통계청(http://www.kostat.go.kr/), 2007

4. 노인 여가활동의 문제점과 발전 방향

노년기의 여가활동은 노화현상을 늦추어 주고 체력의 저하현상을 예방하는 효과가 있다(이천희, 1982). 여가활동의 하나인 체육활동에서 얻을 수 있는 효과로는 면역기능의 향상, 산소소모 능력 감소 완화, 심혈관 질환의 발생 감소, 뇌기능의 활성화 등이 나타난다(원영신, 1997). 여가활동은 퇴직 이후에 시간적 여유가 많은 노인에게 고독감, 소외감, 무료함을 극복하는 역할뿐만 아니라, 노인의 생활만족감을 향상시키는 데 긍정적인 역할을 한다(Ljungquist & Sundstrom, 1996; Lennartsson & Silverstein, EU ap., 2001).

이러한 여가활동의 활성화를 위해, 우선적으로 노인들의 여가활동들을 효과적으로 지도할 수 있는 전문가들을 양성하고 노인관련기관들에 적절히 배치시킬 수 있도록 노력해야 할 것이다. 그리고 노인들의 연령, 성별, 교육정도, 건강상태 및 기호에 따라서 차등적이며 개별화된 여가활동들을 제공할 수 있는 사회적 지원체계를 확보해야 한다.

노인들의 개별적인 특성에 부합하는 여가활동들을 보다 증진시키기 위해서는 현재 노인종합복지관, 종합사회복지관, 경로당 및 노인복지 관련기관 등에서 실시하고 있는 획일적인 사회교육 형식의 활동들을 지양하고, 노인들의 여가기능, 동기 및 기호 등에 부합하는 여가활동 프로그램을 활성화시켜야 할 것이다.

08 노인과 실버산업

1. 실버산업의 개념

실버산업의 사전적 의미는 노년층을 대상으로 한 상품·서비스를 제조·판매하거나 제공하는 것을 목적으로 하는 산업을 말하며, '은'을 뜻하는 '실버'라는 용어는 노인이라는 단어가 갖고 있는 부정적 이미지를 없애기 위해 민간업체에서 고안해낸 이름이다. 이 같은 개념과 용어를 만들어낸 일본에서는 실버산업보다 실버 비즈니스 또는 실버 서비스라는 말을 더 많이 사용하고 있으나, 우리나라에서는 일반적으로 실버산업이라는 용어를 주로 사용하고 있다. 실버산업을 다시 광의의 개념과 협의의 개념으로 나누어 보고자 한다.

■ 광의의 개념
노인층은 물론 비노인층의 노후대책으로 소비에만 한정되지 않고 자산관리, 삶의 보람과 관련된 생활, 고용, 생활설계 등의 모든 상품과 서비스를 말한다.

■ 협의의 개념
노인용 주택 등 주거서비스, 가사대행·수발 및 간호, 입욕, 주간보호, 단기보호 등의 실버산업은 대가족의 기능이 쇠퇴하고 있는 현대사회에서, 65세 이상 고령자의 정신적·육체적 기능을 향상시키거나 지속시키고, 완전한 사회활동을 위하여 민간이 시장 경쟁의 원리(영리추구)에 입각하여 상품이나 서비스의 공급을 행하는 사업이다.

이 외에도 실버산업에 대한 개념을 살펴보면 다음과 같다.

① 실버산업이란 노인을 대상으로 생활의 안정과 보호, 편의를 민간부문에 의해 자유시장에서 재화 및 서비스를 제공하는 일련의 경제활동이다(윤석원, 1993).

② 실버산업이란 60세 이상의 노인을 대상으로 민간 기업이 시장경쟁 원리에 입각하여 상품이나 서비스의 공급을 행하는 산업이다(일본후생성, 1999).

③ 실버산업이란 경쟁력 있는 노인인구 계층 및 노후대책을 준비하는 예비노인인구 계층을 대상으로 하여 그들의 욕구에 적합한 상품과 서비스를 자유시장원리로 공급하는 산업이다(황이록, 1992).

④ 실버산업이란 고령층의 정신적·육체적 기능을 향상시키거나 유지시키고 고령자의 완전한 사회활동을 위하여 민간이 시장경제에 입각(영리 차원)해서 상품이나 서비스 공급을 행하는 산업이다(김현주·박재룡, 1992).

실버산업의 대표적인 공급 형태는 시장공급형(순수한 상업기반)이라고 할 수 있다. 그 외 상호부조형(회원조직, 유급자원봉사자의 활용-), 행정관여형(제3 섹터형, 비영리단체에의 위탁운영) 등이 있다.

2. 실버산업의 등장 배경

현대 과학기술의 발달로 인한 경제·사회 발전과 의료기술의 발달은 국민의 생활수준을 크게 향상시켰을 뿐만 아니라, 평균수명을 점차적으로 증가시킴으로써 노인인구의 동태적 변화가 선진국형으로 바뀌어 가고 있다. 이에 따라 국내 65세 이상 노인인구의 비율이 1995년에 전체 인구의 5.9%이었으나, 2000년에는 7.2%로 고령화 사회(Aging society)에 진입하였다. 2010년에는 11%로 진입하여 머지않아 2018년에는 14.3%로 명실상부한 고령사회(Aged society)로 접어들게 될 것으로 전망된다.

고령화 사회로의 발전과정에서는 소득수준의 향상과 함께 인간의 생활양식도 복잡하게 변화될 것으로 예상되며, 이러한 변화는 노인들의 다양한 욕구 표출을 불러일으켜 결국 수요욕구를 상승시킴으로써 노인계층 수요창출이 이루어지게 된다.

이 인구의 고령화, 핵가족화, 여성의 사회진출 확대로 인한 가족의 노인부양의 기능 약화는 고령화 사회에 대비한 새로운 사회 시스템을 요구한다. 전반적인 국민소득 수준의 향상은 고령층의 경제력을 크게 향상시킬 것으로 전망되며, 앞으로 노인이 될 예비노인층은 국민연금 혜택과 함께 노후를 대비한 개인연금 등으로 현재의 노인층보다는 훨씬 경제력이 높아질 것이다. 이렇게 되면 앞으로 실버산업은 현대사회에서의 중요한 역할(산업)을 차지하게 될 것이다.

3. 실버산업의 특징

실버산업의 특징은 복지형 산업, 중소기업형 산업, 연계형 산업, 노동집약적 서비스형 산업, 지식사업형 산업, 여성중심형 산업으로 분류할 수 있다.

① 복지형 산업: 국가주도적인 공익성을 우선하되 수익성이 결부된 형태이다.

② 중소기업형 산업: 상품과 서비스가 대기업과 보완적인 역할을 수행한다.

③ 연계형 산업: 보건·의료·복지 분야와의 연계가 필요한 산업이다.

④ 노동집약적 서비스형 산업: 노동집약도가 높은 산업이다.

⑤ 지식사업형 산업: 노년기에는 내향성과 수동성의 증가로 이동성이 적고 정보의 한계가 발생하므로 노인에게 지식 및 정보를 제공해야 하고, 주거·여가·의료·실버용품·금융 관련 분야로 나누어지기 때문에 지식사업형 산업이라고 할 수 있다.

⑥ 여성중심형 산업: 2010년 통계청 자료에 의하면 남자의 평균수명이 76.15세, 여자의 평균수명이 82.88세로 남녀 수명의 차이가 6.73년으로 나타났다. 실제로 노인전문 요양기관이나 노인전문병원 등을 이용하는 대상 역시 남성 노인보다 여성 노인의 비율이 높다. 그러므로 실버산업은 남녀 구분 없이 모든 노년층이 서비스 대상에 해당되나, 여성 노인이 남성 노

인보다 수명이 길며, 구전효과와 구매결정권이 더 높기 때문에 여성중심형 산업이라고 할 수 있다(서강훈, 「한국형 실버타운 모델 연구」, 2008, 재인용).

4. 실버산업의 시장규모

한국과학기술평가원에 의하면, 2000년 현재 한국의 실버시장 규모는 약 24조 원이었고, 2010년에는 54조 원 정도가 소요되었다.

〈표 8-1〉 한국과 일본의 실버시장 규모

	분야	2000년	2005년	2010년
한국	주거	6조 4,920억 원	9조 8,980억 원	14조 1,180억 원
	보건, 의료	5조 4,760억 원	8조 3,490억 원	11조 9,090억 원
	여가	6조 9,140억 원	10조 3,890억 원	14조 8,190억 원
	생활	5조 9,960억 원	9조 1,420억 원	13조 9,300억 원
	합계	24조 7,800억 원	37조 7,800억 원	53조 8,800억 원
일본	합계	105조 9,840억 엔	156조 7,253억 엔	228조 8,115억 엔

자료: 한국기술평가원(http://www.kicttep.re.kr/, http://www.ketep.re.kr/), 2010

일본의 경우 2000년에 106조 엔, 그리고 2010년에는 228조 엔이 넘을 전망이다. 일본의 한 광고회사에 의하면 2000년도 일본인구 전체의 소비자 상품은 50세 이상 실버세대가 50.5%를 구입하였으며, 10년 후에는 실버세대의 구입비율이 전체 소비의 60% 이상이 될 전망이다. 현재 일본인이 가지고 있는 개인자산은 약 1,400조 엔인데, 그중 50세 이상 노인들이 약 700조 엔을 가지고 있다고 한다.

5. 실버산업의 유형

실버산업은 노인 수명의 연장에 따라 성장잠재력이 있는 산업으로 평가되고 있다. 사업 내용에 따라 분류하면 주거관련 서비스, 케어관련 서비스, 건강관련 서비스, 재가관련 서비스, 노인생활 용품 서비스, 금융관련 서비스, 교육 서비스, 여가관련 서비스가 있다.

■ 주거관련 서비스

주거관련 서비스는 도시나 근교의 노인전용주택, 아파트, 노인촌락, 유료양로원이나 유료요양 원 등 노인들의 주거와 관련한 사업이다. 주거와 관련하여 노인들은 주택을 소유하고 싶은 욕구 와 주택을 관리하고 싶지 않은 욕구가 동시에 있는데, 이러한 성향에 대응한 것이 노인주택이라 고 할 수 있다.

연구에 의하면, 노인들은 자신이 거주하는 주택에 대해 애착을 갖고 개인적인 의미를 부여하기 때문에, 자신만의 공간에서 주거 만족도가 더욱 높으며 편안함을 선호하는 경향이 있다. 따라서 이와 같은 욕구에 따라 내 집과 같은 다양한 노인 주택은 실버산업으로서의 전망이 밝은 분야이 다(홍숙자, 2002).

최근 노인주택과 관련한 산업에 '실버타운'이라는 용어를 사용하고 있는데, 실버타운의 용어 는 현재 우리나라에서 법적으로나 행정적으로 규정된 용어는 아니다. 실버타운은 원래 미국이나 호주에서 보편화된 노인주거시설의 집합 지역 유형으로 양로시설, 요양시설, 오락시설 등이 한 지역에 모여 설치되고 노인들이 이주하여 노인들의 독특한 주거지역을 형성한 것이다.

실버타운은 노인들의 의식주 및 기본의료관리를 주목적으로 체류하는 통합형 목적의 노인주 거시설로 그 규모와 형태는 다양하다. 특히 대규모 실버타운은 아파트, 공동주택 등의 독립주거 시설과 연속 보호시설, 요양원, 치매센터 등의 보호시설이 집합을 이루어 상호연계 및 협력관계를 유지하며 Community, Village, Country, Town 등의 명칭이 사용하고 있다(이인수, 2003).

〈표 8-2〉 입지유형별 장단점

구분			내용
입지별	도시형	장점	• 종래 생활권의 연장으로 가족과의 교류가 가능 • 생활편의시설 등 도시기능을 활용 • 선호도가 높고 운영 측면에서 유리
		단점	• 지가가 높아 신규부지 확보가 어려움 • 건물의 고층화 등 사업비 증가 • 상대적 자연조건 불량
	도시근교형	장점	• 통근이 가능 • 지역주민과의 교류가 양호 • 안정된 토지가격으로 양호한 주거환경 조성이 가능
		단점	• 개발제한구역 등 건축제한 지역이 많음.
입지별	전원형	장점	• 온천, 명승지 등 관광적 요소 활용 • 자연환경 양호 • 종합적 노인 커뮤니티 형성
		단점	• 도시적 기능 미비, 고립감 • 생활필수시설을 단지 내에 설치해야 하므로 개발비용이 높음 • 운영비용의 부담

자료: 서강훈, 「한국형 실버타운 모델 연구」, 2008

우리나라의 경우 실버산업이 이제야 시작되는 시점에서 이러한 유형의 실버타운은 아직은 찾아보기 힘들며, 현재 많이 세워지고 있는 유료노인주거시설이나 유료요양시설, 유료노인주택 등의 형태에서 실버타운이란 용어가 사용되고 있는 실정이다.

실버타운은 하드웨어와 소프트웨어로 구성된다. 하드웨어는 주거시설 및 병원과 연계된 의료시설과 문화시설이고, 소프트웨어는 일상생활서비스, 건강관리서비스, 문화활동서비스 등으로 구성된다. 일상생활서비스는 급식, 생활보조, 편익서비스이고 건강관리서비스에는 응급의료체계, 건강검진사업 등이 포함되며, 문화활동서비스는 취미, 오락, 학습, 레저, 스포츠 활동 등이다.

실버타운은 입지유형에 따라 도시형, 도시근교형, 리조트형, 전원형으로 구분되며, 사업방식별로는 입주금을 일시에 지불하고 서비스 비용은 별도로 지불하는 종신형(이용권형), 연근보험의 수혜자가 직접 입주하는 종신형(연금형), 입주보증금 지불 후 임대형태로 계약하는 임대형, 입주자가 주거시설의 소득원을 취득하는 분양형으로 구별할 수 있다(전만복, 2004).

〈표 8-3〉 사업방식별 유형의 장단점

분류	장점	단점
종신형 (이용권)	• 부동산 소유에 따른 세금이나 개보수 등의 번거로움에서 해방 • 입주금＋월 사용료의 지불에 따른 생활보장	• 설치주체가 시설운영을 계속할 수 없는 경우 거주권에 대한 보장 없음 • 임의 계약에 불과
종신형 (연금형)	입주 후 추가비용의 부담이 없음	장래 인플레 등의 변동을 반영할 수 없고 입주자에게 추가비용 징수가 불가능해 사업상 위험이 큼.
임대형	• 계약해제가 자유로움 • 입주 초기에 많은 부담 없음	입주자의 소득감소 시 지속적 입주생활이 어려움.
분양형	• 전원풍경 만끽 • 화훼단지, 농원 등 경작 가능	부대서비스 시설 설치 부담

자료: 전만복, 『노인복지론』, 2004

■ 케어관련 서비스

고령이 되면서 노인은 신체적·정신적으로 쇠잔해지기 때문에 식사나 목욕, 세탁, 외출 등에 있어서 도움을 필요로 하게 된다. 거동이 불편한 노인들을 위한 가정방문 간호서비스, 가정방문 요양서비스, 목욕서비스, 주간보호, 단기보호 등의 재가서비스가 필요하다.

민간주도의 방문간호시설, 방문요양시설, 주간보호시설, 단기보호시설 등에 대한 체계적인 지원 방안을 강구하여 재가복지서비스의 공급을 확대하고 질적 수준을 제고할 수 있는 민간참여 활성화 정책이 필요하다

■ 건강관련 서비스

건강관련 서비스의 종류로 노인전문병원, 노인요양시설, 노인재가시설 등의 계속적 수요증가가 예상된다. 이제는 건강의료기기(전동의자, 건강매트, 팩 등)와 편의시설(전동차, 휠체어, 전동침대 등), 건강식품(스쿠알렌, 인삼, 녹용, 상황버섯, 각종 영양제 등), 방문간호의 개발이 지속적으로 요구된다.

■ 재가관련 서비스

노인복지시설에 입주하지 않은 노인을 대상으로 한 급식서비스, 방문서비스와 정신적·심리적·사회적 서비스이다.

■ 노인생활용품 서비스

노인을 위한 휠체어, 보청기, 안경, 지팡이 등과 같은 재활보조서비스와 노인을 위한 특수의자, 안전도어 등 생활의 편리를 위해 만들어 놓은 일상용품을 제공하는 서비스이다. 이 외에도 의류, 식품, 정보, 의료 등이 개발되고 있다.

■ 금융관련 서비스

개인연금서비스, 부동산 관리 및 부동산 대출, 은행과 보험회사, 투자신탁 등에서 노후생활에 필요한 소득관리를 위해 노후연금 등을 개발하고 있으며, 부동산 신탁 등을 통해 노인들의 재산을 관리하는 사업들이 있다.

금융 분야의 대상은 현재의 노인만이 아니라 노후를 준비하는 예비노인의 욕구도 중요하다. 우리나라 통계청에 의하면 2010년 현재 5,357만 명으로 총인구의 11%를 차지하고 있지만, 가까운 장래에 노인계층에 편입될 50~64세까지의 인구도 포함하면 약 1,100만 명으로 전체인구의 23%에 달한다.

이들 50세 이상의 금융자산 규모를 추정해 보면, 2000년 말 총 개인금융자산(799조 원)의 약 46%인 364조 원에 달하는 것으로 추산되고 있다. 금융자산 증가율과 노인인구 증가를 고려하여 가정할 때 2010년 현재 약 1,036조 원, 2020년에는 약 3,225조 원에 달할 것으로 예상된다. 금융시장에 있어 노인의 상당한 영향력이 예상된다(서강훈, 『실버타운이 해답이다』, 2009).

〈표 8-4〉 가구주 연령별 개인금융자산 분포 추정

구분	30세 미만	30~39세	40~49세	50~59세	60세 이상	계
총가구수(만)	144	379	381	251	277	1,431
평균저축액(만 원)	1,194	1,839	2,614	3,010	2,917	2,398
총저축액(십억 원)	17,194	69,698	99,974	75,551	80,801	343,218
비율(%)	5	20	29	22	24	100
금융자산액(조 원)	40	162	233	176	188	799

자료: 통계청, 「2000년 가구소비실태조사」, 「2000년 인구주택총조사보고서」

이들의 금융욕구를 보면, ① 노후의 생활비 및 여가생활을 충분히 할 수 있는 현금의 보장 니

드, ② 의료비 등 갑작스러운 목돈 사용에 대비한 욕구, ③ 여유자산의 운용 및 관리욕구, ④ 자녀 등에 대한 자산상속, 증여설계와 관련된 욕구 등이 있다. 이러한 욕구에 대응한 다양한 금융 관련 상품 및 서비스가 국내 금융기관들에 의해 제공되고 있으며, 특히 2000년 이후 두드러지고 있다.

노인전용 예금상품(조흥은행 경로우대통장, 외환은행 예스실버신탁 등), 역모기지 상품(reverse mortgage), 즉시연금, 고령자용 건강보험(대한생명 굿모닝 실버건강보험), 자산관리 및 상속설계 서비스(하나은행 내리사랑신탁, 우리은행 웰스피아) 등이 제공되기 시작하였고, 특히 외국계 금융사의 진출이 본격화되면서 노인용 상품의 종류 및 서비스의 다양화도 가속화되고 있다.

■ 교육 서비스

고령사회로의 전환에 따른 노인인구의 질적인 변화 추세는 건강하고 경제력이 있으며 교육수준이 높은 노인들이 평생교육의 수단으로 노인교육에 대한 수요를 창출할 것으로 기대된다. 이를 구체적으로 살펴보면 다음과 같다.

① 21세기 고령사회는 개인적으로는 노인기의 연장을 의미하므로 노년기를 효율적이고 유익하게 보낼 수 있도록 노인교육의 중요성이 더욱 확대될 것으로 전망된다. 모든 고령자가 연령·학력·소득 정도 등 각자의 특성에 따라 다양한 유형의 노인교육서비스에 대한 요구를 할 것으로 전망된다.

② 젊은층의 부양의식의 감소로 인한 노인의 자립성 필요 및 노동력의 고령화에 따른 국가 인력자본 차원에서 고령자 인력자원화의 필요성이 증가할 것이다.

③ 학령인구의 감소로 고령자가 전문대학 및 대학교의 새로운 교육자원으로 등장하고 있다. 특히 평생직업체제의 등장으로 고령자의 전문직업교육에 대한 수요는 날로 증가할 것으로 예상된다.

④ 고령인구의 양적인 증가로 노인의 정치세력화(gray power)로 인한 정치적 부담의 증가 및 노인단체의 정치적 압력단체화 가능성이 증대할 것으로 예측된다. 이에 따라 노인의 학습권 보장이 사회적 과제로 대두될 것이다(허정무, 『노인교육 이론과 실천방법론』, 2002).

■ 여가관련 서비스

은퇴 후의 삶이 더욱 길어지고 있는 상황에서 노인에게 여가선용 기회를 제공하기 위한 노인 대상 상품으로 관광알선, 자원봉사자 주선, 노인문화센터(오락, 스포츠), 노인교양강좌 등의 여가 상품이 홍수처럼 쏟아지고 있다. 골프 붐을 타고 골프 모임을 주선하고, 노인수영교실, 자전거 동호회, 등산, 사진촬영 동호회, 희귀식품 채집동호회 등이 인기를 끌고 있다.

여가산업은 이용자가 찾아오도록 하는 것도 있겠지만, 찾아가는 산업도 장차에 생각할 수 있다. 사행성이나 투기성을 배제한 여가산업의 전망은 그 어느 때보다 밝다고 하겠다.

6. 실버산업의 전망

앞으로 실버산업은 능동적 참여와 그들의 욕구에 만족을 줄 수 있는 프로그램이어야 한다. 따라서 시설의 제공이라는 단순개념을 탈피해야 하고, 실버 및 예비실버층의 특징적 행동과 의식에 대한 정보를 끊임없이 축적해야 하며, 우리 실정에 맞는 서비스체계를 개발해 나가야 한다.

노인인구의 증가, 질 높은 서비스를 원하는 다양한 욕구 상승, 사회환경의 변화로 실버산업은 활발하게 발전할 것으로 전망된다. 실버산업의 미래는 밝다고 하겠다. 한국보건사회연구원 연구 보고서에서는, 65세 이상 노인인구 대상 2000년대 실버산업시장은 연평균 약 9.5% 증가, 약 24 조 원 규모이며, 2010년대에는 약 54조 원의 규모로 비대해질 것으로 예상되며, 실버산업은 노인 복지뿐만 아니라 사회경제 분야에도 전반적으로 큰 파급효과가 예상된다.

〈표 8-5〉 실버산업 육성효과의 장단점

장점	단점
• 만성질환, 치매노인을 보호함으로써 노부모 부양가족에게 생활안정 기여 • 질 높은 서비스로 노후생활 안정 • 지역사회 민간기업 참여로 국가예산 절감 • 공적 노인복지와 사적 민간부문 실버산업과의 역할분담	• 전통적 노인부양과 보호기능을 수행하던 가족기능의 붕괴 • 계층 간의 서비스 불평등 심화, 사회통합에 역행 • 대상노인 재산관리 불이익 우려 • 사적 민간기업 부실경영 우려

자료: 박귀영 외 5인, 「노인복지론」, 2010

09 노인의 성

1. 노인의 성이란?

개인의 인격의 중요한 한 가지 양상이 바로 성(sexuality)이다. Starr와 Weiner(1981)가 제시한 대로 성은 인간 존재의 모든 양상 속에서 표현되는 에너지라고 할 수 있다. 성은 성교나 오르가즘과 같은 생물학적인 기능만을 이야기하는 것이 아니라, 관계 형성 속에서의 기쁨이나 사랑의 언어를 표현하는 것처럼 친밀한 방식으로 자아나 감정을 표현하는 것을 포함한다. 성은 남성, 여성의 존재 자체와 함께 자아정체감을 포함하는 인성의 중요한 자원이기에 개인의 삶 속에서 매우 중요하게 자리 잡고 있으며, 이는 노인도 마찬가지다.

노인들도 성적인 관계를 통하여 자신의 존재를 더욱 인식하게 되고 심리적 욕구를 충족시킨다. 노년 세대는 생식을 끝마친 상태이지만, 이성과의 상호 접촉과 친밀감의 욕구는 남아 있고 이것이 중요한 요소로 떠오른다. 또한 노인의 성생활은 노인의 건강 유지에도 매우 도움이 되는 것이 사실이다. 그러나 사회에서 바라보는 시각은, 노인들은 성에 관심이 없다든지 성행위가 중지된다든지 하는 고정관념이 있고, 노인의 성적 욕구 표현을 단순히 문제행동으로 치부하는 경향이 있다. 일반적으로 나이가 들면 신체적 노화로 인한 기능의 저하로 성행위 빈도는 감소하지만, 성에 대한 욕구에는 거의 변함이 없고 성은 일생 동안 유지된다는 점을 인식해야 한다. 일본의 후

생백서(1997)에 의하면, 이성과의 애정이나 성관계를 희망하는 사람은 남성 94%, 여성 70%에 이른다는 결과가 있었다(송현아 역, 2001). 하지만 사회 속에 만연되어 있는 노인의 성에 대한 고정관념이나 농담 등은 노인의 성적 경험에 부정적으로 영향을 미치고 있는 것이 사실이다.

노인의 성은 이제 고령화 사회 속에서 우리가 중요하게 대두시켜야 할 문제 중의 하나가 되었다. 노인과 함께 일하는 전문가들은 노인의 성에 대한 부정적인 사회적 통념을 개선하는 노력을 기울여야 할 것이며, 노인들의 성적욕구와 이성적 친밀감에 대한 욕구를 충족시킬 수 있도록 도와주어 궁극적으로 노인들의 삶의 질을 향상시킬 수 있도록 해야 한다.

2. 노인의 성에 대한 통념

요즘 사회에 만연되어 있는 노인의 성에 대한 고정관념이나 농담 등은 노인의 성적 경험에 부정적으로 영향을 미친다. 이러한 태도나 신념은 노인 차별주의로부터 비롯된다. 가령 노인은 신체적으로 매력도 없고 성적으로도 매력이 없다는 지각, 또는 모든 노인은 활력이 없고 감정도 고갈되어 있어 성에도 관심이 없다는 지각이 노인 차별주의의 한 예이다. 우리 사회는 성(Sexuality)은 젊음과 동일시되는 경향이 있기 때문에, 노인이나 장애인이나 만성적인 질환을 갖고 있는 사람들은 비성적인 존재로 간주되고 있다.

Starr와 Weiner(1981)의 연구에서 노인 참여자들은 "신체적 정서적으로 살아 있는 느낌과 정체감을 확인하기 위해 성적 활동이 필요하다"라고 강조했으며, 배우자와의 의사소통을 위한 수단이 된다고 하였다.

노화와 관련된 자연스러운 신체적 변화에 따른 성적인 변화를 이해하는 것이 사회의 통념을 변화시키는 첫 번째 조치일 것이다. 이를 위해서는 대중매체와 전문가들의 도움이 필요한데, 노년기의 성이 수용할 만한 것이고 바람직하다는 메시지를 전달한다면 이러한 통념은 점차 사라지게 될 것이다.

3. 노인의 성에 대한 사회의 부정적인 시각

현대사회의 노인의 성에 대한 부정적인 시각은 역사적으로 중세시대에 지배적이었던 기독교의 금욕사상에서 절대적인 영향을 받았다고 볼 수 있다. 성행위는 오로지 자녀의 출산을 위해서만 필요한 것으로 간주되었기 때문에, 임신이 불가능한 노인의 성생활(특히 폐경 이후의 여성)은 매우 부정적이었고 심지어 자연에 대한 죄악으로 간주되었다. 14세기경 유럽을 강타하여 많은 사망자를 속출시켰던 흑사병의 발생 원인을 인간들의 지나친 성욕에 대한 신의 저주로 보아, 노인은 물론 젊은 사람의 성생활까지도 부정적인 시각으로 보았다(Ciovey, 1989). 우리나라의 경우에도 예외는 아니어서 성행위를 인간의 가장 원초적인 욕구로서 남녀 간의 사랑과 친밀감의 표현방법으로 간주하지 않았고, 자녀의 출산을 위한 과정으로서 성에 의미를 부여하였으며, 성에 대한 욕구의 억제를 미덕으로 삼았다. 특히 양반가의 미망인의 경우는 생존 자녀를 양육하면서 재혼하지 않고 사별한 남편에 대한 정조를 지키는 것이 도덕적 규범으로 높이 평가되기도 하였다.

이러한 전통적인 성문화는 현대사회에 들어와서 많은 변화를 가져와, 성행위는 아름답고 행복한 것이며, 사랑하는 이성 간의 진실한 애정표현의 방법으로 인식되고 있다. 하지만 노인의 성행위에 대해서만은 노인 스스로뿐 아니라 사회 전체가 아직까지 부정적인 시각으로 바라보고 있다. 젊은 남녀 간의 사랑표현은 아름답게 표현되고 있지만, 노인 남녀 간의 사랑표현은 음란하고 심지어 추한 것으로 간주되고 있는 실정이다(Covey, 1989; Kaye, 1993).

노인의 성에 대한 사회의 부정적인 시각은 소득의 감소, 건강기능의 약화와 역할상실 등에 따른 가정 및 사회에서의 지위하락으로 이어져 심리적으로 위축되어 있는 노인 스스로가 성을 부정적인 시각으로 인식하게 만들고 있다. 오진주(1998)는 노인이 성적 욕구를 느끼고 있는지에 따라 욕구의 완전소실, 욕구의 감소, 욕구의 지속, 그리고 욕구의 억제(사회적 통념)의 네 가지로 분류하였으며, 또한 우리 사회에서 노인의 성을 얼마나 부정적인 시각으로 바라보고 있는지를 지적하였다.

4. 노인의 성욕구와 성생활 실태

성행동을 결정하는 제1의 요인은 성욕이다. 이러한 성욕은 인간의 기본적 욕구 중의 하나에 속하며, 이는 노년기가 되어도 소실되지 않는다. 단지 성에 대한 관심과 욕망이 조금씩 줄어드는 경향이 있을 뿐이다.

노인의 성적 반응에 대해 최초로 실험실 상황에서 체계적으로 연구한 Master & Johnson(1996)은 여성 노인들이 노년기에도 상당한 정도의 성적 능력과 효율적인 성행위의 수행능력을 보인다는 사실을 발견했다. 이것은 특히 효율적인 성적 자극에 규칙적으로 접한 여성일수록 더욱 그렇다.

남성의 경우에도 나이가 들면 노화 현상에 의해 성적 능력이 감퇴하는 것은 사실이지만, 그렇다고 해서 어느 시기가 되었을 때 성기능이 정지하는 것은 아니다. 신체적으로나 정신적으로 장애를 받지 않는 한 죽을 때까지 가능한 것이 성의 본능이다.

Master & Johnson에 의하면, 결혼 생활을 하는 노인들의 경우 성적표현과 행위가 규칙적으로 전개된다면 건강 여하에 따라 70대는 말할 것도 없고 80대에도 만족스런 성생활을 할 수 있는 것으로 나타났다.

Kinsay(1948) 역시 여성들의 성적 능력이 크게 노화한다는 증거는 없으며, 오히려 나이가 들면서 성적 억압과 임신의 공포에서 해방되어 성적 관심이 증가하게 되고, 이러한 성적 욕구의 관심은 60대에도 지속된다고 하였다. 물론 노년기 여성의 성적 활동은 남편들의 성적 욕구와 능력 여하에 크게 의존한다. 남성들의 경우 나이가 들면서 정력이 줄어드는 것이 사실이지만, 노년기에 접어들면서 공통적으로 모두에게 어느 순간 성 능력을 잃어버리는 일은 생기지 않는다고 밝혔다. 이는 60세에 94%, 70세에 70%의 노인들이 성적 활동을 하고 있으며, 70세가 넘으면 미약하나마 성적활동이 저하된다고 하였다.

우리나라의 경우도 최근 65세 이상 노인들의 성생활 실태를 조사한 연구 결과에 따르면, 응답자 가운데 73%가 현재 성생활을 하고 있었고, 성에 대한 욕구가 높은 것으로 조사되었다. "성적 충동을 매우 느낀다"고 응답한 비율이 46.9%였는데 노인들의 성행위 또한 건강하고 배우자가 있으면 죽을 때까지 지속되는 것으로 나타났다.

■ 노년의 성생활에 영향을 미치는 요인

과거에는 성이 생식적 기능으로 작용했지만, 오늘날은 쾌락을 추구하는 오락적 기능의 수단으로 변했고, 종족보조의 수단이기보다는 어떤 친밀감이나 자기위안 혹은 자기정체성을 확인하는 기능으로 바뀌고 있다.

노인들의 성행위에 영향을 미치는 주요 요인들은 복합적이며 성별과 노인들 자신에 따라 정도의 차이는 있으나, 일반적으로 생리적·신체적 요인, 사회심리적 요인, 노인성 질환과 약물복용 요인으로 분류해 볼 수 있다.

신체적 요인

여성노인

여성노인의 경우는 남성노인과 비교하여 성생활 유지에 따른 커다란 신체적 변화가 거의 없다(Kaye, 1993). 연령의 증가에 따른 생식기관의 변화는 정상적인 성생활에 어느 정도 문제를 야기하지만, 남성노인의 발기부전과 같은 치명적인 증세가 나타나지 않기 때문에 정도에서 남성노인보다 훨씬 경미하다.

성행위와 관련하여 자주 거론되는 여성노인의 신체적 변화하는 폐경에 따른 난소의 에스트로겐(estrogen) 생산 중단이다. 문제는 여성 호르몬인 에스트로겐의 감소로 흥분할 때 발생되는 분비물의 양이 감소되어 성교 시 통증을 경험할 수 있다는 것이다(Kaya, 1993; Ludeman, 1981; Mooradian & Greiff, 1990). 분비에 소요되는 시간이 젊었을 때는 15~20초 정도 걸리나, 노인의 경우는 5분 정도로 증가한다(Kate, 1993).

성교 시의 분비물 감소와 함께 여성노인에게 나타나는 생식기관의 변화로는 질의 폭과 길이가 줄어들고, 질벽과 외음순(labia majora)이 얇아져 여성들에게 성적으로 가장 예민한 부분인 클리토리스(clitoris)가 외부로 노출된다는 것이다. 따라서 기능상에는 문제가 없으나, 민감성이 감소하거나 마찰 시 따끔따끔하거나 찔린 듯한 좋지 않은 기분을 경험하게 된다(Moordiann & greiff, 1990). 이 외에 연령의 증가에 따라 오르가슴의 강도가 줄어들거나 천천히 반응하게 된다(Kaye, 1993; Ludeman, 1981).

남성노인

남성의 갱년기(male climacteric)는 여성의 폐경과 두 가지 측면에서 다르다. 먼저 남성의 갱년기는 일반적으로 50세 이후에 오며 매우 느리게 진행된다. 테스토스테론의 손실이 폐경기의 여성에게 있어 에스트로겐의 고갈처럼 극적이거나 갑작스럽게 발생하지 않는다. 남성 갱년기는 호르몬의 변화보다는 신체적 에너지의 쇠퇴, 증가하는 경제적 중압감, 퇴직으로 인한 자위의 손실, 우울 같은 심리적 적응과 관련하여 있는 것으로 제시되고 있다(Katchadourian, 1987).

정상적인 신체적 변화는 성적 반응의 성격을 변경시키지만 성적 수행을 방해하지는 않는다. 성적 자극에 대한 반응 시간은 증가한다. 발기하는 데 시간이 더 걸리고 더욱 직접적인 자극이 필요하다. 예를 들어, 18세 남성의 경우는 발기에 평균 3초가 걸린다면 45세 성인은 18~20초, 75세 노인은 5분 이상 걸린다(Mulligan & Moss, 1991). 연령에 따른 발기 강도와 오르가슴을 느끼는 퍼센티지는 줄어드는 것으로 나타나고 있다.

심리·사회적 요인

성적 활동을 경감시키는 상황은 생리적인 요소보다는 심리·사회적인 요인이 더 크다(Dean, 1874). 많은 노인들은 지속적으로 자신의 성을 적극 표현하고 있으나, 다른 한편에는 그러한 노인의 성적 욕구와 활동이 심리·사회적인 요인에 의해 조절을 겪는 경우도 많다(오진주, 1998). 대부분의 여성은 연령이 증가함에 따라 성행위를 금지하거나, 혹은 성행위에 대해 더 큰 관심을 갖는다(Kinsey, 1953). 임신 가능성이 더 이상 중요한 요소가 아니기 때문에 많은 여성이 폐경 이후에 자유를 느낀다. 폐경기 이후 성적 관심의 대부분은 생식 시기에 확립된 성적 습관과 직접 관련이 있다는 것이다. 노년기 여성의 성적 금욕은 생물학적 요인보다는 사회적·심리적인 요소에 의해 더 많은 영향을 받는다(Newman & Nicols, 1970). 사회적으로 승인된 것, 성적으로 유능한 파트너는 여성의 성행위를 결정하는 가장 중요한 요소이기도 하다. 한편, 노년기 여성의 성적 관심의 쇠퇴는 신체적인 것이 아니라 방어적이라는 주장도 있다. 즉, 성적 성취의 기회가 주어지지 않을 때는 성적 노력을 포기해 버린다(Pfeiffer & Davis, 1972). 노년기에도 건강한 성을 유지하기 위해서 알아야 할 가장 중요한 사실은 능동적이고 조화로운 성적 표현이라 할 수 있다(이영균·성경원, 2005).

5. 노인 부부의 성 갈등

■ 노년기 부부의 성 갈등

노인들의 평균수명 연장과 더불어 유배우자율도 함께 증가하고 있다. 이는 부부 간의 가족주기가 늘어난다는 것으로 그만큼 부부들이 함께 살아야 할 시간이 길어지고 있다는 것을 말한다. 노년기가 늘어나고 의학의 지원을 받으면서 노인들의 건강 조건 역시 과거보다 좋아지고 있다. 즉, 노인 부부의 성생활은 노인 부부에게 있어 중요한 요소로 떠오르고 있다.

노인들에게 있어 노년기 부부 성생활은 인생에서 새로운 기간의 시작과 아주 비슷하다. 남성들은 은퇴를 통해 사회의 주도적인 역할에서 떠나 가정으로 돌아온다. 여성들은 노년기가 되어 자녀들이 출가하면서 빈 둥우리 기간을 경험하게 된다. 노년기는 보통의 부부가 결혼하여 하루에 함께 있는 시간이 가장 많은 기간이다.

젊은 시절 남성들은 이른 아침에 출근하여 저녁 늦게 집에 돌아오고, 가사와 육아 등 가정의 모든 일들은 여성들의 몫이었다. 대부분 주말을 제외하고는 아침과 저녁에 잠시 부부간의 만남과 대화가 이루어졌다. 그러나 남성이 은퇴를 하고 집에 머무르는 시간이 많아지면서 부부는 하루 중 많은 시간을 날마다 배우자와 함께 보내게 된다.

가정으로 돌아온 남성들은 배우자와 가사 전반에 관한 관심을 두루 나누며, 가정 내 활동 영역과 결정권을 공유하게 된다. 그러나 접촉이 짧은 만큼 부부간 갈등 역시 두드러지게 나타난다. 특별히 이러한 갈등은 부부간 성 갈등에서 더욱 심화된다. 이 성 갈등은 부부간 의사소통 형태와 밀접한 관계를 가지면서 노년기 부부생활에 지대한 영향을 미친다.

■ 노년기 부부의 성 갈등 유형

노년기 부부의 성 갈등은 크게 네 가지 유형을 갖는다. 이호선(2005)에 의하면, 여성 노인이 남편에 대해 갖는 적대감과 남성노인이 아내에 대해 갖는 성적 불만족의 정도와 갈등 대처 유형에 따라 언쟁형, 포기형, 대립형, 폭력형으로 나뉜다.

제1유형 -언쟁형 성 갈등 형태

이 유형은 부부간의 갈등이 크지 않고 부부관계에 있어서도 비교적 원만한 관계를 유지한다. 노년기 부부의 성 갈등 유형 중 이 유형에 속하는 노인 부부가 가장 많다. 언쟁형은 남성 배우자의 성교 제의에 대해 여성 배우자가 성교를 거부하고, 이에 대해 두 사람이 일정 기간의 언쟁을 거쳐 최종적으로 성교에 합의하는 형태다. 이 유형은 성교에 대하여 여성 배우자가 좋은 감정을 가지고 있지 않으나 남성 배우자의 설득과 성교 촉구 등에 의해 성교가 이루어진다.

언쟁형 형태에서 부부관계는 비교적 원만하다. 이 유형의 부부는 성 갈등 초기에 여성 배우자의 성교 거부로 인해 다소 불안정하고 갈등관계가 확대될 가능성이 있음에도 불구하고, 남성 배우자가 관계의 악화를 방지하고 배우자에게 호감을 사기 위해 노력한다. 결국 일정 시점에서 갈등 수준이 낮아지며, 부부는 대체로 합의된 성교에 도달한다.

언쟁형 형태에서 갈등의 원인으로는 여성 노인에게는 신체 노화와 성교 통증이, 남성 노인에게는 노화에 따른 심리적인 위축감이 크게 작용한다. 이 형태는 부부간 적대감 수준이 비교적 낮고 상대 배우자에 대한 연민의 감정을 가진다.

제2유형 -포기형 성 갈등 형태

이 유형은 여성 배우자가 남성 배우자의 성교 제의를 거부하였을 때 남성 배우자가 별다른 저항 없이 성교를 포기하게 된다. 그러나 몇 차례의 포기 과정에서 남성 배우자는 심한 짜증과 불만 등 강한 스트레스 반응을 보이지만, 일정 시간이 지난 후에는 여성 배우자가 연민의 감정으로 성교에 합의하면서 성교에 이르게 된다.

포기형 형태의 성 갈등 원인은, 여성 노인은 남성 배우자의 과오에 대한 복수심과 적대감 그리고 남성 노인은 발기부전이다. 여성노인이 배우자에 대해 갖고 있는 적대감의 내용은 주로 과거 남성 배우자의 과오에 집중되어 있으며, 적대감의 해소 정도가 성 갈등의 악화와 호전에 주요 요인으로 작용한다.

제3유형 -대립형 성 갈등 형태

이 유형은 부부간의 갈등 지속 기간이 다른 유형들에 비해 상대적으로 길다. 대립형 성 갈등 형태의 경우, 남성 배우자가 아내의 성교에 대해 강한 스트레스 반응을 보이며 감정적인 대응을 한다. 상당 기간 동안 이 감정 대결이 상호 무시, 심한 언쟁 형태로 지속된다. 그러나 가정의 평화라는 공통된 목표 아래 전략적인 목적으로 성교에 상호 합의하지만, 이 형태 역시 일정 기간의 간격을 두고 갈등의 전 과정이 반복적으로 나타난다.

대립형 형태의 성 갈등 원인은 여성 배우자의 경우 폐경 이후 성욕구의 감소, 남성 배우자의 경우는 노화에 대한 심리적 위축이다. 배우자의 건강상태에 따라 갈등에 따른 긴장의 기간이 길어지기도 하고 짧아지기도 하며 성 갈등을 악화시키거나 호전시킨다.

제4유형 −폭력형 성 갈등 형태

이 유형은 성 갈등 양상이 폭력과 더불어 나타나는 형태로 거부/회피−권위적 폭력형, 무시−보복적 폭력형, 수용−가학적 폭력형으로 세분된다.

① 거부/회피−권위적 폭력형: 이 유형은 남성 배우자가 여성 배우자의 성교 거부를 자신의 권위에 대한 도전으로 여기고 이에 대하여 폭언과 구타라는 형식으로 대응한다. 성교는 강제적으로 이루어지며, 부부관계는 적대적인 관계로 유지된다. 이 유형의 경우 여성 배우자는 성교 통증, 남성 배우자의 과거 혼외정사 경험에 대한 복수심이, 남성 배우자는 성기능저하에 대한 우려가 성 갈등의 원인이 된다.

② 무시−보복적 폭력형: 이 유형은 여성 배우자가 성교를 거부하며 배우자를 무시하는 것에 대해, 남성 배우자가 이에 대한 보복으로 폭력을 행사한다. 이 경우 여성 배우자는 노년기에 접어들어 무능해진 남성 배우자에 대해 무시와 인격적인 모멸감을 주는 발언을 한다. 이 경우 부부관계는 매우 적대적이 되며, 이 관계는 중년기 이후 지속되는 경향이 있다. 이 형태의 성 갈등 원인은 여성 배우자의 경우 지속적으로 폭력을 행사하는 남성 배우자에 대한 적개심과 남성 배우자의 과거 과오에 대한 보복심이며, 남성 배우자의 경우 아내의 성교 거부가 원인이 된다. 배우자의 감정적 대응 정도는 성 갈등의 상황을 호전시키거나 악화시킨다.

③ 수용−가학적 폭력형: 이 유형은 성교 제의에 대해 여성 배우자가 성교를 수락하였음에도 불구하고 남성 배우자가 여성 배우자에게 폭력을 행사하여 강제적으로 성교를 행하는 가학적 유형이다. 이때 여성 배우자는 일체 저항하지 않으며, 남성 배우자는 무차별적으로 폭

력을 행사한다. 이 경우는 성교 제의 시에도 폭언과 구타가 이루어진다. 수용-가학적 폭력형의 성 갈등은 여성 배우자의 경우 성교 통증과 지나친 성관계 요구에 대한 심리적 위축감이, 남성 배우자의 경우 성기능 소멸에 대한 우려가 원인이 된다. 남성 배우자의 성생활에 대한 신념이 강하게 작용하면 무조건적·폭력적 대응이 강해지며, 남성 배우자의 감정반응 역시 성 갈등을 악화시키거나 호전시키는 요인이 된다(이호선, 『노인상담』, 2005, pp.254~258).

6. 성 활동의 필요성과 이점

성은 성교 이상을 말한다. 노인들에게 애정은 성 이외의 다른 방식으로도 표현될 수 있다는 점을 인식시켜 주는 것이 필요하다. 친밀감, 사랑, 우정, 애착은 인생의 소중한 양상이며 노인의 안녕감에 필수적이다. 애정이 없다면 노인은 다른 사람들에게 둘러싸여 있다 하더라도 외롭게 느끼게 된다.

가장 친밀한 관계 형성을 위해 필요한 것은 '접촉(touch)'이다. 접촉받고 싶은 욕구는 평생 지속되는 것이며, 노인이 되어서도 남아 있다. 특히 노인들은 다른 연령대보다 접촉을 통한 상호 작용에 더 많이 의존한다(Hollinger, 1986). 노인의 외로움의 표현 밑에는 누군가가 자신을 터치해 주길 바라는 욕구가 있는 것이다. 노인의 어깨나 팔을 만져주고 등을 마사지해 주고 껴안아 주는 것은 모두 노인의 애정에 대한 욕구를 해결하는 데 필수적이다. 고립되고 방향감각이 없는 치매노인에게도 이러한 터치는 필요하다.

노인의 성 활동은 고환이나 음경의 위축과 퇴화를 막고 뇌의 전두엽을 자극해 뇌의 노화, 치매, 건망증 등의 진행을 억제한다. 또한 여성의 경우는 골다공증 예방에도 도움이 된다. 그리고 무엇보다 뇌에서 엔도르핀을 분비함으로써 행복감을 주며 몸에 이로운 여러 가지 체내 물질을 증가시킨다(한국일보, 2001.9.25). 또한 성에 대한 느낌과 표현은 노인에게 또 다른 힘을 주고 정서적인 안정과 자아정체감, 삶에 대한 가치를 느끼게 하며 노인의 생활만족도를 증대시킨다. 여러 연구 결과에 의하면 노인의 성생활과 생활 만족도는 밀접한 관계가 있음이 밝혀지고 있다(송현아 역, 2001; 송영미, 2000). 따라서 노인들의 적절한 신체적·심리적 건강 유지를 위해 성생활을 유도하는 것이 바람직하다.

7. 노인의 성문제 개입 전략

노인들의 성에 대한 욕구와 해소 방법, 배우자의 유무에 따른 노년기의 성생활 실태, 홀로 지내는 노인들의 이성교제와 재혼에 대한 태도, 노년기 성생활의 장애 요인 등 노년기의 성과 관련된 다양한 주제에 대한 노인의 성에 대한 사회의 부정적인 시각과는 달리, 대부분의 노인들은 젊은 층과 마찬가지로 성에 대한 욕구가 있으며, 건강하고 배우자가 있을 경우 성생활을 유지하고 있었다. 또한 홀로 된 노인들의 경우 성에 대한 관심을 의도적으로 회피하거나 다른 일에 관심을 가지는 노인들도 있지만, 자위행위와 이성교제를 통한 성행위 및 매매춘을 이용하여 성에 대한 욕구를 충족시키는 노인들도 병존하고 있는 것으로 나타났다. 또한 아직 우리 사회가 노인의 재혼과 이성교제에 대해 부정적인 반면, 홀로된 노인의 대부분은 이성교제와 재혼에 대해 긍정적인 태도를 보이고 있어 서로 대조적이었다. 이러한 결과를 중심으로 노년기 성에 대한 사회복지적 개입 방안을 제시하면 다음과 같다.

첫째, 노년기의 성, 재혼, 이성교제에 대하여 우선 노인들 스스로가 긍정적이고 적극적인 자세로 전환되어야 한다. 노인들 대부분은 성인자녀가 사별하였거나 이혼하였을 경우 앞장서서 성인 자녀의 이성교제 및 재혼에 적극적인 자세를 취하는 것이 일반적이다. 따라서 노인들도 재혼이나 이성교제에 있어서 더 이상 자녀로부터의 동의나 사회의 부정적인 인식에 구애받지 말고 재혼과 이성교제에 대해 당당한 자세를 취해야 한다.

둘째, 노인을 대상으로 서비스를 제공하는 시설종사자와 사회복지사 및 일반 대중을 대상으로 노인들의 성, 재혼, 이성교제에 대한 체계적인 교육프로그램을 개발하고 교육을 실시하여 그들의 자세를 긍정적으로 전환시켜야 한다.

셋째, 노인을 대상으로 서비스를 제공하는 사회복지시설에 성과 관련된 상담 프로그램을 실시하여 노인들의 성과 관련된 문제를 해결할 수 있도록 도와주어야 한다. 또한 노인들이 자주 이용하는 시설에서 홀로된 노인을 위한 이성교제 및 재혼 프로그램을 제공하여 이성교제와 재혼의 기회를 제공하여야 한다.

마지막으로, 정기적으로 실시되는 노인건강검진에 있어서 60세 이상 남성노인의 경우 전립선, 발기부전과 같은 노년기 성기능과 관련된 항목을 추가하여 실시하고, 여성노인의 경우 폐경으로 인한 성기능 장애에 대한 상담을 실시해야 할 필요가 있다(임춘식 외 18인,『노인복지학개론』, 2010).

10 가족 부양과 노후부부 문제

1. 우리나라 노인가족의 실태

우리나라는 1960년대 이후 경제발전에 따른 급속한 산업화·근대화·도시화 현상과 서구의 문물, 사상의 도입 등으로 사회 전반, 특히 가족에 여러 가지 변화를 초래하였다. 한국 가족은 구조적으로 출산력의 저하로 인한 가족규모의 축소, 3세대 이상 가구의 감소와 1인 가구, 1세대 가구의 증가, 노인인구의 급증으로 인한 고령화 현상, 혼인율의 감소 및 이혼율의 증가로 가족의 안정성 약화, 기혼여성의 경제활동 참여 증가 등의 변화가 나타나고 있다. 또한 가족생활주기의 변화, 가족해체로 인한 가족기능의 약화, 다양한 가족의 출현으로 인한 가족가치의 변화 등도 두드러진다. 최근 이러한 가족의 변화로 국가의 가족정책에 대한 사회적 관심과 욕구가 반영되어 2004년 건강가정기본법이 제정되었으며, 건강가정지원센터가 시범 운영되고 있다. 그리고 2005년 6월부터는 여성부가 가족정책을 총괄적으로 수립, 조정 및 지원하는 여성가족부로 새로이 출범하는 등 다양한 변화가 나타나고 있다.

이러한 현대의 다양한 가족변화는 노인에게 여러 가지 영향을 미치고 있다.

첫째, 가정 내 노인의 권한과 역할이다. 전통 농경사회에서는 가족이 일상생활의 중심으로 모든 활동이 가정을 하나의 단위로 하여 이루어졌다. 그러나 산업화에 따라 가정과 일터의 개념이 분리되면서 종전에 가족이 맡았던 생산, 교육, 치료, 오락 등의 기능은 이제 공장, 학교, 병원, 오락시설 등이 각각 담당하게 되었다. 그리하여 가정의 기능은 크게 축소되어 이제는 자녀양육과 가사노동이 중심이 된다. 더불어 집안 내 노인의 절대적인 권한과 지위도 낮아졌고 주도적이던 역할도 주변적이거나 없어지는 경향이다.

둘째, 요즈음에는 아이를 적게 낳아서 일반적으로 가족의 규모가 작아지는 추세다. 평균가구원 수의 변화를 보면 1960년에 5.6명에서 1990년에 3.7명, 2000년에 3.1명으로 줄어들고 있고, 합계 출산율도 1960년 6.0명에서 1990년 1.6명, 2002년에 1.17명(세계 최저)으로 나타났다. 이런 현상은 기혼여성의 경제활동 참가율이 증가와 맞물려서 노인의 가족부양 기능 문제를 초래하게 된다. 즉, 노인부양을 담당할 젊은 세대가 절대 부족할 뿐 아니라 사회적으로도 노인인구의 증가로 노인부양부담이 높아지고 있다.

셋째, 사회가 근대화되면서 가장 두드러지게 나타나는 현상 중의 하나가 핵가족화 현상이다. 도시화·산업화되면서 지리적·사회적 이동이 빈번하여 가족형태도 과거의 대가족제도에서 핵가족제도로 급속히 변화하고 있다. 이런 현상은 근대화되면서 농촌의 젊은 인구층이 도시로 이동하는 이농현상을 가져왔다. 서구사상의 영향으로 젊은 세대가 자신들의 독립적인 생활을 희망하고 있고, 취업·진학 등으로 지리적으로 떨어진 곳에 거주하고 있으며, 이혼 등으로 인한 단독가구가 증가하기 때문이다. 젊은이들의 노인부양의식 약화뿐 아니라 노인들도 자녀와 별거를 희망하는 경향이 높아지고 있는 추세다. 또한 가족의 핵가족화 현상으로 가족생활도 부부중심, 아동중심으로 변화되고 있다.

넷째, 가족의 생활주기가 변하였다. 즉, 결혼연령이 높아지고 자녀를 적게 낳으며 평균수명이 늘어나고 기혼여성의 취업이 증가함에 따라, 자녀를 출산하여 초기 양육하는 시기는 줄어든 반면에, 자녀를 교육하고 결혼시키는 시기는 대폭 늘어났다. 이러한 변화는 자녀양육을 주로 책임지는 여성에게 영향을 미쳐 자녀양육기간이 감소됨에 따라 여성의 사회활동을 유인하는 원인이 되고 있다. 또한 평균수명의 연장으로 은퇴 후 지내야 되는 노년기가 늘어나고 가족들이 노인을 부양하는 부담도 증가되고 있다.

마지막으로 가족관계, 즉 부부, 부모-자녀 관계도 비교적 민주적이고 평등하게 되었다. 과거에는 가문유지를 목적으로 하였던 결혼도 자신들의 선택에 의한 자유결혼의 보편화, 핵가족제도도의 확대, 사회적으로 확산되고 있는 남녀평등의식 등의 영향으로 가정 내에서 여성의 지위가 비교적 향상되었고, 부모-자녀 관계도 일방적인 순종과 상하관계에서 자녀의 의사를 존중하고 상호 협조하여 민주적으로 가정을 이끌어가는 추세다. 노부모와 성인자녀와의 관계도 노인이 자녀로부터 도움을 일방적으로 받는 관계보다는 상호 호혜적 관계로 변해가고 있다. 효 개념도 과거의 의무에 의한 무조건적이고 지나친 희생을 강요하기보다는 실천 가능한 효, 자기 부모뿐 아니라 주변의 노인을 보살피는 현대화된 효 개념이 제기되고 있다(모선희, 『현대노인복지론』, 2006).

2. 노인과 가족 관계

가족은 사회의 기초단위로서 사회구성원인 개개인에게 전 생애 과정을 통해 가장 많은 영향을 미치는 중요한 역할을 한다. 특히 노년기는 신체적·심리적·사회적으로 위축되어 어느 시기보다도 가족과의 관계가 중요한 때다. 즉, 노인이 되어 신체적 능력이 쇠퇴하면 일상생활에서 배우자, 자녀 등 타인에 대한 의존도가 높아지고, 사회적인 역할의 상실, 퇴직 혹은 배우자의 사별로 인한 사회적 지위 및 역할이 축소되어 심리적 소외와 고독 등을 느끼기 쉽다. 이러한 노인들에게 가족 구성원들은 경제적·심리적·도구적으로 많은 도움을 줄 수 있는 일차 집단(primary group)이다. 그러므로 노년기의 원만한 가족관계가 노인의 삶의 질, 행복한 노후생활을 결정하는 주요한 변수임은 아무리 강조해도 지나치지 않을 것이다.

노년기에 사회적 지지집단을 어느 정도 가지고 있는가는 중요하다. 노년기의 사회적 지원 집단은 크게 친족(배우자, 자녀, 형제자매 포함), 친구, 이웃, 공식적 조직으로 나눌 수 있다. 노년기의 사회적 지원망에 대한 이론으로 과업특성 모델(task specific model)과 위계적 보상 모델(hierarchical compensatory model)이 있다. 과업특성 모델에서는 사회적 지원집단의 독특한 성격과 과업의 특성에 따라 가장 효율적으로 수행할 수 있게 결정된다는 것이다. 즉, 긴급한 사건을 해결하거나 가사도구를 빌리는 것은 이웃으로부터, 건강이 나빠 장기간, 부양, 보호를 받는 도움은 친족으로부터, 정서적 지지는 친구로부터 지원받는다는 것이다(Litwak & Szelenyi, 1969). 한편, 위계적 보상 모델은 노인의 사회적 지원은 관계의 일차성, 친밀성, 책임감에 따라 우선순위가 정해진다고 본다. 즉, 친족 중에서도 배우자, 다음으로 자녀, 기타 친척 순이며, 이러한 지원집단이 없으면 친구, 이웃, 공식적 집단의 순서로 선택된다는 것이다(Connidis & Davis, 1990).

여기서는 사회적 지지집단 중 자녀, 배우자, 손자녀, 형제자매, 친구와 이웃에 대하여 다루고자 한다(모선희 외 3인, 『현대노인복지론』, 2006).

■ 노부모-성인자녀 관계

독립성과 개인주의를 추구하는 서구사회와는 달리 가족주의를 중시하는 유교사상의 영향으로 자녀와 부모 관계가 의존적이고 노부모의 자녀부양이 규범화되어 있는 우리 사회에서는, 특히 자녀와의 관계 정립이 노후의 생활만족도, 심리적 안녕 등을 좌우하는 결정요인으로 밝혀지고 있다(김태현 외, 1998; 서병숙, 1998; 신효식·서병숙, 1992; 조병은, 1990). 급속한 사회변화로 인한 의식의 변화, 가치관의 혼재 현상으로 노인과 자식 세대는, 노인들은 고독과 소외감을 느끼게 되며, 자녀세대들의 행동과 의식은 구세대의 노인들에게는 이해하기 어려운 일들이 많다.

자녀와 같이 동거하는 노인의 경우는 동거 자녀와의 접촉이 빈번히 이루어지지만, 따로 떨어져 살고 있는 자녀와는 그 접촉 빈도나 대상에서 제약을 받게 된다. 예전에는 대부분의 노인들이 자녀와 동거하였고 딸은 출가외인이었으므로 별거 자녀와의 접촉빈도는 지금보다 낮았던 것으로 보인다. 그러나 최근에는 수정확대가족, 수정핵가족주의로 '국(스프)이 식지 않는 거리'에서의 부모부양이 높은 호응을 얻고 있기 때문에 노인 단독가구가 증가하더라도 별거 자녀와의 왕래는 증가될 것으로 보인다. 최근 조사에서는 노인의 약 4분의 3 정도가 적어도 월 1회 이상(주 1회는 41.1%) 별거자녀와 대면접촉을 하고 주 1회 이상 연락을 주고받고 있는 것으로 나타났다(정경희 외, 2005). 부모-자녀 관계는 자녀와의 접촉빈도 외에도 관계의 질적인 측면을 강조하여 부모 외 성인자녀와의 결속도, 갈등, 의존 정도로 살펴보기도 한다(김태현, 1994; 최정혜, 1992).

노부모와 자녀 관계의 상호원조 유형은 크게 생활비, 용돈, 선물 등 경제적 지원, 상담, 말벗 등의 심리적 지원, 집안일 도움, 수발 등 도구적 지원으로 나눌 수 있다. 과거의 부모-자녀 관계는 성인자녀가 노부모를 보호 부양하는 일방적인 수직적 관계였으나, 요즘에는 상호 호혜적 관계로 노부모, 성인자녀 쌍방에서 도움을 주고받는다. 즉, 자녀들이 노부모에게 경제적·정서적, 생활보조, 수발 등의 도움을 드리는 반면, 노인들은 자녀들에게 자녀 돌보기, 집안일 도움, 상담 및 정서적 지지뿐 아니라 경제적 여유가 있을 경우에는 경제적 도움도 줄 수 있다(모선희 외 3인,『현대노인복지론』, 2006).

■ 노부부 관계

노년기의 가족관계 중 최근에 사회적으로나 학문적으로 관심이 높아진 영역이 노부부관계다. 노년기는 사회적 역할상실인 은퇴를 경험하면서 학업, 직장, 결혼 등으로 자식들이 집을 떠난 텅 빈 둥우리(empty nest) 시기를 맞이하는 때다. 평균수명의 연장으로 퇴직 후 가정 내에서 지내야 되는 시간이 많아지고 노인 단독세대가 늘어나 가족생활주기에서 빈 둥우리 시기는 길어지고 있는 추세이므로 노년기의 부부관계는 새롭게 정립되어야 한다. 노년기의 배우자는 인생의 동반자일 뿐 아니라 몸이 아플 때 최우선의 가족부양자로 중요한 역할을 하고 있고, 노인의 결혼만족도는 노인의 생활만족도, 행복, 건강, 장수까지도 영향을 미칠 수 있다고 보고되고 있다 (Connodis, 1989; Gilford, 1986).

부부의 결혼만족도를 가족생활주기별로 살펴보면 신혼 초에 가장 높게 나타났다가, 자녀 출산과 양육기에 차츰 감소하여 자녀의 청소년기에 가장 낮다가, 그 후 서서히 증가하여 자녀가 성장한 이후인 탈부모기에는 다시 높아지는 U자형 곡선을 그린다는 것이 일반적인 연구 결과다 (Connidis, 1989; Gilford, 1986). 노년기와 관련된 탈부모기에 결혼만족도가 높은 것은 자녀양육에 대한 여러 가지 스트레스에서 벗어나기 때문이라고 해석되고 있다. 또한 우리나라의 경우 노부모가 결혼한 자녀와 동거하지만 자녀에 대한 책임부담이 줄어들기 때문에 역시 노년기의 결혼만족도는 증가한다고 주장한다(손승영, 1992).

노년기 부부에 관한 탐색적 연구(모선희, 1997)에서는 집안의 가계비 관리는 아직도 여자가 주관하나, 의사결정에서는 부부가 공동 참여하는 현대적 모습을 보이고 있다고 밝히고 있다. 노부부 간의 대화는 자주 나누고 있는 반면, 부부가 함께 하는 집 밖의 여가활동은 드문 것으로 나타나고 있다. 결론적으로 노년기에 바람직한 부부관계, 행복한 결혼을 위해서는 교육, 경제력 등 사회인구학적 변인보다는, 부부간의 상호 교류를 통해 신뢰를 쌓아 갈 수 있는 부부간 대화, 부부가 공유하는 활동 및 시간, 상호 존중 등이 더 중요하다고 주장하고 있다(모선희,『현대노인복지론』, 2006).

흔히 부부에 대한 연구에서 노부부는 자녀를 양육하며 오랫동안 살아왔기 때문에 별문제가 없는 관계로 여겨왔다. 그러나 요즈음 황혼이혼이 노인문제 중 하나로 등장하고 있어서 노인의 부부관계를 검토해보는 작업이 필요한 시점이다. 지금까지 우리나라에서 부부관계에 관한 연구는 주로 젊은 부부에 관한 연구였지만 노부부만의 단독세대가 점점 늘어나는 추세이므로 노부부에 관한 연구는 새롭게 부각되는 학문 영역이다. 특히, 동반자적 관계로 변하는 부부관계, 결혼만족도, 노년기의 남녀 성역할 분담 등이 주요한 연구과제이다(강미선, 1991; 김혜경, 1996).

■ 손자녀와의 관계

현대사회의 핵가족화, 개인주의 가치관의 팽배 등으로 조부모와 손자녀의 원만하고 밀접한 관계는 이루어지기 어려운 현실이다. 자녀와 별거하는 노인세대가 늘어나고 세대 간의 문화적·정서적 배경의 격차가 크다 보니 조부모와 손자녀의 관계도 예전과는 다르다. 즉, 손자녀가 나이가 어렸을 때는 집 안에서 돌보아 주고 정서적 지지, 놀이상대가 되기 때문에 관계가 유지되나, 손자녀가 성장하게 되면 조부모 세대와는 다른 문화권에서 생활하다 보니 점점 소원한 관계가 된다. 손자녀의 연령 외에도 조부모와 손자녀 관계는 동거 여부, 접촉빈도, 어머니의 영향에 따라 달라질 수 있다(김태현, 1994). 최근 조사에서는 별거 손자녀와의 접촉 정도는 월 1회 이상이 46.8%, 주 1회 이상이 29.3%로 자녀에 비해서는 낮은 것으로 나타났다(정경희 외, 2005).

미국의 경우 사회적 변화가 조부모와 손자녀 관계에도 영향을 미치고 있다. 즉, 사회적으로 높은 이혼율로 인한 편부모 가족의 증가, 기혼여성의 사회진출의 보편화 등으로 손자녀, 특히 나이 어린 손자녀에게 조부모의 직접적인 도움의 필요성이 높아지고 있다(Riekse & Holstege, 1996). 미국은 4세대 이상의 다세대 가족이 증가함에 따라 조부모와 손자녀의 관계는 과거에 수행하던 전형적인 조부모 역할보다 복잡하고 어려워졌다. 이와 같이 복합적이고 다세대인 현대문화 속에서 다양하고 중요해진 노인의 지위를 대변하는 '클럽 샌드위치 세대(club sandwich generation)'란 용어가 생겨났다. 이는 60, 70대의 연령층이 자신의 건강과 경제적 문제의 해결뿐만 아니라 그들의 생존부모, 성인자녀, 손자녀에 대한 책임까지도 부담해야 되는 것을 겹겹이 재료를 넣어 여러 겹으로 만든 클럽샌드위치에 비유한 것이다.

우리나라에서도 최근에는 고령화 사회에서의 조부모 역할(grandparenting)에 대한 논의가 제기되고 있다. 기혼여성의 경제활동 참여가 높아지면서 어린아이들의 양육을 보육시설보다는 조부모에게 맡기려는 경향이 있는데, 노인들과 젊은 엄마들의 양육방식의 차이로 인해 문제가 생길 수 있다. 이러한 문제해결을 위해 노인들이 자녀양육에 대한 전문기술을 습득하고 지역사회와 연계되어 양육을 담당할 수 있다면 생산적 역할이 가능하다는 주장이다(이동원 외, 2002; 조성남, 2004). 또한 노인들은 조부모로서 손자녀와의 관계를 통해 인간적 관계와 사랑을 경험하면서 노년기의 소외, 고독을 줄일 수도 있다. 영화 〈집으로〉에서 산촌의 외할머니와 도시의 손자 사이의 진한 감동을 보여준 내리사랑의 모습을 기억할 것이다. 실제로 이와 같이 농촌지역에는 노인과 손자녀가 함께 살고 있는 경우가 종종 나타나고 있어 또 다른 사회적 지지체계의 모습을 보여주고 있다(모선희 외 3인, 『현대노인복지론』, 2006).

■ 형제자매 관계

노년기의 가족관계 중 앞으로 많은 관심과 연구가 있어야 될 분야가 형제자매 관계다. 외국에서는 자녀와의 관계가 우리보다는 독립적이다 보니 비슷한 시기에 태어나 같은 가정의 울타리 안에서 자라면서 가정적·사회적 경험을 공유하며 친구같이 자라난 형제자매는 동년배 집단 (cohort)으로서 노년기에 서로를 이해하고 심리적인 지지기반이 될 수 있는 중요한 가족관계로 여기고 있다(Connidis, 1994). 특히, 배우자를 상실한 경우에는 더욱더 중요한 지지기반이 될 수 있으며, 독신노인에게는 가족 중에서 일차적인 관계를 맺을 가능성이 높은 사람이다.

요즈음 우리나라에서도 노인인구의 증가와 평균수명의 연장, 부양자녀 수의 감소 등으로 형제자매가 중요한 가족관계로 인식되고 있다. 노년기의 형제자매는 성인자녀로부터 도움이 어렵거나, 특히 배우자를 상실한 경우와 같은 위기상황에는 중요한 지지자의 역할을 할 수 있다. 경제적 도움보다는 정서적 서비스 도움이 더 활발하고, 별거, 이혼, 친척과 동거하는 편이 형제와 상호 원조가 활발하였다. 사회인구학적 변인에 따른 차이를 보면, 소득과 교육 수준이 높은 집단은 형제에게 도움을 주는 반면, 소득과 교육 수준이 낮은 집단은 주로 형제로부터 도움을 받는 경향이 있다(윤희·한경혜, 1994; 임선영·김태현, 1994). 최근 조사에서는 형제자매와의 교류는 자녀, 손자녀에 비해 대체로 낮은 편으로 월 1회 이상 대면접촉이 22.2%(주 1회 이상 9.8%), 월 1회 이상 연락이 51.5%(주 1회 이상 16.5%)로 나타났다(정경희 외, 2005).

■ 기타

노년기의 친구 및 이웃과의 관계로 가족관계는 아니지만 일차적·비공식적 관계로 중요한 역할을 하고 있다. 노년기의 친구는 비슷한 생활주기를 경험했고 노년기의 여러 가지 변화에 서로 의지할 수 있는 집단으로 중요한 사회적 관계다. 노인의 경우에는 이웃과 친구가 중복되는 경우가 많다.

자녀와의 별거, 특히 지리적으로 멀리 떨어져 사는 노인 단독가구에게 이웃과 친구는 기능면에서 가족 이상의 주요한 공식적 사회망이다. 일상생활의 세세한 도구적 도움, 정서적 말벗뿐 아니라 긴급한 일이 생겼을 경우 가족의 역할을 대신할 수 있다. 전국 노인조사에서도 친구 및 이웃과의 접촉 정도는 주 1회 이상 접촉이 77.7%, 월 1회 이상이 90.7%로 나타나 가족들과의 접촉보다 월등하게 높은 것으로 나타났다(정경희 외, 『노인복지론』, 2005).

3. 노인 부양

전통적으로 우리 사회에서는 노부모에 대한 가족의 부양 의무는 개인 및 사회의 규범으로 인식되어 왔으며, 부양에 따르는 경제적·신체적·심리적 부담은 가족 내에서 스스로 해결하여 왔다. 그러나 고령 노인의 수가 증가함에 따라 현대 가족은 무병장수하는 의존적 노부모에 대한 일차적 부양 책임자로서 역할을 피할 수 없게 되었으며, 이는 개인 및 가족의 문제를 넘어서 사회적 문제로 대두되고 있다. 따라서 노인 개인과 노인 부양가족의 삶의 질을 보장하기 위하여 가족을 비롯한 사적인 부양 기능을 재정비 및 강화함은 물론, 사회적 부양서비스의 적절한 개입을 촉진, 활성화할 수 있는 정책적 지원을 통하여 공적·사적 부양을 통합적으로 실천하는 구체적 방안이 요구된다. 일반적으로 노인에 대한 가족부양의 문제는 다음의 세 가지 주제를 다루고 있다.

첫째는 노인에 대한 가족 부양이 무엇이며 어떤 역할을 하는지에 대한 정의적 문제에 관한 것이며, 둘째는 노인에 대한 가족 부양의 부정적·긍정적 측면은 무엇인지에 관한 논의이며, 셋째는 비공식적 혹은 사적 부양인 가족 부양과 공적 부양의 관계는 무엇인지에 대한 논의이다(양옥남, 『노인복지론』, 2006).

■ 노인 부양의 개념 및 의의

최재석(1964)에 의하면 부양은 의식주 전반에 걸친 충족이라 정의하여 물질적인 면을 강조하였으며, Caplan(1982)은 정서적 지원과 필요한 자원을 개인에게 제공하고, 개인을 그가 의지할 수 있는 사람과 연결해서 관계가 지속되도록 하는 것으로 정의하여 부양은 물질적·심리적·신체적 측면에서의 지원을 의미한다고 할 수 있다. 또한 부양은 한 개인을 둘러싸고 있는 사회적 관계로부터 일생을 통해 필요로 하는 자원을 얻는 과정(Berkman, 1984)이며, 부모-자녀 간의 상호적 도움 관계(Cicirelli, 1983)로 정의함으로써 쌍방적이고 계속적인 과정으로 설명하고 있다. 즉, 부모와 자녀 간의 상호적 도움 관계는 생애를 통해 계속되는데, 인생 초기에는 자녀가 부모로부터 도움을 받지만, 나이가 들어감에 따라 도움은 쌍방적으로 진행되고 결국 노년기에 이르면 자녀로부터 도움을 받게 되는 세대 간의 순환과정이라는 것이다. 이상의 개념에 의하면 부양이란 일상생활을 정상적으로 영위할 수 없는 가족원에게 가족 내 다른 구성원이 제공하는 정서적·신체적·물질적 도움 행위라고 정의할 수 있으며(Worker, Pratt & Eddy, 1995), 이는 아동양육과는 구별되어 노인 가족원의 노화에 따르는 신체적·경제적·정서적 기능 상실 및 약화에 대한 가족의 돌봄 행위라고 할 수 있다.

핵가족화가 급속하게 이루어지고, 노인의 노후 자립 의지 및 능력이 증가하고 있지만 우리 사회는 서구보다 노부모와의 동거율이 높고 더욱이 자녀와 따로 산다고 하더라도 여전히 가족은 절대적 노인 부양 기능을 수행하고 있다. 다시 말하면, 노인 부양을 신체적·경제적·정서적 의존도가 높은 노인과 동거하는 자녀의 부양서비스로 국한한다면, 부양의 개념은 상당히 축소된다. 그러나 노인에 대한 광의의 가족 부양 개념은 노인 세대가 자녀에 대하여 갖는 의존성 정도나 그들의 신체적·경제적·정서적 기능의 상실 여부 정도와 상관없이 자녀 세대가 노인 세대와의 상호관계를 통하여 수행하는 제반 행동 모두를 포함하는 포괄적 의미로 정의하여야 할 것이다.

■ 노인가족 부양의 유형

경제적 부양

경제적 부양은 가족 부양, 자기 부양, 공적 부양으로 나눌 수 있는데 우리나라 노인의 경제적 자립도는 점차적으로 높아지고 있지만 아직은 자녀에게 경제적으로 의존하는 노인이 더 많으며, 공적·사적 연금 또는 공공부조와 같은 공적 부양에 의해 노후 생활을 유지하는 노인은 아직 소수에 불과하다. 한국보건사회연구원 연구(1998)에 의하면, 경제적 자립을 이룩하고 있는 노인은 전체 노인의 48.4%이며, 자녀를 비롯한 다른 가족원이나 공공부조의 도움으로 생계를 유지하는 미자립 의존 노인이 51.6%로 나타났다. 한편, 노인 가구의 노인은 동거 가족원(70%)이나 비동거 가족원(35.4%)의 경제적 도움을 통하여 생활비를 충당하고 있으며(보건복지포럼, 1999), 성인 가구주의 54.1%가 노인을 부양하는 데 가장 어려운 점으로 경제적 부양부담을 들고 있어서(김혜경, 1998), 노부모에 대한 경제적 부양 의무가 큰 경우 성인 자녀의 부부생활을 압박함은 물론 부모 ─자녀 간에 갈등원이 되기 쉽다. 이러한 문제에 대처하기 위해서는 노년기의 취업과 사회보장체계에 의한 경제적 자립이 선행되어야 할 것이다.

정서적 부양

정서적 부양이란 노인의 고독감과 불안을 해소하고 인격적·정서적 욕구의 충족을 제공하는 부양으로 공적 부양 방법으로 해결할 수 없는 부양 영역이다. 요람에서 무덤까지 사회보장제도가 잘되어 있는 서구 노인의 자살률이 높은 것은 인간에게 가족·근친·친구와 같은 일차적 집단과의 관계를 통한 정서적 만족과 충족이 그들의 총체적 복지감에 얼마나 중요한지를 보여준다.

대체로 우리나라의 노인은 자녀와의 동거 여부를 떠나서 자녀로부터 정서적 지지를 받고 있는데, 노인에게 정서적 부양을 제공하는 주 부양자는 배우자와 자녀로 나타났다. 남성 노인의 경우 배우자 의존도가 높으며, 자녀 중에는 장남 부부, 딸 부부의 순위로 의존도가 높게 나타났다. 특히 고령화될수록 딸에 대한 정서적 의존도가 높아지며, 여성일수록 딸에 대한 의존도가 높았다. 자녀와 동거하는 노인은 자녀로부터 정서적 부양을 받기도 하지만, 반대로 갈등과 소외감을 겪는 경우도 많으며, 비동거 자녀는 동거 자녀보다 노부모에 대한 정서적 부양자의 역할을 하고 있는 것으로 나타났다(서병숙·정혜정, 1998).

따라서 자녀 부부와 노인이 원만한 가족관계를 유지하고 서로의 이해를 도모할 수 있도록 성인 자녀와 노인 부모 양측에 대한 사회적 지지가 요구되며, 자녀가 없는 독거노인에게 정서적 지지를 제공할 수 있는 지역사회 중심의 사회적 지원망을 개발할 필요가 있다(김태현·전길양, 1997).

서비스 부양

서비스 부양은 노인의 신체적 조건에 따라 식사, 목욕, 세수 등의 보살핌과 시중을 제공하는 각종 부양행위와 일상생활을 영위할 수 있는 제반 편의시설을 제공하는 것을 말한다. 고령 노인이 증가하면서 서비스 부양에 대한 욕구는 증가하고 있지만, 부양 환경의 변화는 이와 같은 서비스 부양의 실제적 약화를 가져왔다. 서비스 부양이 부양자에게 주는 신체적· 정신적 부담을 감소시키고 실질적 서비스의 질과 양을 증가시키며 효율적 서비스 부양을 제공하기 위하여 비동거 가족원을 비롯한 지역사회와 국가의 체계적 서비스 부양 전달체계의 확립이 요구되며, 의료보장 및 재가복지 프로그램의 다양화와 확대 등 다양한 공적 서비스 개발이 요구된다(양옥남 외 3인, 『노인복지론』, 2006: 307~310).

11 노인복지시설

1. 노인복지시설의 개념

일반적으로 노인복지시설은 공적인 사회복지제도에서 복지서비스의 일부분으로 심신의 장애 혹은 노화 등으로 정상적인 활동이 불가능하거나 자립이 곤란한 사람들에게 보호·치료 등의 서비스를 제공할 목적으로 통원, 생활, 기타의 방법으로 이들에게 가족부양 기능을 대신하는 서비스를 제공하는 시설로 설비 및 직원 등의 운영조직을 의미한다(阿部志郎 외, 1985).

현행 사회복지사업법 제2조와 노인복지법 제31조에 의하면 노인복지시설이란 노인복지법에 의거하여 각종 노인복지사업을 행할 목적으로 설치된 사회복지시설을 말한다. 즉, 노인복지시설은 대인서비스의 욕구가 있는 노인을 대상으로 한 사회복지시설에 속한다.

현행 노인복지법에서 규정하고 있는 노인복지시설의 종류는 〈표 11-1〉과 같다.

우리나라의 노인복지시설은 대부분 국가가 설치한 후 민간에 위탁하거나 민간이 설립하였더라도 사회복지법인화해서 국가로부터 운영비를 지원받고 있다. 1993년에 노인복지법의 개정에 따라 1994년부터 기업이나 개인도 유료노인복지시설(유료양로시설, 유료노인복지주택, 유료노인요양시설, 유료노인전문요양시설)을 설치하고 운영할 수 있도록 하였으나, 활성화되지 못하는 게 현실이다.

<표 11-1> 사회복지시설의 종류

관련법	시설종류	세부종류		소관 부서
		생활시설	이용시설	
사회복지사업법	부랑인 · 노숙인시설, 결핵 · 한센시설, 종합사회복지관	• 부랑인시설 • 결핵 · 한센시설	• 종합사회복지관 • 노숙인쉼터 • 상담보호센터	보건 복지부
노인복지법	노인복지시설	• 노인주거복지시설 • 노인의료복지시설	• 재가노인복지설 • 노인여가복지시설 • 노인보호전문기관	
아동복지법	아동복지시설	• 아동양육시설 • 아동일시보호시설 • 아동보호치료시설 • 아동직업훈련시설 • 자립지원시설	• 아동상담소 • 아동전용시설 • 아동복지관 • 지역아동센터 ※2개 이상 아동시설이 혼합되는 종합시설 설치 가능	
장애인복지법	장애인복지시설	• 장애인생활시설 • 장애인유료복지시설 중 생활시설	• 장애인지역사회재활시설 중 이용 시설 • 장애인직업재활시설 • 장애인유료복지시설 중 이용시설	
모 · 부자복지법	모 · 부자복지시설	• 모(부)자보호시설 • 모(부)자자립시설 • 미혼모시설 • 일시보호시설	• 여성복지관 • 모 · 부자가정상담소	
정신보건법	정신보건시설	• 정신요양시설 • 사회복귀시설 중 생활(주거)시설	사회복귀시설 중 이용시설	
국민기초생활보장법	자활후견기관		자활후견기관	
농어촌 주민의 보건복지 증진을 위한 특별법	복합노인 복지시설	농어촌 지역에 한해 노인복지시설 중 '노인보호전문기관'을 제외한 2종류 이상의 사회복지시설을 동일 또는 인접 건물에 설치 가능		

자료: 보건복지부(http://www.mw.go.kr/) 2010, 내부자료 재수정

유료노인복지시설은 실버시설을 말하며 광의적으로 노인복지법상 노인주거복지시설 및 노인의료복지시설 중 유료시설인 유료양로시설, 유료노인복지주택, 유료노인요양시설, 유료노인전문요양시설 등을 말하기도 한다. 협의적으로는 최근에 건축업체가 주로 관심을 가지고 있는 유료노인복지주택을 지칭하기도 한다.

시설을 사용하는 방법에 따라 생활시설과 이용시설로 구분이 가능하다. 생활시설은 노인이 가정과 분리된 거주공간에서 생활을 하는 서비스를 제공하며, 이용시설은 가정에서 거주하는 노인이 일정 기간 동안 수시로 서비스를 받는 시설이다. 노인복지시설을 구분하는 유형은 다양하나 운영주체에 따라 공공노인복지시설, 민간노인복지시설, 그리고 양자의 혼합형태인 민간위탁 노인복지시설의 3개 유형으로 분류된다.

이러한 노인복지시설은 전국적인 규모의 연합회를 구성하고 있으며 1954년 3월에 한국양로

사업협회가 발족하였다. 그 후 1958년 5월에 사단법인 '한국양로사업협회'로 인가된 후 1973년 11월에는 '한국노인복지시설협회(KASCWI: korea Assciation of Senior Citizens Welfare Institutions)'로 인가를 받았다.

2. 노인복지시설의 설치목적

노인복지시설의 종류는 노인주거복지시설, 노인의료복지시설, 노인여가복지시설, 재가노인복지시설, 노인보호전문기관 이렇게 다섯 가지의 유형으로 구분할 수 있다. 노인주거복지시설에는 양로시설, 실비양로시설, 유료양로시설, 실비노인복지주택, 유료노인복지주택이 있다.

양로시설은 노인을 입소시켜 무료 또는 저렴한 요금으로 급식 기타 일상생활에 필요한 편의 제공을 목적으로 생활보장대상 노인 또는 생활보장대상 노인이 아닌 65세 이상의 자 중 그 부양의무자로부터 적절한 부양을 받지 못하는 자로서 일상생활에 지장이 없는 자를 대상으로 한다.

실비양로시설은 노인을 입소시켜 저렴한 요금으로 급식 기타 일상생활에 필요한 편의 제공을 목적으로 본인 및 그 배우자와 부양의무자의 월 소득을 합산한 금액을 가구원 수로 나누어 얻은 1인당 월평균 소득액이 통계청장이 고시하는 전년도의 도시근로자가구 월평균 소득을 전년도의 평균 가구원 수로 나누어 얻은 1인당 월평균 소득액 이하인 자(이하 "실비보호대상자"라 한다)로서 일상생활에 지장이 없는 65세 이상의 자를 대상으로 한다.

유료양로시설은 노인을 입소시켜 급식 기타 일상생활에 필요한 편의를 제공하고 이에 소요되는 일체의 비용을 입소한 자로부터 수납하여 운영하는 것을 목적으로 일상생활에 지장이 없는 60세 이상의 자를 대상으로 한다.

실비노인복지주택은 보건복지부 장관이 정하는 일정소득 이하의 노인에게 저렴한 비용으로 분양 또는 임대 등을 통하여 주거의 편의·생활지도·상담 및 안전관리 등 일상생활에 필요한 편의를 제공하는 것을 목적으로 실비보호대상자로서 단독취사 등 독립된 주거생활을 하는 데 지장이 없는 65세 이상의 자를 대상으로 한다.

유료노인복지주택은 노인에게 유료로 분양 또는 임대 등을 통하여 주거의 편의·생활지도·상담 및 안전관리 등 일상생활에 필요한 편의를 제공하는 것을 목적으로 단독취사 등 독립된 주거 생활을 하는 데 지장이 없는 60세 이상의 자를 대상으로 한다.

〈표 11-2〉 노인주거복지시설의 설치목적

시설	설치목적
양로시설	노인을 입소시켜 무료 또는 저렴한 요금으로 급식 기타 일상생활에 필요한 편의 제공
실비양로시설	노인을 입소시켜 저렴한 요금으로 급식 기타 일상생활에 필요한 편의 제공
유료양로시설	노인을 입소시켜 급식 기타 일상생활에 필요한 편의를 제공하고 이에 소요되는 일체의 비용을 입소한 자로부터 수납하여 운영
실비노인복지주택	보건복지부장관이 정하는 일정소득 이하의 노인에게 저렴한 비용으로 분양 또는 임대 등을 통하여 주거의 편의 · 생활지도 · 상담 및 안전관리 등 일상생활에 필요한 편의를 제공
유료노인복지주택	노인에게 유료로 분양 또는 임대 등을 통하여 주거의 편의 · 생활지도 · 상담 및 안전관리 등 일상생활에 필요한 편의를 제공

자료: 보건복지부(http://www.mw.go.kr/) 2010, 재인용

노인의료복지시설에는 노인요양시설, 실비노인요양시설, 유료노인요양시설, 노인전문요양시설, 유료노인전문요양시설, 노인전문병원이 있다.

① 노인요양시설은 노인을 입소시켜 무료 또는 저렴한 요금으로 급식, 요양, 기타 일상생활에 필요한 편의를 제공하는 것을 목적으로 생활보장대상 노인 또는 저소득 노인으로서 노인성 질환 등으로 요양을 필요로 하는 자를 대상으로 한다.

② 실비노인요양시설은 노인을 입소시켜 저렴한 요금으로 급식, 요양, 기타 일상생활에 필요한 편의를 제공하는 것을 목적으로 실비보호대상자로서 노인성 질환 등으로 요양을 필요로 하는 65세 이상의 자를 대상으로 한다.

③ 유료노인요양시설은 노인을 입소시켜 급식, 요양, 기타 일상생활에 필요한 편의를 제공하고 이에 소요되는 일체의 비용을 입소한 자로부터 수납하여 운영함을 목적으로 노인성 질환 등으로 요양을 필요로 하는 60세 이상의 자를 대상으로 한다.

④ 노인전문요양시설은 치매·중풍 등 중증의 질환 노인을 입소시켜 무료 또는 저렴한 요금으로 급식, 요양, 기타 일상생활에 필요한 편의를 제공함을 목적으로 생활보장대상 노인 또는 저소득 노인으로서 치매·중풍 등 중증 노인성 질환으로 요양을 필요로 하는 자를 대상으로 한다.

⑤ 유료노인전문요양시설은 치매·중풍 등 중증의 질환 노인을 입소시켜 급식, 요양, 기타 일상생활에 필요한 편의를 제공하고 이에 소요되는 일체의 비용을 입소한 자로부터 수납하여 운영함을 목적으로 치매·중풍 등 중증 노인성 질환으로 요양을 필요로 하는 60세 이상의 자를 대상으로 한다.

⑥ 노인전문병원은 주로 노인을 대상으로 의료를 행하는 시설로 의료법에 의한 의료기관을 개설할 수 있는 자(치과의사 및 조산사 제외)에 한하여 시·도지사의 허가를 받아 설치)가 노인성 질환으로 치료 및 요양을 필요로 하는 자, 임종을 앞둔 환자를 대상으로 편의를 제공하는 것을 목적으로 한다.

〈표 11-3〉 노인의료복지시설의 설치목적

시설	설치목적
노인요양시설	노인을 입소시켜 무료 또는 저렴한 요금으로 급식, 요양, 기타 일상생활에 필요한 편의를 제공
실비노인요양시설	노인을 입소시켜 저렴한 요금으로 급식, 요양, 기타 일상생활에 필요한 편의를 제공
유료노인요양시설	노인을 입소시켜 급식, 요양, 기타 일상생활에 필요한 편의를 제공하고 이에 소요되는 일체의 비용을 입소한 자로부터 수납하여 운영
노인전문요양시설	치매·중풍 등 중증의 질환노인을 입소시켜 무료 또는 저렴한 요금으로 급식, 요양, 기타 일상생활에 필요한 편의를 제공
유료노인전문요양시설	치매·중풍 등 중증의 질환노인을 입소시켜 급식, 요양, 기타 일상생활에 필요한 편의를 제공하고 이에 소요되는 일체의 비용을 입소한 자로부터 수납하여 운영
노인전문병원	주로 노인을 대상으로 의료를 행하는 시설로 의료법에 의한 의료기관을 개설할 수 있는 자(치과의사 및 조산사 제외)에 한하여 시·도지사의 허가를 받아 설치)

자료: 보건복지부(http://www.mw.go.kr/) 2010, 재인용

노인여가복지시설은 60세 이상의 자를 대상으로 서비스를 제공한다. 단 노인휴양소는 60세 이상의 자 외에 그와 동행하는 자(이용인원이 정원에 미달할 때에는 정원의 100분의 30의 범위 안에서 그 외의 자도 이용 가능)도 포함이 된다.

노인복지회관은 무료 또는 저렴한 요금으로 노인에 대하여 각종 상담에 응하고, 건강의 증진·교양·오락 기타 노인의 복지증진에 필요한 편의를 제공하며, 경로당은 지역노인이 자율적으로 친목도모·취미활동·공동작업장 운영 및 각종 정보교환과 기타 여가활동을 할 수 있도록 하는 장소를 제공하는 것을 목적으로 한다. 또한 노인교실은 노인에 대하여 사회활동 참여욕구를 충족시키기 위하여 건전한 취미생활·노인건강유지·소득보장 기타 일상생활과 관련한 학습 프

로그램 제공, 노인휴양소는 노인에 대하여 심신의 휴양과 관련한 위생시설·여가시설 기타 편의시설을 단기간에 제공하는 것을 목적으로 한다.

〈표 11-4〉 노인여가복지시설의 설치목적

시설	설치목적
노인복지회관	무료 또는 저렴한 요금으로 노인에 대하여 각종 상담에 응하고, 건강의 증진·교양·오락 기타 노인의 복지증진에 필요한 편의를 제공
경로당	지역노인이 자율적으로 친목도모·취미활동·공동작업장 운영 및 각종 정보교환과 기타 여가활동을 할 수 있도록 하는 장소를 제공
노인교실	노인에 대하여 사회활동 참여욕구를 충족시키기 위하여 건전한 취미생활·노인건강 유지·소득보장 기타 일상생활과 관련한 학습 프로그램 제공
노인휴양소	노인에 대하여 심신의 휴양과 관련한 위생시설·여가시설 기타 편의시설을 단기간에 제공

자료: 보건복지부(http://www.mw.go.kr/) 2010, 재인용

재가노인복지시설에는 가정봉사원파견시설, 주간보호시설, 실비주간보호시설, 단기보호시설이 있다. 가정봉사원파견시설은 신체적·정신적 장애로 일상생활을 영위하기 곤란한 노인이 있는 가정에 가정봉사원을 파견하여 노인의 일상생활에 필요한 각종 편의를 제공하는 것을 목적으로, 신체적·정신적 장애로 일상생활을 영위하기 곤란한 자로서 가정에서의 보호가 필요한 자를 대상으로 한다. 주간보호시설은 부득이한 사유로 가족의 보호를 받을 수 없는 심신이 허약한 노인과 장애노인을 낮 동안 시설에 입소시켜 필요한 각종 편의를 제공하는 것을 목적으로 심신이 허약하거나 장애가 있는 자로서 낮 동안의 보호가 필요한 자를 대상으로 한다. 실비주간보호시설은 부득이한 사유로 가족의 보호를 받을 수 없는 심신이 허약한 노인과 장애노인을 낮 동안 시설에 입소시켜 저렴한 비용으로 필요한 각종 편의를 제공하는 것을 목적으로, 심신이 허약하거나 장애가 있는 자로서 낮 동안의 보호가 필요한 자를 대상으로 한다. 단기보호시설은 부득이한 사유로 가족의 보호를 받을 수 없어 일시적으로 보호가 필요한 심신이 허약한 노인과 장애노인을 시설에 단기간 입소시켜 보호하는 것을 목적으로 심신이 허약하거나 장애가 있는 자로서 단기간의 보호가 필요한 자를 대상으로 한다.

노인보호전문기관은 시·도지자가 노인보호전문기관을 지정·운영하여 노인학대 신고, 상담, 보호, 예방 및 홍보를 목적으로 하는 시설을 말한다. 24시간 신고·상담이 가능하며 긴급전화번호는 1389이다.

〈표 11-5〉 재가노인복지시설의 설치목적

시설	설치목적
가정봉사원파견시설	신체적·정신적 장애로 일상생활을 영위하기 곤란한 노인이 있는 가정에 가정봉사원을 파견하여 노인의 일상생활에 필요한 각종 편의를 제공
주간보호시설	부득이한 사유로 가족의 보호를 받을 수 없는 심신이 허약한 노인과 장애노인을 낮 동안 시설에 입소시켜 필요한 각종 편의를 제공
실비주간보호시설	부득이한 사유로 가족의 보호를 받을 수 없는 심신이 허약한 노인과 장애노인을 낮 동안 시설에 입소시켜 저렴한 비용으로 필요한 각종 편의를 제공
단기보호시설	부득이한 사유로 가족의 보호를 받을 수 없어 일시적으로 보호가 필요한 심신이 허약한 노인과 장애노인을 시설에 단기간 입소시켜 보호

자료: 보건복지부(http://www.mw.go.kr/) 2010, 재인용

3. 노인복지시설의 현황

2008년 기준으로 설치·운영 중인 우리나라의 노인복지시설은 총 5개 종류 19개 유형으로서, 2005년에 개정된 노인복지법, 동법 시행령, 동법 시행규칙의 규정과 보건복지부의 「노인보건복지사업안내(2008)」에서 나타난 자료를 바탕으로 정리해보면 다음과 같다.

■ 노인주거복지시설의 현황

양로시설(무료) 147개소, 실비양로시설 161개소, 유료양로시설 76개소, 유료노인복지주택은 14개소가 운영 중에 있고, 실비노인복지주택은 공시적인 자료가 없다(〈표 11-6〉 참고).

〈표 11-6〉 노인주거복지시설의 유형
(단위: 개소, 명)

종류	시설	2007		2006		2005	
		시설 수	입소정원	시설 수	입소정원	시설 수	입소정원
노인주거 복지지설	소계	398	16,579	366	16,074	282	13,289
	양로시설(무료)	147	5,643	145	5,780	137	6,051
	실비양로시설	161	2,772	132	2,267	64	1,126
	유료양로시설	76	4,599	74	4,462	69	3,954
	실비노인복지주택						
	유료노인복지주택	14	3,565	15	3,565	12	2,158

자료: 보건복지부(http://www.mw.go.kr/) 2010, 재인용

■ 노인의료복지시설의 현황

노인요양시시설(무료) 202개소, 실비노인요양시설 350개소, 유료노인요양시설 123개소, 노인전문요양시설(무료) 273개소, 실비노인전문요양시설 69개소, 유료노인전문요양시설 107개소, 노인전문병원 72개소가 운영되고 있다(〈표 11-7〉 참고).

〈표 11-7〉 노인의료복지시설의 유형   (단위: 개소, 명)

종류	시설	2007		2006		2005	
		시설 수	입소정원	시설 수	입소정원	시설 수	입소정원
노인의료 복지지설	소계	1,186	61,406	898	52,628	583	35,172
	노인요양시설(무료)	202	12,540	174	11,546	149	10,321
	실비노인요양시설	350	11,654	260	9,099	123	4,819
	유료노인요양시설	123	3,169	103	2,381	84	2,189
	노인전문요양시설 (무료)	273	16,635	184	13,445	139	10,436
	실비노인 전문요양시설	59	3,560	24	1,518	5	520
	유료노인 전문요양시설	107	3,752	70	2,600	43	1,678
	노인전문병원	72	10,096	83	12,039	40	5,209

자료: 보건복지부(http://www.mw.go.kr/) 2010, 재인용

■ 노인여가복지시설의 현황

노인여가복지시설은 노인복지회관 211개소, 노인교실 1,082개소, 노인휴양소 4개소가 있으며, 그 외 경로당이 66,480개소로 나타나 있으나 경로당의 경우는 시설규모가 대부분 소규모이고 지원 대상 경로당 수는 훨씬 적다(〈표 11-8〉 참고).

■ 노인재가복지시설의 현황

가정봉사원파견시설 767개소, 주간보호시설 604개소, 단기보호시설 137개소가 운영 중이다. 이와는 별도로 가정봉사원교육기관은 2006년도에 4개소가 있었으나, 2007년도에는 공식적인 자료가 없다(〈표 11-9〉 참고).

<표 11-8> 노인여가복지시설의 유형 (단위: 개소, 명)

종류	시설	2007		2006		2005	
		시설 수	입소정원	시설 수	입소정원	시설 수	입소정원
노인여가 복지시설	소계	57,777		56,789		54,785	
	노인복지회관	211		183		163	
	경로당	56,480		55,504		53,616	
	노인교실	1,082		1,099		1,002	
	노인휴양소	4		3		4	

자료: 보건복지부(http://www.mw.go.kr/) 2010, 재인용

<표 11-9> 재가노인복지시설의 유형 (단위: 개소, 명)

종류	시설	2007		2006		2005	
		시설 수	입소정원	시설 수	입소정원	시설 수	입소정원
재가노인 복지시설	소계	1,408	72,563	1,049	51,699	851	40,002
	가정봉사원파견시설	767	62,736	523	42,832	399	32,752
	가정봉사원교육시설			4	903	3	
	주간보호시설	504	8,109	409	6,557	346	5,682
	단기보호시설	137	1,718	113	1,407	103	1,568

자료: 보건복지부(http://www.mw.go.kr/) 2010, 재인용

■ 노인보호전문기관의 현황

2005년에 개정된 노인복지법상에는 노인학대 예방과 사후보호조치를 위한 노인보호전문기관을 설치·운영하도록 규정하고 있으나 아직 초기단계로서 그 실적이 미미한 실정이다. 2005년 기준으로 17개소의 노인보호전문기관이 운영되어 2007년도에는 19개소가 운영되었다.

<표 11-10> 노인보호전문기관의 유형 (단위: 개소, 명)

종류	시설	2007		2006		2005	
		시설 수	입소정원	시설 수	입소정원	시설 수	입소정원
노인보호 전문기관	노인보호전문기관	19		19		17	

자료: 보건복지부(http://www.mw.go.kr/) 2010, 내부자료 재수정

2007년에 설치된 19개소의 세분현황은 <표 11-11>과 같다.

〈표 11-11〉 노인보호전문기관의 지정현황

시·도	지정기관 (운영법인)	소재지	지정일 (개소일)
중앙	사단법인 인구보건복지협회	서울 영등포구 당산6가 121-146	5. 18. (6. 14.)
서울센터	까리따스방배종합사회복지관 ((재)까리따스수녀회유지재단)	서울 서초구 방배2동 3274	12. 1. (12. 8.)
부산동부센터	동구노인종합복지관 (사회복지법인 청광)	부산 동구 초량3동 172-2	11. 12. (11. 29.)
부산서부센터	재가노인복지센터 (사회복지법인 불국토)	부산 부산진구 양정2동 260-5	11. 12. (11. 29.)
대구센터	햇빛가정봉사원파견센터 (사회복지법인 불교사회복지회)	대구 남구 이천동 381-9	9. 14. (10. 15.)
인천센터	인천재가노인복지센터 (인구보건복지협회 인천지회)	인천 남동구 간석3동 34-4	10. 15. (11. 1.)
광주센터	베데스다단기보호 (사회복지법인 베데스다)	광주 서구 금호동 852-1	9. 24. (10. 15.)
대전센터	사회복지법인 대전가톨릭사회복지회	대전 서구 둔산동 1389	9. 20. (10. 2.)
울산센터	남구노인복지회관 (사회복지법인 통도사자비원)	울산 남구 야음2동 577-6	9. 13. (9. 30.)
경기센터	수정노인복지회관 (재단법인 성모성심수도회)	경기 성남시 수정구 산성동 2178	10. 2. (10. 30.)
경기북부센터	의정부교회 (재단법인 성모성심수도회)	경기 의정부시 의정부1동 226-10	1. 27. (4. 12.)
강원센터	춘천노인종합복지회관 (사회복지법인 대한불교 천태종 복지재단)	강원 춘천시 동면 만천리 893-3	9. 21. (10. 15.)
충북센터	청주노인종합복지관 ((재)천주교청주교구유지재단)	충북 청주시 상당구 수동 138-8	8. 24. (10. 6.)
충남센터	순천향대학교	충남 아산시 온천1동 232-2	9. 24. (10. 2.)
전북센터	군산노인종합복지관 (사회복지법인 삼동회)	전북 전주시 덕진구 진북1동 366-8	9. 9. (10. 26.)
전남센터	순천린제가정봉사원파견센터 (사회복지법인 순천성신원)	전남 순천시 인제동 101-6	9. 14. (10. 2.)
경북센터	북부노인주간보호 (사회복지법인 포항북부복지재단)	경북 포항시 북구 동빈동 69-4	10. 6. (10. 30.)
경남센터	금강노인복지회관 (사회복지법인 금강)	경남 마산시 평화동 4-3	1. 1. (10. 19.)
제주센터	제주도노인복지회관	제주도 제주시 삼도2동 44-1	10. 26. (11. 1.)

자료: 보건복지부(http://www.mw.go.kr/) 2010, 내부자료 재인용

4. 노인복지시설의 과제

우리나라의 노인복시설서비스는 짧은 역사를 갖고 있으며, 시설 거주에 대한 수요자들의 인식 부족과 부정적 정서와 시설운영자의 비도덕적·비효율적·근시안적 운영, 정부의 정책과 지원의 미비 등으로 아직까지 양적으로나 질적으로 낮은 서비스를 제공하여 왔다고 할 수 있다. 더욱이 향후 우리나라 노인복지서비스는 재가복지를 중심으로 한 서비스의 확충을 도모하고 있어서, 시설서비스는 노인복지서비스에 있어서 주변적 서비스로 인식될 수도 있다. 그러나 시설서비스는 노후의 삶을 보장받을 수 없는 무기력하고 의존적인 노인에게 필수적 서비스를 제공받을 수 있는 장소이며, 나아가 보다 다양하고 양질의 서비스를 제공받기를 원하는 일부 노인에게는 매우 중요한 구매 영역이 될 수 있음을 인식해야 할 것이다(양옥남 외 3인,『노인복지론』, 2006).

4
부

사회보장의

이해

12 사회보장

1. 사회보장의 개념

사회보장은 사회정책과 가장 유사한 동시에 핵심이 되는 제도이다. 양자의 주요 차이점은 제도의 범위에 있는데, 사회정책이 사회보장보다 범위가 넓다. 베버리지 보고서를 보면, 사회보장은 사회보험, 공공부조, 민간보험으로 구성되어 있고, 사회정책은 사회보장 이외에도 아동수당, 보편주의 보건서비스 및 재활서비스, 완전고용을 포함하고 있으며(Beveridge, 1942), 독일 사회법에서도 사회정책을 사회보장뿐만 아니라 교육, 주택, 환경정책 등을 포괄한다고 규정하고 있다.

그러나 이와 같이 사회정책이 사회보장 이외에도 보건과 고용 및 보편주의 수당을 포함한다는 점에서 보다 범위가 넓지만, 사회보장이 없는 사회정책은 생각할 수가 없을 정도로 사회보장은 사회정책에서 차지하는 비중이 크고, 또 사실상 두 개념이 거의 같다고 해도 틀리지 않을 정도로 유사하다.

무엇보다도 사회정책과 사회보장은 지향하는 목표가 빈곤의 예방, 사회통합, 사회적 불평등의 완화, 소득재분배 등으로 같다. 그리고 사회보험을 핵심으로 한다는 점에서도 동일하다. 주지하듯이 사회정책은 1880년대 독일의 사회입법에서 출발했고, 사회보장은 1935년에 제정된 미국의 사회보장법(the Social Security)에 기원을 두고 있다. 그런데 독일 제국의 사회입법(건강보험,

산재보험, 노령폐질연금)과 미국의 사회보장법(사회보장연금과 실업보험)은 모두 사회보험에 관한 법률이라는 점에서 완전히 일치한다. 그러므로 사회보험을 독일에서는 사회정책(또는 사회입법)이라고 칭했고, 미국에서는 사회보장이라고 칭했을 뿐 본질적으로 같다는 것이다.

그럼에도 오늘날 양자가 다소 다른 의미로 사용되는 이유는 역사적 배경의 차이에서 찾을 수 있을 것 같다. 사회정책이 독일제라면, 사회보장은 미국제로서, 사회정책이 독일 문화권 아래에 있는 서유럽 국가들과 독일 사회정책의 영향을 받은 영국을 중심으로 사용되었다면, 사회보장은 제1, 2차 세계대전과 함께 세계적인 강국으로 등장한 미국의 영향 아래 UN을 중심으로 국제적인 용어로 자리 잡았다는 것이다. 그래서 우리나라와 같이 일본을 통해 독일식 사회정책(계급정책)과 미국을 통해 미국식 사회보장(시민복지)의 영향을 동시에 받은 나라는 두 용어 모두 받아들였고, 또 다소 다른 의미로 사용하고 있다(원석조, 2007).

2. 사회보장의 형태

사회보장의 형태란 사회보장을 제공하는 방법을 의미한다. 사회보장의 형태를 학자에 따라 사회보장의 방법, 사회보장의 범주로 기술하기도 한다. 사회보장의 형태는 일반적으로 ① 사회보험, ② 공공부조, ③ 사회수당, ④ 사회복지서비스로 분류된다.

■ 사회보험(Social Insurance)

사회보험은 사회보장제도의 가장 중요한 제도로, 기여-비소득·자산조사 프로그램이다. 사회보험은 미래의 위험에 대비하여 기여금(contribution)을 지불한 후 일정한 법적 조건에 해당되면 (해당되는 위험이 발생하면) 소득조사(income test)나 자산조사(mean test) 없이 급여를 받는 제도이다. 이 제도는 위험분산과 공공부담이라는 보험원리와 강제가입과 법적 권리라는 사회적 성격을 가지고 있다. 사회보험의 가입대상자는 법에 의해 규정되며, 급여를 받을 수 있는 권리는 대개 수혜자의 과거의 기여금 지불 실적에 따라 결정된다. 기여금과 급여는 일반적으로 대상자의 과거 소득에 연계되어 결정된다. 사회보험의 재원은 대부분 노동자 및 사용자의 기여금에 의해 충당되며, 기여금에 의해 마련된 기금은 정부의 일반재정과 분리된 별도의 특수기금으로 운영된다. 한국의 사회보장기본법(제3조)에서는 사회보험을 "국민에게 발생하는 사회적 위험을 보험방식에 의하여 대처함으로써 국민건강과 소득을 보장하는 제도"라고 정의하고 있다. 후술하는 공공부조가 사회적 위험을 해결하는 최후의(2차적) 사회보장제도라면, 사회보험은 사회적 위험에 대비한 예방적(1차적) 사회보장제도라 할 수 있다. 이 제도는 재정확보 용이, 권리로서 급여 등 여러 가지 장점을 가지고 있어 거의 모든 국가에서 핵심 제도로 채택하고 있다.

사회보험제도는 사람들이 살아가면서 당면하게 되는 위험에 대비하여 크게 4종류가 발달되어 있으며 이를 보통 4대 사회보험이라 한다. 노령·장애·주 소득자 사망에 대비한 연금보험, 질병의 예방·치료·재활에 대비한 건강보험, 실업에 따른 소득보장과 재취업촉진을 위한 고용보험(실업보험), 업무상 재해에 대비한 산업재해보상보험이 이에 해당된다. 국민연금보험과 건강보험이 전 국민을 대상으로 한 사회보험이라면, 고용보험과 산업재해보상보험은 노동자를 대상으로 한 사회보험이다.

한국은 4대 사회보험제도를 갖추고 있었으며, 2008년 노인장기요양보험제도가 도입되어 5대 사회보험제도로 확대되었다. 산재보상보험제도는 1964년, 의료보험제도(국민건강보험제도)는 1977년, 국민연금제도는 1988년, 고용보험제도는 1995년에 실시되었으며, 노령이나 질병으로 거동이 불편하거나 일상생활이 어려운 경우 간병·수발 등의 도움을 제공하기 위해 2008년 7월 1일부터 노인장기요양보험제도가 실시되었다.

사회보험은 다음과 같은 장점을 가지고 있다. 첫째, 사회적 위험에 당면하여 소득이 중단될 때 이전의 생활수준을 최대한 유지하게 해줄 수 있다. 둘째, 해당 프로그램을 운영하는 데 소요되는 재정의 확보가 용이하다. 개인의 기여금에 의해 급여를 제공하기 때문에 재정확보가 용이하며, 국가의 사회보장비 부담을 줄일 수 있다. 셋째, 사회보험에 기여금을 지불함으로써 급여를 받을 수 있기 때문에 권리로서 급여를 받을 수 있다. 넷째, 공공부조에 비해 근로자의 근로의욕을 약화시키는 정도가 작다. 한편, 사회보험의 단점은, 첫째, 공공부조에 비해 근로자의 대상효율성(targer efficiency)이 낮다. 사회보험은 재원을 부자와 가난한 자를 고려하지 않고 가입자 모두에게 지급하기 때문에 재원을 가난한 사람에게 집중적으로 지원하는 공공부조보다 대상효율성이 낮다. 둘째, 사회보험은 본인의 기여금에 근거하여 급여를 지불하기 때문에 공공부조에 비해 소득재분배 효과가 낮다(채구묵, 2009).

■ 공공부조(Public Assistance)

공공부조는 사회보장제도 중 사회보험 다음으로 큰 비중을 차지하고 있는 제도로, 비기여-소득·자산조사 프로그램이다. 공공부조는 국가에 따라 사회부조(social assistance), 국민부조(national assistance)라고 부른다. 공공부조는 기여금을 제불하지 않았으나 일정한 소득조사(income test), 자산조사(mean test)를 거쳐 그 조건에 해당하는(기준소득 및 자산 이하인) 사람에게 소득을 지원하는 제도이다. 사회보험은 피보험자들의 기여금에 기초한 소득보장제도이기 때문에, 기여금을 지불할 수 없는 빈곤자들은 사회법의 혜택을 받을 수 없다. 이렇듯 기여금을 지불할 수 없어 사회보험급여를 받을 수 없는 빈곤자들의 소득을 보장하기 위한 제도가 공공부조제도이다.

공공부조의 급여수준은 일반적으로 수급자의 경제 상태나 요구수준에 따라 결정되며, 공공부조의 재원은 국가의 일반조세에 의해 충당된다. 한국의 사회보장기본법(제3조)에서는 공공부조를 "국가 및 지방자치단체의 책임하에 생활유지능력이 없거나 생활이 어려운 국민의 최저생활을 보장하고 자립을 지원하는 제도"라고 정의하고 있다. 사회보험이 사회적 위험에 대비한 예방적(1차적) 사회보장제도라면, 공공부조는 사회적 위험을 해결하는 최후의(2차적) 사회보장제도라 할 수 있다. 공공부조제도는 사회보장 프로그램 가운데 가장 오래된 제도였으나, 사회보험이나 사회수당적 복지제도가 발달하면서 사회보장에서 차지하는 비중이 줄어들게 되었다.

이 프로그램은 크게 두 가지로 분류될 수 있다. 첫째는 일정한 소득수준이나 자산수준 이하인 모든 사람에게 급여를 제공하는 일반적 공공부조(general public assistance)이며, 둘째는 일정한 소득수준이나 자산수준 이하이면서 동시에 특정한 인구집단(예를 들면 아동, 장애인, 노인 등)에 속하는 사람에게만 급여를 제공하는 범주적 공공부조제도(categorical public assistance)이다(김태성·김진수, 2003).

한국의 경우 대표적인 공공부조제도로 국민기초생활보장제도가 있다. 국민기초생활보장제도는 빈곤선 이하의 소득을 가진 사람에게 생계급여, 주거급여, 의료급여, 교육급여, 해산급여, 장제급여, 자활급여를 제공하는 일반적 공공부조제도이다. 국민기초생활보장제도의 경우 근로능력이 있는 사람에 대해서는 자활에 대한 참여를 조건으로 급여를 제공한다는 점에서 범주적 공공부조 제도의 성격을 가지고 있다고 할 수도 있다. 그러나 실제로 자활참여가 형식적으로 이루어지고 있으며, 빈곤선 이하의 소득을 가지고 있는 사람은 인구학적 특성(아동, 장애인, 노인, 아동 있는 부모 등)에 관계없이 모두 급여를 받고 있다는 점에서 일반적 공공부조라 할 수 있다. 국민기초생활 보장제도 이외의 공공부조사업으로 긴급지원사업, 의료급여사업, 의사상자예우사업, 재해구호사업, 부랑인보호사업 등이 있다.

공공부조제도는 다음과 같은 장점을 가지고 있다. 첫째, 주어진 자원으로 가난한 사람에게 집중적으로 급여를 제공할 수 있어 대상 효율성(target efficiency)이 높다. 둘째, 기여 없이 가난한 사람에게 급여를 제공하기 때문에 소득재분배 효과가 크다. 셋째, 경제수준이 낮아 사회보험제도를 채택하기 어려운 상황에서는 빈곤자 원조 프로그램으로 중요한 역할을 할 수 있다.

한편, 공공부조제도의 단점으로는, 첫째 수급자들을 낙인화(stigma)시켜 수치심을 갖도록 함으로써 인간의 존엄성을 훼손할 수 있다. 둘째, 일정한 소득, 자산 이하인 사람에게 급여를 제공하기 때문에 근로의욕이나 저축동기를 약화시킬 수 있으며, 이로 인해 빈곤자를 빈곤 덫(poverty trap)에 빠지게 해 빈곤에서 벗어나기 어렵게 만들 수 있다. 셋째, 수급조건을 맞추기 위해 소득과 재산을 낮게 신고하거나 부양 의무자를 신고하지 않는 등 오용과 남용의 소지가 있다. 넷째, 수급자와 납세자 사이의 대립을 유발시켜 국민연대성을 약화시킬 수 있다. 다섯째, 기여금 없이 급여를 받기 때문에 급여를 받는 것을 권리가 아니라 시혜(charity)로 생각하기 쉽다(채구묵, 2009).

■ 사회수당(social Allowance)

사회수당은 복지국가의 발달에 따라 늦게 도입된 제도로, 비기여-비소득·자산조사 프로그램이다. 사회수당은 일정한 인구학적 조건만 갖추면(해당 국적을 가진 국민, 해당 국가에 일정기간 거주한 사람, 아동, 장애인, 노인 등) 기여금을 지불하지 않으며, 소득조사나 자산조사를 받지 않고 급여를 지급받는 제도이다. 이 제도는 기여금을 지불하지 않는다는 점에서는 공공부조와 같으나 소득조사나 자산조사를 받지 않고 급여를 받을 수 있다는 점에서 공공부조와 다르다. 한편, 기여금을 지불하지 않고 급여를 받는다는 점에서 사회보험과 다르다. 사회수당의 재원은 국가의 일반조세에 의해 충당된다. 사회수당은 사회보장 프로그램으로 늦게 도입된 제도이나 가장 발전된 제도라 할 수 있다. 따라서 복지제도가 가장 발달된 스칸디나비아 국가들에서 많이 채택하고 있다.

사회수당은 초·중등학교 무상교육, 국민건강서비스(National Health Service)와 같이 인구학적 제약 없이 모든 국민에게 급여를 제공하는 제도와 아동수당, 장애인수당, 노인기초연금 등 일정한 인구학적 조건을 갖춘 사람에게 급여를 제공하는 제도가 있다. 즉, 모든 국민은 과거의 기여 여부 및 소득이나 자산수준에 관계없이 초·중등학교 무상교육과 의료서비스를 받을 수 있으며, 아동이 있는 부모, 장애인, 65세 이상 노인은 과거의 기여 여부 및 소득이나 자산수준에 관계없이 아동수당, 장애인수당, 기초연금을 받을 수 있다.

한국은 초·중학교 무상교육 외에 특별한 사회수당제도를 가지고 있지 않다. 아동수당, 장애인수당, 2007년에 제정된 기초노령연금 등이 사회수당의 성격을 가지고 있으나, 일정한 소득이나 자산수준 이하의 사람(기초노령연금의 경우 소득수준 하위 60% 이하의 65세 이상 노인, 영유아보육료 지원과 장애수당 및 장애아동부양수당은 일정 소득 이하인 자)에게만 급여가 주어진다는 점에서 공공부조에 가깝다고 할 수 있다.

사회수당제도의 장점은, 첫째, 모든 국민이 인간다운 삶을 누릴 수 있도록 사회보장을 권리, 즉 사회권(Social right)으로 가질 수 있고, 둘째, 이로 인해 모든 국민은 인간의 존엄성을 향유할 수 있으며, 셋째, 누구나 급여를 받을 수 있기 때문에 국민 간에 연대의식을 향상시켜 사회통합의 목적을 달성할 수 있다는 점이다.

한편, 이 제도의 단점으로는, 첫째, 가난한 사람에게 급여를 집중적으로 제공하지 못하므로 대상 효율성이 낮고, 둘째, 부자나 가난한 사람에게 모두 급여가 제공되므로 소득재분배 효과가 낮으며, 셋째, 모든 사람에게 급여가 제공되기 때문에 재정이 많이 소요되고 재정확보가 어렵다는 점이다. 따라서 이 프로그램을 확대하는 데는 일정한 한계가 있다(채구묵, 2009).

■ **사회복지서비스**(social Welfare Service)

사회복지서비스는 국가에 따라 다양한 형태가 채택되고 있으나, 주로 비기여-소득·자산조사 프로그램이나 비기여-비소득, 자산조사 프로그램 형태로 실시되고 있다. 즉, 기여금을 지불하지 않았으나 일정한 소득조사, 자산조사를 거쳐 그 조건에 해당하는 사람에게 급여를 제공하거나,

일정한 인구학적 조건만 갖추면(아동, 장애인, 노인 등) 기여금을 받지 않고, 소득조사나 자산조사 없이 급여를 제공하는 제도로 채택되고 있다.

한편, 사회복지서비스 수급자가 일정 비율을 부담하고 나머지는 정부 재정지원에 의해 급여가 제공되는 경우도 있다. 사회복지서비스가 공공부조나 사회수당과 다른 점은 물질적 보상과 더불어 비물질적 보상을 내용으로 개별차원의 서비스를 제공한다는 점이다. 사회복지서비스의 재원은 주로 국가의 일반조세에 의해 충당되나, 일부는 본인부담에 의해 충당되는 경우도 있다. 사회보장기본법(제3조)에서는 사회보장서비스를 "국가·지방자치단체 및 민간부문의 도움을 필요로 하는 모든 국민에게 상담·재활·직업소개 및 지도, 사회복지시설이용 등을 제공하여 정상적인 사회생활이 가능하도록 지원하는 제도"라고 정의하고 있다.

현대사회의 특징인 핵가족화, 여성의 경제활동 증가, 가족해체 등으로 인해 사회적으로 서비스를 필요로 하는 요보호아동, 청소년, 장애인, 노인, 여성 등이 존재하게 되었고, 이들의 인간적 삶의 보장(문제해결)을 위해서는 물질적인 도움뿐만 아니라 비물질적인 도움이 필요하게 되었다. 과거에는 대가족제도가 비물질적인 서비스를 대부분 제공해왔으나, 현재에는 개인이나 가족이 이러한 기능을 담당하기가 어렵게 됨에 따라 국가의 개입이 필요하게 되었다. 사회복지서비스는 서비스 대상에 따라 아동복지, 청소년복지, 노인복지, 장애인복지, 한부모가족복지 등으로 분류될 수 있다.

한국의 경우 사회복지서비스 프로그램으로 영유아복지, 아동복지, 청소년복지, 노인복지, 장애인복지, 한부모가족복지 등이 있다. 이러한 프로그램의 요보호대상자들은 대부분 소득보장과 함께 서비스를 받도록 되어 있다. 한편, 대부분의 프로그램은 일정 소득·자산수준 이하의 요보호대상자 위주로 서비스를 제공하기 때문에 공공부조 프로그램과 그 대상자가 겹치는 경향이 있다.

이상에서 논의한 내용을 요약·정리하면 〈표 12-1〉과 같다.

〈표 12-1〉 사회보장의 형태별 내용

사회보장 형태	사회보험	사회수당	공공부조	사회복지서비스
구체적 프로그램	국민연금, 국민건강보험, 고용보험, 산업재해보상보험, 노인장기요양보험	무상교육, 경로교통수당: 2009년 1월부터 기초노령연금으로 일원화 후 폐지(아동수당, 기초연금, 국민건강서비스)	국민기초생활보장제도, 기초노령연금제도, 긴급제원제도, 의료급여제도, 의사상자예우제도, 재해구호제도, 부랑인보호제도	영유아복지, 아동복지, 청소년복지, 노인복지, 장애인복지, 한부모가족복지 등
대상자	각 사회보험법에 가입대상자가 규정되어 있음.	모든 국민, 65세 이상 노인(아동, 노인, 모든 국민)	일정소득(빈곤선) 이하 등 해당 법에 정한 요건에 해당된 자	해당 복지법에 규정되어 있음.
급여	국민연금, 고용보험, 산업재해보상보험: 대체로 과거의 소득에 연계하여 결정, 국민건강보험, 노인장기요양보험: 전체 비용의 일정 부분을 보험금에서 지급	법에 정한 일정액의 급여	가구 수에 따른 빈곤선에서 소득인정액을 감한 액 등 법에 정한 일정액의 급여	해당 복지법에 규정한 현금급여 및 현물급여(서비스)
전달체계	국민연금관리공단, 국민건강보험공단, 고용지원센터, 근로복지공단, 지방자치단체	학교, 지방자치단체 (해당 업무 담당 공공기관)	보건복지가족부, 시 · 도, 시 · 군 · 구청, 읍 · 면 · 동사무소	이용시설, 생활시설
재정	노동자와 사용자의 기여금 및 정부지원금	일반조세	일반조세	일반조세 및 일부 본인부담금

주: 구체적 프로그램 중 사회수당의 ( ) 안은 현재 한국에서 실시되고 있지 않은 프로그램이다.　　　　　　　　자료: 채구묵, 2009

3. 사회보장의 기능

사회보장의 기능은 크게 기본생활보장 기능, 소득재분배 기능, 경제적 기능, 사회·정치적 기능으로 분류될 수 있다.

■ 기본생활보장 기능

사회보장제도의 가장 기본적인 기능은 사회구성원의 기본생활보장 기능이다. 자본주의 사회 이전에는 농업생산을 바탕으로 한 대가족제도가 기본생활보장 기능을 담당했기 때문에 가족이 책임을 질 수 없는 사람들에 대한 공공부조 위주의 사회보장제도가 발달되었다. 자본주의의 발달에 따라 산업재해, 실직, 퇴직 등 사회적 위험이 증대함에 따라 사회보험이 발달하게 되었고, 핵가족제도 및 가족해체에 따라 아동보호문제, 청소년문제, 노인문제 등이 대두됨에 따라 아동복지, 청소년복지, 노인복지 등의 다양한 공공부조제도 및 사회복지서비스가 발달하게 되었다. 한편, 그러한 사회적 위험이 개인의 문제가 아니라 사회제도의 문제에 의해 발생하는 부분이 많아

사회가 그러한 책임을 지지 않을 수 없게 되었다. 또한 민주주의가 발달됨에 따라 국민이 그러한 도움을 받을 수 있는 권리를 사회권으로 주장하게 되었다.

인간이 살아가는 데 가장 이상적인 상태는 자기가 원하는 안정된 직업을 갖고, 그러한 직업을 통해 얻는 수입에 의해 기본생활보장이 가능해야 한다. 태아기에서 노년기까지 이러한 삶이 가능하도록 보장해 주는 것이 사회보장제도의 기본적인 기능이라 할 수 있다. 현대사회에서는 직업을 잡기 위해 일정 수준의 전문지식을 갖추어야 하며, 아동기는 이러한 지식·기술을 배우는 기간으로 생산활동에 참여하기 어렵기 때문에 아동수당, 무상교육 등을 제공하고 있다. 이것이 선진국에서 실시되고 있는 사회수당이다. 경제활동을 위한 신체적·지적 성장은 모든 국민이 일생 동안 살아가는 데 필요한 기본요소이기 때문에 선진국처럼 국가에서 책임을 지는 것이 타당하다고 본다. 한편, 전 생애에 걸쳐 사람들이 공통적으로 많이 경험하게 되는 위험으로 질병 등을 들 수 있고, 직업을 잡고 사망할 때까지 사람들이 공통적으로 많이 경험하게 되는 위험으로 산업재해, 실직, 퇴직 등을 들 수 있다. 이러한 위험으로부터 보호하기 위해 만들어진 것이 건강보험, 산업재해보상보험, 고용보험, 국민연금보험 등의 사회보험이다. 또한 장애인 등 일정한 인구학적 특성을 가진 사람은 시장경제체제에서 경쟁력이 약해 정상적인 직업 활동이 어렵기 때문에 이들을 보호할 필요가 있으며, 이를 위해 마련된 것이 공공부조제도 및 사회복지서비스제도이다.

한국의 사회보장기본법에서는 사회보장의 기본 이념(제2조)을 "모든 국민이 인간다운 생활을 할 수 있도록 최저생활을 보장하고……"라고 기술함으로써 사회보장의 기본목적이 국민의 최저생활보장에 있음을 명시하고 있다. 여기서 인간다운 생활을 할 수 있는 최저생활이란 건강하고 문화적인 기본생활보장을 의미한다고 볼 수 있다. 그러나 인간다운 생활을 할 수 있는 최저생활이 무엇을 의미하냐에 대해서는 학자 간에 해석이 다르다. 또한 그러한 최저생활을 결정하는 빈곤선을 측정하는 방법도 다양하다.

■ 소득재분배의 기능

사회보장제도의 또 다른 중요한 기능 중 하나는 소득재분배 기능이다. 소득재분배 기능은 둘로 나누어지는데, 첫째는 고소득층에서 저소득층으로의 수직적 재분배이다. 경제활동이 시장경제체제에만 의존할 경우 약육강식에 의해 소득불평등이 심화될 수밖에 없으며, 이를 완화하기 위한 제도로 사회보장제도가 활용되고 있다.

사회보험의 수직적 재분배 기능을 살펴보면, 연금보험의 경우와 기초연금은 세금에 의해 급여를 지급하기 때문에 소득재분배 기능이 크고, 소득비례연금도 급여계산이 한국의 국민연금과 같이 균등 부분과 소득비례 부분으로 구성되어 있는 경우 소득재분배 기능을 한다. 건강보험의 경우 기여금은 소득에 비례해서 납부하고 급여는 비슷하게 받기 때문에 소득재분배 기능을 한다. 고용보험과 산업재해보상보험도 기여금은 소득 전액에 비례해서 지불하고 급여는 소득의 일정 비율을 받기 때문에 소득재분배 기능을 한다. 한편, 사회보험에서 정부의 재정지원이 있을 경우 소득재분배 기능은 더 커질 수 있다. 공공부조는 일반조세에 의해 빈곤자에게만 급여를 제공하기 때문에 소득재분배 기능이 크다고 할 수 있다. 사회수당은 모든 국민에게 급여를 제공한다는 점에서 소득재분배 기능이 적다고 할 수 있지만, 소득이나 재산에 비례한 세금, 특히 누진세에 의한 재정수입에 의해 동일한 급여를 제공한다는 점에서 소득재분배 기능을 한다고 할 수 있다. 소득재분배 기능을 크게 하기 위해서는 사회보험의 경우 기여금 비율 또는 급여 비율을 소득재분배 효과가 크도록 마련하거나 사용부담 비율 또는 정부부담 비율을 늘려야 할 것이며, 공공부조의 경우 누진적 과세를 부과해야 할 것이다.

둘째는 동일한 계층 간의 수평적 재분배이다. 사회보험의 위험분산과 공동부담의 원리는 사회보험이 수평적 재분배 기능을 가지고 있음을 잘 설명해 주고 있다. 건강보험의 경우 질병에 걸리지 않은 사람으로부터 질병에 걸린 사람으로, 고용보험의 경우 실직하지 않은 사람으로부터 실직한 사람으로, 산재보험의 경우 산재를 당하지 않은 사람으로부터 산재를 당한 사람으로 수평적 재분배가 이루어지고 있다. 사회수당의 경우 국민건강서비스제도(National Health Service)에서는 질병에 걸리지 않은 사람으로부터 질병에 걸린 사람으로, 아동수당에서는 아동이 없는 가정에서 아동이 있는 가정으로 수평적 재분배가 이루어지고 있다(채구묵, 2009).

■ 경제적 기능

사회보장제도는 또한 경제적 기능을 수행하고 있다. 즉, 사회보장이 경제성장에 순기능적 역할을 한다. 사회보장의 경제적 기능은 미시적 측면과 거시적 측면으로 나누어 검토해 볼 수 있다.

첫째, 미시적 측면으로 사회보장제도는 생산요소인 인적자본(human capital)을 향상시키는 데 기여한다. 건강보험은 질병의 예방과 치료·재활을 통해 노동자의 생산성 향상에 기여하고, 고용보험은 실업수당 제공을 통해 기본적 생활유지를 가능케 하며, 고용안정사업이나 직업능력개발사업을 통해 개인의 직업안정 및 생산성 향상에 기여한다. 산업재해보상보험은 산업재해를 예방하고 사회재활 및 직업재활을 통해 산재장애인의 능력을 최대한 노동시장에서 활용할 수 있도록 기여한다. 그러나 사회보장제도는 노동자의 근로 의욕을 약화시켜 노동공급을 억제시킬 수 있고, 복지재정 확충을 위해 돈을 많이 버는 사람들로부터 높은 세금을 거두기 때문에 열심히 일하는 사람을 낙담시키고 기업투자를 약화시킬 수 있다.

둘째, 거시적 측면으로 사회보장제도는 경기안정 기능을 수행한다. 즉, 경기가 상승하면 그것이 과열되지 않도록 막아주고, 경기가 하락하면 그것이 지나치지 않도록 막아주는 기능을 수행한다. ① 연금, 의료급여, 공교육비용 등의 사회보장 지출은 경기의 불황과 호황에 관계없이 급격하게 변화되지 않아(상대적으로 일정해) 자동안정장치(built in stabilizer) 기능을 수행한다. 즉, 호황일 경우에는 상대적으로 안정된 사회보장 지출이 경기가 과열되는 것을 방지하는 반면, 불황일 경우에는 지속적인 유효수요를 유지해 줌으로써 경기가 침체생태로 빠지지 않도록 방지하는 역할을 한다. ② 실업급여와 공공부조 등의 사회보장 지출은 경기변동과 상반되는 방향으로 움직임으로써 보다 적극적으로 자동안정장치 기능을 수행한다. 즉, 실업급여, 공공부조와 같은 급여지출은 경기가 호황일 때에는 그 수요가 감소하여 유효수요를 줄여줌으로써 경기가 과열되는 것을 방지하는 역할을 수행하고, 반대로 경기가 불황일 때에는 그 수요가 증대하여 유효수요를 증대시킴으로써 경기침체를 방지하는 역할을 수행한다. ③ 사회보장제도는 경제구조의 개편 또는 산업구조의 변화에 대응한 사회적 안정장치의 역할을 수행하면서 경제안정화 기능을 수행한다. 즉, 직업창출, 직업교육훈련, 직업알선 등을 통해 노동력이 산업구조 변화에 적용할 수 있도록 지원하는 역할을 한다. ④ 사회보장제도는 자본축적의 기능을 수행한다. 사회보장제도 중 재정운영 방식이 적립 방식인 공적연금의 경우에는 기여금이 적립됨으로써 기여와 급여 간에 시간적 격차가 발생해 자본축적의 기능을 수행할 수 있다. 이 적립금은 규모가 크기 때문에 경제발전 및 경기안정을 위한 자금으로 유용하게 활용될 수 있다(이인재, 2008).

■ 사회·정치적 기능

사회보장제도는 기본생활보장, 소득재분배 실현, 인적자본(human capital) 향상 및 경기안정 등을 통해 계급 간 대립 및 갈등상태를 조정하고, 정치적 안정에 기여하는 가능을 수행한다. 결국 사회·정치적 기능은 위의 세 가지 기능에 따른 결과적 기능이라 할 수 있다.

사회보장제도는 계급 간 대립·갈등을 조정하고 사회통합을 이끌어내는 기능을 수행한다. 사회보장제도는 시장경제체제에 의해 희생되는 계층의 기본생활을 보장하고, 그들에게 인적자본을 향상시킬 수 있는 기회를 제공하며, 소득재분배 정책을 통해 그들의 불만을 해소시켜 계급 간의 갈등과 대립을 완화시키는 역할을 한다. 또한 시장경제체제에 의한 분배의 불평등에 도전하는 노동세력을 소득재분배 정책 등을 통해 체제 내로 편입시켜 사회적 연대를 이끌어내는 역할을 수행한다.

사회보장제도는 정치적 불안정을 해소하는 역할도 수행한다. 사회보장의 제도화는 현 체제의 권위와 정치적 정당성 및 안정성을 보장받도록 하는 데 기여한다. 이러한 정당성과 안정성 보장을 통해 사회질서를 위협하는 세력을 통제하고 정치적 급진화를 예방하거나 완화시킬 수 있도록 한다.

한편, 사회주의자들은 사회보장제도는 자본주의 몰락을 예방하는 중요한 역할을 수행해 왔다고 설명한다. 즉, 사회보장제도가 사회 불만을 분출할 수 있는 출구를 마련해 줌으로써 불만세력들의 응집력을 완화시키는 역할을 수행해 사회주의 건설에 장애요인이 되고 있다고 주장한다. 그들은 진정한 복지사회가 이루어지기 위해서는 사회주의 국가를 건설해야 한다고 주장한다. 사회주의 국가야말로 자본가의 착취 없이 경제성장의 과실이 가치를 창조한 노동자에게 적절하게 분배되는 진정한 복지국가라는 것이다(채구묵, 2009).

4. 사회보장의 특성

사회보장의 특성을 공공부조, 사회수당, 사회복지서비스로 나누어 살펴보고자 한다.

■ 사회보험의 특성

사회보험의 특성은 민영보험과의 차이에 의해 설명될 수 있다. 사회보험과 민영보험의 차이를 설명하기에 앞서 우리는 왜 어떤 위험상황은 사회보험의 대상이며, 어떤 위험상황은 민영보험의 대상이 되는가를 살펴볼 필요가 있다. 사회보험의 대상은 위험상황이 사회적 위험으로 판단되는 것들이며, 민영보험의 대상은 위험상황이 개인적 위험으로 인식되는 것들이라는 점에서 근본적인 차이가 있다. 즉, 사람들이 살아가면서 공통적으로 당면할 수 있는 위험 중 인간적 삶을 영위하는 데 중요한 영향을 미치는 실직, 재해, 질병, 퇴직 등의 위험이 사회적 위험으로 판단되어 사회보험의 대상으로 설정되었다. 따라서 사회보험과 민영보험의 차이는 두 보험을 분류한 근본적인 목적과 연계되어 설명될 수 있다. 사회보험과 민영보험은 모두 위험분산과 공동부담이라는 보험의 원리에 기초하고 있으나, 다음과 같이 몇 가지 점에서 차이가 있다.

첫째, 가장 핵심적인 차이는 사회보험은 가입이 강제적인 반면, 민영보험은 가입이 자발적이라는 것이다. 사회보험은 가입이 법에 의해 강제된 반면, 민영보험은 개인의 자발적 참여 및 계약에 의해 이루어진다. 바로 이러한 강제성 때문에 사회보험은 국가만이 담당할 수 있는 중요한 이유가 된다.

둘째, 민영보험에서는 보험료가 개별적인 위험의 정도나 개인의 의사에 의해 결정되는데, 사회보험에서는 보험료가 평균적인 위험이나 소득에 비례해서 결정된다. 즉, 보험료 부과방법에 차이가 있으며, 이로 인해 사회보험에서는 민영보험의 보험료 대신에 기여금(contribution)이라는 용어를 사용한다.

셋째, 민영보험에서는 보험급여가 개인적 적합성(형평성)에 의해 결정되는 반면, 사회보험에서는 보험급여가 사회적 적합성(복지)에 의해 결정된다. 민영보험에서는 보험급여액이 보험수리 원칙에 따라 결정된다. 즉, 가입자의 보험료 납부액이 많으면 보험급여액도 비례적으로 많아진다. 이를 가입자의 개별적 형평성 원칙이라 한다. 반면 사회보험에서는 이러한 보험수리 원칙에서 벗어나 급여액이 보험료에 비례하지 않는다. 급여액은 별도의 법률에서 정한 급여산정 방식에 의해 결정되며, 이때 고려되는 것이 사회적 적절성 가치이다. 그래서 저소득층은 자신들이 지불한 기여금에 비해 상대적으로 더 많은 급여액을 받게 된다. 이는 저소득층의 기여금이 적어 보험수리원칙에 따라 급여액이 결정되면 최저생활을 하기에도 부족하기 때문이다. 이러한 급여액 차별화는 사회보험의 소득재분배 기능과도 연계된다.

넷째, 사회보험은 국가 또는 국가가 위임한 단체가 독점적으로 관리하나 민영보험은 민영기관들에 의해 경쟁체제로 운영된다. 사회보험은 가입의 강제성 때문에 국가가 별도의 행정기관(예: 사회보장청) 또는 공단 등을 설립하여 독점적으로 운영한다.

다섯째, 사회보험의 재원조달은 기금에 대한 완전적립 방식을 취하기 어려운 반면, 민영보험은 기금에 대한 완전적립 방식을 취하고 있다. 민영보험은 미래에 지급해야 할 지출액을 적립해야 하지만, 사회보험은 법에 의해 의무적으로 기여금을 징수할 수 있기 때문에 미래에 지급해야 할 지출액을 현재 적립하지 않아도 된다. 이러한 대표적인 예가 오늘날 대부분의 선진국에서 시행하고 있는 국민연금 재정방식인 부과 방식이다. 부과 방식이란 퇴직세대의 연금지출에 필요한 재정을 현재의 근로세대가 부담하는 방식이다.

여섯째, 사회보험의 조건은 법으로 규정되며 가입자는 보험급여에 대한 법적 권리를 가진다. 반면 민영보험은 개별적 요구에 따라 보험조건이 결정되며, 보험자가 파산했을 때 가입자의 경제적 보호가 불가능하다.

일곱째, 민영보험의 경우 물가상승률, 경제성장률 등이 반영되지 않으나, 사회보험의 경우 물가상승률, 경제성장률 등이 반영될 수 있다. 민영보험의 경우 물가가 급상승할 때 이에 대한 보험급여 보전을 받을 수 없으나, 사회보험의 경우 물가 급상승에 대한 보험급여 보전을 받을 수 있다. 또한 민영보험은 경제성장에 따른 기본생활비의 상대적 증가에 대한 보전을 받을 수 없으나 사회보험은 경제성장에 따른 기본생활비 증가에 대한 보전을 받을 수 있다. 이는 사회보험이 기본생활보장 기능을 가지고 있기 때문이다.

이상의 내용을 정리하면 〈표 12-2〉와 같다.

<표 12-2> 사회보험과 민영보험의 차이

구분	사회보험	민영보험
1. 보험관계의 성립	강제가입	임의가입
2. 기여금(보험료)	평균적 위험이나 소득에 비례해 결정되며 법률로 정함.	개인적 위험의 정도나 개인의 의사에 의해 결정
3. 급여	사회적 적합성(복지), 별도로 법률로 정한 산정방식	개인적 적합성(형평성), 보험수리 원칙
4. 관리체계	국가 또는 국가가 위임한 기관(독점)	민영기관(경쟁체제)
5. 재원방식	부분적립 또는 부과방식	완전적립 방식
6. 법적 권리 여부	법적 권리가 있음.	법적 권리가 없음
7. 물가상승률 및 경제성장률 등 반영 여부	반영	미반영

■ 공공부조의 특성

사회보험이 일차적 사회보장제도라면, 공공부조는 이차적 사회보장제도라 할 수 있다. 즉, 공공부조는 사회보험의 혜택을 받지 못해 기본생계가 보장되지 않는 사람에게 국가 및 지방자치단체가 제공하는 최종적인 경제적 보호제도라 할 수 있다. 공공부조는 다음과 같은 특성을 가지고 있다.

최저생활보장의 원리

공공부조제도는 생활이 어려운 자에게 필요한 급여를 제공하여 이들의 최저생활을 보장하는 것을 목적으로 하고 있다. 국민기초생활보장법에서는 급여의 기준(제4조 제1항)으로 "이 법에 의한 급여는 건강하고 문화적인 최저생활을 유지할 수 있는 것이어야 한다"고 규정하고 있는데, 이는 ① '정적수준의 복지'와 ② '최저수준의 복지'를 모두 포괄한 의미를 함축하고 있다. 즉, ① '건강하고 문화적인 생활'은 적정수준의 복지를 함축하고 있으며, ② '최저생활'은 최저수준의 복지를 함축하고 있다. 이는 최저생활보장을 원칙으로 하되, 경제적·사회적·정치적 발전 정도에 따라 급여수준이 정도를 달리할 수 있다는 여지를 남겨두고 있다고 볼 수 있다(변재관 외, 1998).

현실적으로 각국은 자국의 경제수준, 생활실태, 물가상승률, 국민의 최저생활에 대한 인식 등에 기초하여 최저생계비를 결정한 후, 이를 공공부조 수급자격을 결정하는 기준으로 활용하고 있다. 한국도 국민의 소득·지출 수준, 생활실태, 물가상승률 등을 고려하여 최저생계비를 결정하도록 되어 있으며, 보건복지가족부장관은 매년 9월 1일까지 중앙생활보장위원회의 심의·의결을 거쳐 다음 연도의 최저생계비를 공표하도록 되어 있다(국민기초생활보장법 제6조). 이러한 최저생계비는 공공부조의 수급자를 결정하는 기준으로 활용되고 있다.

보충급여의 원리

공공부조제도는 소득인정액이 최저생계비에 미달하는 부분만 보충해 주는 보충급여의 원리를 채택하고 있다. 국민기초생활보장법(제7조 제2항)은 4대 기본급여(생계급여, 주거급여, 의료급여, 교육급여)와 자활급여, 수급자의 소득인정액을 포함한 금액이 최저생계비 이상이 될 것을 규정하고 있어 소득인정액이 많은 가구는 그만큼 급여액이 줄어들게 되는 보충급여의 원리를 도입하고 있다. 즉, 가구유형에 따른 최저생계비에서 해당 가구의 소득인정액을 차감한 금액을 지원하는 보충급여 원리를 채택하고 있어, 소득인정액이 많은 가구는 그만큼 급여액이 줄어들게 되어 있다.

자립지원의 원리

공공부조제도는 생활이 어려운 자들에게 최저생활을 보장해 주되, 이들의 자활을 조성하는 것을 목적으로 하고 있다. 국민기초생활보장법 제1조는 "생활이 어려운 자에게 필요한 급여를 행하여 이들의 최저생활을 보장하고 자활을 조성하는 것을 목적으로 한다"고 규정하고 있어 최저생활보장과 함께 자활을 목적으로 하고 있음을 명시하고 있다. 이를 위해 보장기관은 근로능력이 있는 수급자에게 자활에 필요한 사업에 참여할 것을 조건으로 하여 생계급여를 실시해야 한다. 또한 보장기관은 근로능력이 있는 국민기초생활보장 수급자의 자활을 조성하기 위하여 자활에 필요한 금품의 지급 및 대여, 자활에 필요한 기능습득의 지원, 취업알선 등 정보의 제공, 공공근로 등 자활을 위한 근로기회의 제공 등의 급여를 실시해야 한다.

■ 사회수당의 특성

사회수당은 일정한 인구학적 조건만 갖추면(해당 국적을 가진 국민, 해당 국가에 일정 기간 거주한 사람, 아동, 장애인, 노인 등) 기여금을 지불하지 않으며, 소득조사나 자산조사를 받지 않고 급여를 지급받는 제도이다. 사회수당은 사회보장 프로그램으로 늦게 도입된 제도이나 가장 발전된 제도라 할 수 있다.

사회수당은 다음과 같은 특성을 가지고 있다.

보편적 급여

사회수당은 일정한 인구학적 조건만 갖추면(해당 국적을 가진 국민, 해당 국가에 일정 기간 거주한 사람, 아동, 장애인, 노인 등) 누구나 받을 수 있는 보편적 급여이다. 사회수당은 기여금을 지불하지 않아도 급여를 받을 수 있다는 점에서 사회보험과 차이가 있고, 소득조사나 자산조사를 받지 않고 급여를 받을 수 있다는 점에서 공공부조와 차이가 있다.

사회적 권리

사회수당은 모든 국민에게 급여를 받을 수 있도록 하기 때문에 다른 사회보장 방법보다 강한 사회권적 성격을 가지고 있다. 사회권적 성격이 강해 모든 국민이 급여수준으로 인한 수치심을 느끼지 않고 인간의 존엄성을 누릴 수 있다. 또한 국민 간에 연대의식을 향상시켜 사회통합의 목적을 달성할 수 있다.

■ 사회복지서비스의 특성

사회복지서비스는 현대인의 상호 관계 및 역할에 대한 욕구를 충족시키기 위한 사회적 방안으로서, 가족생활을 보호하거나 회복하게 하고, 개인이 그의 외적·내적 문제를 대처하도록 도우며, 개인의 성장·발달을 돕고, 정보제공과 안내, 옹호, 구체적 도움을 통하여 사회자원에 접근을 촉진시키는 기능을 한다(Kahn,1973; 남세진·조흥식, 1995 재인용).

사회복지서비스는 다음과 같은 특성을 가지고 있다.

비물질적 보상

사회복지서비스는 물질적 보상과 더불어 비물질적 보상을 내용으로 개별적 서비스를 제공하고 있다. 즉, 사회적 수행상 어려움이 있거나 적응상의 문제가 있는 개인과 가족에게 서비스를 제공하는 기능을 수행한다. 따라서 개인이나 가족문제에 대응하여 구체적·개별적으로 서비스를 제공하는 특성을 가지고 있다.

전문성

사회복지서비스는 사회적으로 도움이 필요한 사람에게 상담, 재활, 교육, 직업소개, 간병·수발 서비스 등을 제공하여 정상적 사회생활이 가능하도록 지원하는 데 목적을 두고 있다. 따라서 사회복지전문가에 의해 전문적 서비스를 제공할 때 소기의 성과를 거둘 수 있다.

13 사회보장 연금

1. 산업재해보상보험제도

■ 의의 및 도입배경

산재보험은 공업화가 진전되면서 급격히 증가하는 산업재해 근로자를 보호하기 위하여 1964년 가장 먼저 도입된 사회보험제도이다. 산업재해로부터 근로자를 보호하는 방법은 산업재해 자체를 예방하는 것이 가장 바람직한 것이나, 이미 발생한 산업재해로 인하여 부상 또는 사망한 경우는 그 산재근로자나 가족을 보호하고 보상해 주는 산재보험이 중요한 의미를 지닌다.

산재보험은 산재근로자에게 확실한 생활을 보장하기 위하여 국가가 책임을 지는 의무보험이며, 역사적으로는 사용자의 산재근로자에 대한 근로기준법상 형사책임과 보상책임을 담보하기 위한 제도로서, 국가가 산업재해보상보험법상 적용대상이 되는 사업주로부터 소정의 보험료를 징수하여 법령이 정한 바에 따라 산재근로자에게 보상하는 최초의 사회보험이다.

산재보험은 산재보상보험사업을 행하여 근로자의 업무상의 재해를 신속·공정하게 보상하고 이에 필요한 보상시설의 설치, 운영과 재해예방, 기타 근로자의 복지증진을 위한 사업을 행함으로써 근로자 보호에 이바지함을 목적으로 한다(법 1조).

산재보험제도는 다음과 같은 목적이 있다. 첫째, 신속 공정한 재해보상을 실시하는 것이고, 둘째, 필요한 보험시설의 설치 운영과 재해 예방이나 각종 근로복지사업을 추진함으로써 재해를 입은 근로자나 그 가족의 인간다운 생활을 보호하는 데 있으며, 셋째, 불의의 재해로 사업주가 과중한 경제적 부담을 지게 되는 위험을 분산 경감시켜 안정된 기업활동을 할 수 있도록 돕는다.

■ 특징

산재보험은 산재근로자와 그 가족의 생활을 보장하기 위하여 국가가 책임을 지는 의무보험으로, 원래 사용자의 근로기준법상 재해보상 책임을 보장하기 위하여 국가가 사업주로부터 소정의 보험료를 징수하여 그 기금(재원)으로 사업주를 대신하여 산재근로자에게 보상을 해주는 제도이다. 그러나 다른 사회보험과 달리 다음과 같은 특징을 가지고 있다.

첫째, 근로자의 업무상 재해에 대하여 사업주에게는 고의·과실의 유무를 불문하는 무과실책임주의이다.

둘째, 보험사업에 소요되는 재원인 보험료는 원칙적으로 사업주가 전액 부담한다.

셋째, 산재보험급여는 재해발생에 따른 손해 전체를 보상하는 것이 아니라, 평균임금을 기초로 하는 정률보상 방식으로 행한다.

넷째, 고용주의 자진신고 및 자진납부를 원칙으로 하고 있다.

다섯째, 재해보상과 관련되는 이의신청을 신속히 하기 위하여 심사 및 재심사청구제도를 운영하고 있다.

여섯째, 다른 사회보험과는 달리 산재보험은 사업장 중심의 관리가 이루어지며 소득정률비례제에 의해 보험료가 부과되는 것과는 달리, 산재보험은 사업장의 산재발생률에 비례하여 보험료가 결정된다.

일곱째, 재해발생 시 본인은 물론 근로자 가족의 생존권을 보장하기 위하여 보험료를 부담하는 것으로 납부자와 수혜자가 일치하지 않는다.

산재보험은 해당 재해가 업무상의 재해라는 사실을 입증하는 경우 법률상의 청구권을 부여하며, 고용주의 고의 또는 과실이 있음을 증명할 것을 요구하지 않는다. 산재보상 책임은 법률이 정한 바에 의하여 보험자가 부담하며, 보험자인 근로복지공단은 공법상의 법인으로서 기업의 도산 등으로 인하여 고용주의 책임이 현실적으로 이행되지 않거나 불완전하게 이행되더라도 보상을 진행한다. 재해가 발생하여 책임의 소재 및 내용을 둘러싸고 분쟁이 발생할 경우 산재보험은 주관적으로 근로자의 권리구제를 충실히 할 뿐 아니라, 객관적으로 손해배상을 둘러싼 노사대립을 미리 예방하는 기능을 수행한다. 산재보험은 근로자와 고용주와의 노사관계의 안정이라는 노사공동의 목적에 봉사하는 제도라는 것이다. 산재보험은 다양한 급여의 형태를 근로자 및 고용주에게 제공함으로써 근로자의 근로능력의 향상과 고용주의 산업재해 발생 시 드는 경제적 부담 및 불안감을 최소화할 수 있다.

■ 발전 과정

산재보험은 근로자의 업무상 재해 및 질병에 대한 치료 및 보상급여를 제공하는 것으로서 우리나라에서는 산업화 과정에서 가장 먼저 도입된 사회보험제도이다. 산재보험제도가 처음 시행된 1964년에는 상시 근로자 500인 이상을 고용하는 대규모의 광업 및 제조업 부문에만 적용하고 근로기준법에 규정한 재해 보상을 행하였으나, 그 후 산재보험 적용 범위가 점차 확대되어 2000년 7월 1일부터는 근로자 1인 이상을 고용하는 사업장의 근로자에게까지 적용이 확대되었고 2005년 1월 1일부터는 고용보험 및 산업재해보상보험의 보험료를 통합징수하기 위한 고용보험 및 산업재해보상보험의 보험료징수 등에 관한 법률이 제정되어 시행되고 있다.

〈표 13-1〉 연도별 산재보험 적용확대 현황 (단위: 개소, 천 명)

연도	적용기준	적용사업장 수	근로자 수	적용확대 업종 및 규모
1964	500인 이상	64	82	• 광업, 제조업
1965	200인 이상	289	161	• 전기가스업, 운수보관업 신설
1966	150인 이상	594	222	• 적용 업종은 위와 동일
1967	100인 이상	1,142	336	• 유기사업: 연간 연인원 25,000명 이상
1969	50인 이상	3,696	683	• 건설업, 수도 · 위생시설서비스업, 상업서비스업(정부 및 사회서비스업 제외), 통신업 추가
1972	30인 이상	9,75	1,078	• 유기사업: 연간 연인원 13,000인 이상 • 건설업: 총공사금액 2,000만 원 이상
1973	16인 이상	13,924	1,320	• 유기사업: 연간 연인원 4,200명 이상 • 건설업: 총공사금액 1,000만 원 이상
1976	16인 이상 (5인) 이상	28,445	2,270	• 광업 · 제조업, 중화학, 석유, 석탄, 고무, 플라스틱 제조업은 5인 이상
1982	10인 이상 (5인) 이상	54,159	3,465	• 유기사업: 연간 연인원 2,700인 이상 • 건설업: 총공사금액 4,000만 원 이상
1983	10인 이상 (5인) 이상	60,213	3,941	• 농수산물 위탁판매 및 중개업 신설 • 벌목업 신설(벌목재적량 1700㎡ 이상)
1986	10인 이상 (5인) 이상	70,865	4,749	• 베니어판 제조업, 제재업, 펄프 및 지류제조업 • 콘크리트 제품 제조업, 시멘트 원료채굴 및 제조업 • 비금속광물 및 석제품 제조업, 금속재료품 제조업 • 금속제품 제조업 또는 금속가공업, 도금업 • 수상운수업, 화물자동차 운수업, 화물취급업 • 항만하역업, 중기관리사업(14개 업종: 1986. 9. 1.부터 5인 이상 적용확대)
1987	10인 이상 (5인) 이상	83,536	5,357	• 목제품 제조업, 기계기구 제조업 • 선박건조 및 수리업, 식료품 제조업 • 인쇄 또는 제본업, 요업 또는 토석제품 제조업 • 도자기제조업, 유리제조업, 시멘트제조업 • 금속제련업, 계량기, 광학기계 • 기타 정밀기구 제조업, 기타 제조업 • 자동차여객 운송업, 소형자동차 운수업 • 항공운수업, 창고업(20개 업종: 1987. 1. 1.부터 5인 이상 적용확대)
1988	5인 이상	101,445	5,744	• 벌목업: 벌목재적량 800㎡ 이상 • 유기사업: 연간 연인원 1,350인 이상 • 섬유도는 섬유제품 제조업, 경인쇄업 • 전자제품 제조업 • 수제품 제조업, 신문업 또는 출판업 • 정비 등 제조업 • 전기업, 가스업, 수도업, 철도궤도 및 운수업 • 통신업, 농수산물 위탁판매업, 운수관련 서비스업 • 고층건물 등의 종합관리사업, 위생 및 유사서비스업 • 기타의 각종 사업(16개 업종: 1988. 1. 1.부터 5인 이상 적용확대)
1991	5인 이상 (10)인 이상	146,284	7,923	• 농업, 임업, 어업, 수렵업, 도 · 소매업 • 부동산 및 사업서비스업, 개인 및 가사서비스업 (1991. 7. 1.부터 10인 이상 적용확대)
1992	5인 이상	154,820	7,059	• (1992. 7. 1.부터 5인 이상 적용확대)
1996	5인 이상	210,226	8,157	• 교육서비스업, 보건 및 사회복지사업, 연구 및 개발업 (1996. 1. 1.부터 5인 이상 적용확대)
1998	5인 이상	215,539	7,582	• 금융 · 보험업(1998. 7. 1.부터 5인 이상 적용확대)

2000	1인 이상 (5)인 이상	706,231	9,486	• (2007. 7. 1.부터 1인 이상 적용확대) [농업, 임업(벌목업 제외), 어업, 수렵업은 5인 이상] • 건설업: 총공사금액 2,000만 원 이상
2001	1인 이상	909,461	10,581	• 국가 및 지방자치단체에서 직접 행하는 사업
2005	1인 이상	1,175,606	12,070	• 주택건설업자, 건설업자, 전기공사업자, 정보통신공사업자, 소방시설업자, 문화재수리업자가 아닌 자가 시공하는 총공사금액 2천만 원 미만인 건설공사 또는 연면적 330㎡ 이하의 건축물의 건축 및 대수선공사를 제외한 모든 공사로 확대 적용
2007	1인 이상	1,429,885	12,529	• 총공사금액 2천만 원 미만인 공사이거나 연면적이 100㎡ 이하인 건축물의 건축 또는 연면적이 200㎡ 이하인 건축물의 대수선에 관한 공사로 확대 적용

자료: 근로복지공단, 2008

산재보험의 가입대상자는 본인이 직접 가입하지 않고 사업주가 고용관계가 성립된 날로부터 14일 이내에 관할 지역본부에 보험관계 성립신고서를 제출하면 된다. 2007년 9월 현재 산재보험에 가입한 사업장은 1,355,472개소이며 근로자는 12,412,500명이다. 사업장의 가입 비율은 전년 동월 대비 141,864개소(11.69%) 증가하였고, 근로자는 933,393명(8.13%) 증가하였다. 이는 산재보험의 적용대상의 확대와 고용주의 의식전환의 결과라고 볼 수 있다.

■ 적용대상

우리나라 산재보험의 적용대상은 산업재해보상보험법 제6조에 따라서 근로자를 사용하는 모든 사업 또는 사업장에 적용한다. 다만, 사업의 위험률·규모 및 장소 등을 고려하여 대통령령으로 정하는 사업에 대하여는 이 법을 적용하지 아니한다. 그러나 적용제외 사업이라 하더라도 적용제외 사업의 사업주는 근로복지공단의 승인을 얻어 임의로 보험에 가입할 수 있다. 산재보험의 가입자는 사업주이며, 사업주의 가입의사 여부와 관계없이 당연 적용되는 당연적용사업과 사업주의 가입의사에 따라 가입할 수 있는 임의적용사업으로 분류된다.

산재보험을 처음 시행할 당시인 1964년에는 500인 이상의 광업과 제조업 부문에만 적용되었다. 그 후 수차례 법 개정을 통하여 적용범위를 확대하였고, 1992년에는 일부 업종을 제외하고 원칙적으로 5인 이상을 상시 고용하는 모든 사업장에 당연 적용하도록 하였다. 그 후 2000년 7월 1일부터는 상시근로자 5인 미만, 즉 1인 이상을 고용하는 모든 사업장에 대하여 산재보험이 확대 적용되었다. 산재보험 적용범위 확대과정은 〈표 13-1〉과 같다. 산재보험 적용사업장 수 및 대상자는 〈표 13-1〉에서 나타나듯이 5인 미만 사업장에 대해 확대 적용한 2000년도부터 사업장 수 및 대상자가 증가하는 경향을 보이고 있다.

■ 보험급여

급여보상의 요건

산재보험급여를 받기 위해서는, 첫째, 산재보험 가입 사업의 근로자이어야 하며, 둘째, 재해가 '업무상 재해'로 인정을 받아야 한다. 산업재해보상보험법 제5조 제1호는 "업무상의 재해란 업무상의 사유에 따른 근로자의 부상·질병·장해 또는 사망을 말한다"고 규정하고 있다. 따라서 산재보험의 급여보상 여부는 업무상 재해(업무상의 사유)를 어떻게 해석하느냐에 달려 있다.

산업재해보상보험법 제37조는 업무상의 재해의 인정기준을 '업무상 사고'와 '업무상 질병'의 인정기준으로 나누어 제시하고 있다.

업무상 사고란 ① 근로자가 근로계약에 따른 업무나 그에 따르는 행위를 하던 중 발생한 사고, ② 사업주가 제공한 시설물 등을 이용하던 중 그 시설물 등의 결함이나 관리소홀로 발생한 사고, ③ 사업주가 제공한 교통수단이나 그에 준하는 교통수단을 이용하는 등 사업주의 지배관리하에서 출퇴근 중 발생한 사고, ④ 사업주가 주관하거나 사업주의 지시에 따라 참여한 행사나 행사준비 중에 발생한 사고, ⑤ 휴게시간 중 사업주의 지배관리하에 있다고 볼 수 있는 행위로 발생한 사고, ⑥ 그밖에 업무와 관련하여 발생한 사고 중 하나에 해당하여야 한다. 다만, 업무와 재해 사이에 상당인과 관계가 있어야 한다.

한편, 업무상 질병이란 ① 업무수행 과정에서 유해·위험요인을 취급하거나 그에 노출되어 발생한 질병, ② 업무상 부상이 원인이 되어 발생한 질병, ③ 그밖에 업무와 관련하여 발생한 질병 중 하나에 해당하여야 한다. 다만, 업무와 재해 사이에 상당인과 관계가 있어야 한다.

한편, 근로자의 고의·자해행위나 범죄행위 또는 그것이 원인이 되어 발생한 부상·질병·장해 또는 사망은 업무상의 재해로 보지 아니한다. 다만, 그 부상·질병·장해 또는 사망이 정신적 인식능력 등이 뚜렷하게 저하된 상태에서 한 행위로 발생한 경우로서 대통령령이 정하는 사유가 있으면 업무상 재해로 본다. 대통령령으로 정하는 사유란 업무상 사유로 발생한 정신질환으로 치료를 받았거나 받고 있는 사람이 정신적 이상상태에서 자해행위를 한 경우, 업무상의 재해로 요양 중인 사람이 그 업무상의 재해로 인한 정신적 이상상태에서 자해행위를 한 경우, 그밖에 업무상의 사유로 인한 정신적 이상상태에서 자해행위를 하였다는 것이 의학적으로 인정되는 경우이다.

산업재해보상보험법 시행령 제34조에 의하면, 업무상 질병의 경우에는 여러 가지 요건을 열거하고, 특히 업무와 질병과의 인과관계를 업무상 질병으로 인정하는 요건으로 규정하고 있어 이 요건주의를 채택하고 있다고 볼 수 있다.

급여의 종류

산재보험의 급여에는 요양급여, 휴업급여, 장해급여, 간병급여, 유족급여, 상병보상연금, 장의비, 직업재활급여가 있다.

요양급여

요양급여는 근로자가 업무상의 사유에 의하여 부상을 당하거나 질병에 걸린 경우에 당해 근로자에게 지급하는 급여로서(동법 제40조 제1항), 원칙적으로 현물급여이며 예외적으로 요양에 갈음하여 요양비를 지급할 수 있다(동법 제40조 제2항). 다만, 3일 이내의 요양으로 치유될 수 있는 경우에는 요양급여를 지급하지 아니한다(동법 제40조 제3항).

요양급여는 치료 종결 시까지 계속되는데, 치료 종결이란 근로복지공단이 "요양 중인 근로자의 상병이 계속 치료를 하더라도 의학적인 효과를 기대할 수 없게 되고, 그 증상이 고정된 상태에 이른 경우" 근로복지공단이 요양급여를 종결하는 조치를 말하며, 일정한 경우에는 근로복지공단에 설치되어 있는 치료종결심의협의회의 심의를 거쳐야 한다(산재규칙 제16조).

요양급여의 범위는 다음과 같다(동법 제40조).

① 진찰

② 약재 또는 진료 재료와 의지, 기타 보철구의 지급

③ 처치, 수술, 기타의 치료

④ 의료시설에의 수용

⑤ 개호

⑥ 이송

⑦ 기타 노동부령이 정하는 사항

휴업급여

휴업급여는 요양으로 인하여 취업하지 못한 기간에 대하여 지급하며, 1일에 대하여 평균임금의 100분의 70에 상당하는 금액을 지급한다. 취업하지 못한 기간이 3일 이내인 때에는 지급하지 않는다(동법 제40조 제1항).

휴업급여가 최저임금법 제5조에 의한 최저임금액에 미달하는 경우에는 최저임금액을 휴업급여 지급액으로 한다(동법 제41조 제3항, 1999. 12. 31. 신설, 2000. 7. 1. 시행). 다만, 당해 근로자가 일정 연령에 도달한 이후에는 노동능력 등을 고려하여 휴업급여를 감액하여 지급하되, 일정 연령 이후 취업 중인 자가 업무상의 재해로 요양하는 경우에는 일정한 기간 동안에는 감액 지급하지 않는다(동법 제41조 제2항, 1999. 12. 31. 신설, 2001. 7. 1. 시행). 또한 요양기간 중에 피해자가 상병보상연금을 받게 되면 그때부터의 휴업급여는 지급되지 아니한다(동법 제4조 제3항).

장해급여

장해급여는 부상이나 질병을 치유한 후에도 신체 등에 장해가 있는 경우 지급하는 급여이다. 장해등급은 장해정도에 따라 14등급으로 나누어지며, 장해급여는 장해등급에 따라 다르다. 장해등급의 기준 및 장해등급별 급여수준은 〈표 13-2〉와 같다.

장해급여를 지급하는 방법은 장해보상연금과 장해보상일시금 두 종류가 있다. 장해등급 1~3급은 의무적으로 장해보상연금이 지급되며, 장해등급 4~7급은 장해보상연금과 장해보상일시금 중 선택이 가능하고, 장해등급 8~14등급은 장해보상일시금이 지급된다. 다만, 장해급여 청구사유 발생 당시 대한민국 국민이 아닌 자로서 외국에서 거주하고 있는 근로자에게는 장해등급에 관계없이 장해보상일시금을 지급한다. 〈표 13-2〉에서 보는 바와 같이 장해보상연금의 경우 장해등급 1급은 평균임금의 329일분, 7급은 138일분의 연금을 받는다. 이를 임금대체율로 환산하면 90.1%, 37.8%에 해당된다. 장해보상일시금은 장해등급 4급은 평균임금의 1,012일분(2.77년), 장해등급 14등급은 평균임금의 55일분이다.

장해보상연금은 선급제도를 인정하고 있다. 장해보상연금은 수급권자가 신청하면 그 연금의 최초 1년분 또는 2년분의 2분의 1에 해당하는 금액을 미리 지급할 수 있다. 다만, 노동력을 완전히 상실한 근로자에게는 그 연금의 최초 4년분까지 미리 지급할 수 있다. 이 경우 미리 지급하는 금액에 대하여는 100분의 5의 비율 범위 내에서 대통령령으로 정하는 바에 따라 이자를 공제할 수 있다.

장해보상연금의 경우 연금을 지급받는 기간이 충분치 못하면 이를 일시금으로 보상해 주는 제도를 가지고 있다. 장해보상연금수급권자의 수급권이 소멸한 경우(사망한 경우, 국적을 상실하고 외국에 거주하기 위해 출국하는 경우, 장해등급이 변경되어 장해보상연금의 지급대상에서 제외되는 경우 등)에 이미 지급한 연금액을 지급 당시의 각각의 평균임금으로 나눈 일수의 합계가 장해보상일시금의 일수에 못 미치면 그 못 미치는 일수에 수급권 소멸 당시의 평균임금을 곱하여 산정한 금액을 유족 또는 그 근로자에게 일시금으로 지급한다.

〈표 13-2〉 장해등급의 기준 및 장해등급별 급여수준

장해등급	장해등급 기준	연금	일시금
제1급	• 두 눈이 실명된 사람 • 말하는 기능과 씹는 기능을 모두 완전히 잃은 사람 • 신경계통의 기능 또는 정신기능에 뚜렷한 장해가 남아 항상 간병을 받아야 하는 사람 • 흉복부 장기의 기능에 뚜렷한 장해가 남아 항상 간병을 받아야 하는 사람 • 두 팔을 팔꿈치 관절 이상의 부위에서 잃은 사람 • 두 팔을 완전히 사용하지 못하게 된 사람 • 두 다리를 무릎 관절 이상의 부위에서 잃은 사람 • 두 다리를 완전히 사용하지 못하게 된 사람	329일분	1,474일분
제2급	• 한쪽 눈이 실명되고 다른 쪽 눈의 시력이 0.02 이하로 된 사람 • 두 눈의 시력이 각각 0.02 이하로 된 사람 • 두 팔을 손목 관절 이상의 부위에서 잃은 사람 • 두 다리를 발목 관절 이상의 부위에서 잃은 사람 • 신경계통의 기능 또는 정신기능에 뚜렷한 장해가 남아 수시로 간병을 받아야 하는 사람 • 흉복부 장기의 기능에 뚜렷한 장해가 남아 수시로 간병을 받아야 하는 사람	291일분	1,309일분
제3급	• 한쪽 눈이 실명되고 다른 쪽 눈의 시력이 0.06 이하로 된 사람 • 말하는 기능 또는 씹는 기능을 완전히 잃은 사람 • 신경계통의 기능 또는 정신기능에 뚜렷한 장해가 남아 평생 동안 노무에 종사할 수 없는 사람 • 흉복부 장기의 기능에 뚜렷한 장해가 남아 평생 동안 노무에 종사할 수 없는 사람 • 두 손의 손가락을 모두 잃은 사람 • 진폐증의 병형이 제1형 이상이면서 동시에 심폐기능에 중등도 장해가 남은 사람	257일분	1,155일분

제4급	• 두 눈의 시력이 각각 0.06 이하로 된 사람 • 말하는 기능과 씹는 기능에 뚜렷한 장해가 남은 사람 • 고막 전부의 결손이나 그 외의 원인으로 두 귀의 청력을 완전히 잃은 사람 • 한쪽 팔을 팔꿈치 관절 이상의 부위에서 잃은 사람 • 한쪽 다리를 무릎 관절 이상의 부위에서 잃은 사람 • 두 손의 손가락을 모두 제대로 못 쓰게 된 사람 • 두 팔을 리스프랑 관절 이상의 부위에서 잃은 사람	224일분	1,012일분
제5급	• 한쪽 눈이 실명되고 다른 쪽 눈의 시력이 0.1 이하로 된 사람 • 한쪽 팔을 손목 관절 이상의 부위에서 잃은 사람 • 한쪽 다리를 발목 관절 이상의 부위에서 잃은 사람 • 한쪽 팔을 완전히 사용하지 못하게 된 사람 • 한쪽 다리를 완전히 사용하지 못하게 된 사람 • 두 발의 발가락을 모두 잃은 사람 • 흉복부 장기의 기능에 뚜렷한 장해가 남아 특별히 쉬운 일 외에는 할 수 없는 사람 • 신경계통의 기능 또는 정신기능에 뚜렷한 장해가 남아 특별히 쉬운 일 외에는 할 수 없는 사람 • 진폐증의 병형이 제4형이면서 동시에 심폐기능에 경도장해가 남은 사람	193일분	869일분
제6급	• 두 눈의 시력이 각각 0.1 이하로 된 사람 • 말하는 기능 또는 씹는 기능에 뚜렷한 장해가 남은 사람 • 고막 대부분의 결손이나 그 외의 원인으로 두 귀의 청력이 모두 귀에 대고 말하지 아니하면 큰 말소리를 알아듣지 못하게 된 사람 • 한쪽 귀가 전혀 들리지 않게 되고 다른 쪽 귀의 청력이 40cm 이상의 거리에서는 보통의 말소리를 알아듣지 못하게 된 사람	164일분	737일분
제6급	• 척주에 극도의 기능 장해나 고도의 기능장해가 남고 동시에 극도의 척추신경근장해가 남은 사람 • 한쪽 팔 3대 관절 중 2개 관절을 제대로 못 쓰게 된 사람 • 한쪽 다리의 3대 관절 중 2개 관절을 제대로 못 쓰게 된 사람 • 한쪽 손의 5개의 손가락 또는 엄지손가락과 둘째손가락을 포함하여 4개의 손가락을 잃은 사람	164일분	737일분
제7급	• 한쪽 눈이 실명되고 다른 쪽 눈의 시력이 0.6 이하로 된 사람 • 두 귀의 청력이 모두 40cm 이상의 거리에서는 보통의 말소리를 알아듣지 못하게 된 사람 • 한쪽 귀가 전혀 들리지 않게 되고 다른 쪽 귀의 청력이 1m 이상의 거리에서는 보통의 말소리를 알아듣지 못하게 된 사람 • 신경계통의 기능 또는 정신기능에 장해가 남아 쉬운 일 외에는 하지 못하는 사람 • 흉복부 장기의 기능에 장해가 남아 쉬운 일 외에는 하지 못하는 사람 • 한쪽 손의 엄지손가락과 둘째손가락을 잃은 사람 또는 엄지손가락이나 둘째손가락을 포함하여 3개 이상의 손가락을 잃은 사람 • 한쪽 손의 5개의 손가락 또는 엄지손가락과 둘째손가락을 포함하여 4개의 손가락을 제대로 못 쓰게 된 사람 • 한쪽 발을 리스프랑 관절 이상의 부위에서 잃은 사람 • 한쪽 팔에 가관절이 남아 뚜렷한 운동기능장해가 남은 사람 • 한쪽 다리에 가관절이 남아 뚜렷한 운동기능장해가 남은 사람 • 두 발의 발가락을 모두 제대로 못 쓰게 된 사람 • 외모에 극도의 흉터가 남은 사람 • 양쪽의 고환을 잃은 사람 • 척주에 극도의 기능 장해나 고도의 기능장해가 남고 동시에 고도의 척추신경근장해가 남은 사람 또는 척주에 중등도의 기능 장해나 극도의 변형장해가 남고 동시에 극도의 척추신경근장해가 남은 사람 • 진폐증의 병형이 제1형 · 제2형 또는 제3형이면서 동시에 심폐기능에 경도 장해가 남은 사람	138일분	616일분
제8급	• 한쪽 눈이 실명되거나 한쪽 눈의 시력이 0.02 이하로 된 사람 • 척주에 극도의 기능장해가 남은 사람, 척주에 고도의 기능장해가 남고 동시에 중등도의 척추신경근 장해가 남은 사람, 척주에 중등도의 기능 장해나 극도의 변형장해가 남고 동시에 고도의 척추신경근장해가 남은 사람, 또는 척주에 경미한 기능 장해나 중등도의 변형장해가 남고 동시에 극도의 척추신경근장해가 남은 사람 • 한쪽 손의 엄지손가락을 포함하여 2개의 손가락을 잃은 사람 • 한쪽 손의 엄지손가락과 둘째손가락을 제대로 못 쓰게 된 사람 또는 엄지손가락이나 둘째손가락을 포함하여 3개 이상의 손가락을 제대로 못 쓰게 된 사람 • 한쪽 다리가 5cm 이상 짧아진 사람 • 한쪽 팔의 3개 관절 중 1개 관절을 제대로 못 쓰게 된 사람 • 한쪽 다리의 3개 관절 중 1개 관절을 제대로 못 쓰게 된 사람 • 한쪽 팔에 가관절이 남은 사람 • 한쪽 다리에 가관절이 남은 사람 • 한쪽 발의 5개의 발가락을 모두 잃은 사람 • 비장 또는 한쪽의 신장을 잃은 사람		495일분

제9급	• 두 눈의 시력이 0.06 이하로 된 사람 • 한쪽 팔의 3개 관절 중 1개 관절을 제대로 못 쓰게 된 사람 • 두 눈에 모두 반맹증 또는 시야협착이 남은 사람 • 두 눈의 눈꺼풀에 뚜렷한 결손이 남은 사람 • 코에 고도의 결손이 남은 사람 • 말하는 기능과 씹는 기능에 장해가 남은 사람 • 두 귀의 청력이 모두 1m 이상의 거리에서는 큰 말소리를 알아듣지 못하게 된 사람 • 한쪽 귀의 청력이 귀에 대고 말하지 아니하면 큰 말소리를 알아듣지 못하고 다른 귀의 청력이 1m 이상의 거리에서는 보통의 말소리를 알아듣지 못하게 된 사람 • 한쪽 귀의 청력을 완전히 잃은 사람 • 한쪽 손의 엄지손가락을 잃은 사람 또는 둘째손가락을 포함하여 2개의 손가락을 잃은 사람 또는 엄지손가락과 둘째손가락 외의 3개의 손가락을 잃은 사람 • 한쪽 손의 엄지손가락을 포함하여 2개의 손가락을 제대로 못 쓰게 된 사람 • 한쪽 발의 엄지발가락을 포함하여 2개 이상의 발가락을 잃은 사람 • 한쪽 발의 발가락을 모두 제대로 못 쓰게 된 사람 • 생식기에 뚜렷한 장해가 남은 사람 • 신경계통의 기능 또는 정신기능에 장해가 남아 노무가 상당한 정도로 제한된 사람 • 흉복부 장기의 기능에 장해가 남아 노무가 상당한 정도로 제한된 사람 • 척주에 고도의 기능장해가 남은 사람, 척주에 중등도의 기능 장해가 남고 동시에 중등도의 척추신경근장해가 남은 사람, 척주에 경미한 기능 장해나 중등도의 변형장해가 남고 동시에 고도의 척추신경장해가 남은 사람 또는 척주에 극도의 척주신경장해가 남은 사람 • 외모에 고도의 흉터가 남은 사람 • 진폐증의 병형이 제3형 또는 제4형이면서 동시에 심폐기능에 경미한 장해가 남은 사람	385일분
제10급	• 한쪽 눈의 시력이 0.1 이하로 된 사람 • 한쪽 눈의 눈꺼풀에 뚜렷한 결손이 남은 사람 • 코에 중등도의 결손이 남은 사람 • 말하는 기능 또는 씹는 기능에 장해가 남은 사람 • 14개 이상의 치아에 치과 보철을 한 사람 • 한 귀의 청력이 귀에 대고 말하지 않으면 큰 말소리를 알아듣지 못하게 된 사람 • 두 귀의 청력이 모두 1m 이상의 거리에서는 보통의 말소리를 알아듣지 못하게 된 사람 • 척주에 중등도의 기능장해가 남은 사람, 척주에 극도의 변형장해가 남은 사람, 척주에 경미한 기능 장해나 중등도의 변형장해가 남고 동시에 중등도의 척추신경근장해가 남은 사람 또는 척주에 고도의 척추신경근장해가 남은 사람 • 한쪽 손의 둘째손가락을 잃은 사람 또는 엄지손가락과 둘째손가락을 포함하여 2개의 손가락을 잃은 사람 • 한쪽 손의 둘째손가락을 제대로 못 쓰게 된 사람 또는 둘째손가락을 포함하여 2개의 손가락을 제대로 못쓰게 된 사람 또는 엄지손가락과 둘째손가락 외의 3개의 손가락이 제대로 못 쓰게 된 사람 • 한쪽 다리가 3cm 이상 짧아진 사람 • 한쪽 발의 엄지발가락 또는 그 외의 4개의 발가락을 잃은 사람 • 한쪽 팔의 3개 관절 중 1개 관절의 기능에 뚜렷한 장해가 남은 사람 • 한쪽 다리의 3개 관절 중 1개 관절의 기능에 뚜렷한 장해가 남은 사람	297일분
제11급	• 두 눈이 모두 안구의 조절기능에 뚜렷한 장해가 남거나 또는 뚜렷한 운동기능 장해가 남은 사람 • 두 눈의 눈꺼풀에 뚜렷한 운동기능장해가 남은 사람 • 두 눈의 눈꺼풀의 일부가 결손된 사람 • 한쪽 귀의 청력이 40cm 이상의 거리에서는 보통의 말소리를 알아듣지 못하게 된 사람 • 두 귀의 청력이 모두 1m 이상의 거리에서는 작은 말소리를 알아듣지 못하게 된 사람 • 두 귀의 귓바퀴에 고도의 결손이 남은 사람 • 척주에 경도의 기능장해가 남은 사람, 척주에 고도의 변형장해가 남은 사람, 척주에 경미한 기능 장해나 중등도의 변형장해가 남고, 동시에 경도의 척추신경근장해가 남은 사람 또는 척주에 중등도의 척추신경장해가 남은 사람 • 한쪽 손의 가운뎃손가락 또는 넷째손가락을 잃은 사람 • 한쪽 손의 둘째손가락을 제대로 못 쓰게 된 사람 또는 엄지손가락과 둘째손가락 외의 2개의 손가락을 제대로 못 쓰게 된 사람 • 한쪽 발의 엄지발가락을 포함하여 2개 이상의 발가락을 제대로 못 쓰게 된 사람 • 흉복부 기능의 장해가 남은 사람 • 10개 이상의 치아에 치과 보철을 한 사람 • 외모에 중등도의 흉터가 남은 사람 • 두 팔의 노출된 면에 극도의 흉터가 남은 사람 • 두 다리의 노출된 면에 극도의 흉터가 남은 사람 • 진폐증의 병형이 제1형 또는 제2형이면서 동시에 심폐기능에 경미한 장해가 남는 사람, 진폐증의 병형이 제2형·제3형 또는 제4형인 사람	220일분

제12급	• 한쪽 눈의 안구의 조절기능에 뚜렷한 장해가 남거나 뚜렷한 운동기능장해가 남은 사람 • 한쪽 눈의 눈꺼풀에 뚜렷한 운동기능장해가 남은 사람 • 한쪽 눈의 눈꺼풀의 일부가 결손된 사람 • 7개 이상의 치아에 치과 보철을 한 사람 • 한쪽 귀의 귓바퀴에 고도의 결손이 남은 사람 또는 두 귀의 귓바퀴에 중등도의 결손이 남은 사람 • 코에 경도의 결손이 남은 사람 • 코로 숨쉬기가 곤란하게 된 사람 또는 냄새를 맡지 못하게 된 사람 • 쇄골, 흉골, 늑골, 견갑골 또는 골반골에 뚜렷한 변형이 남은 사람 • 한쪽 팔의 3대 관절 중 1개 관절의 기능에 장해가 남은 사람 • 한쪽 다리의 3개 관절 중 1개 관절의 기능에 장해가 남은 사람 • 장관골에 변형이 남은 사람 • 한쪽 손의 가운뎃손가락 또는 넷째손가락을 제대로 못 쓰게 된 사람 • 한쪽 발의 둘째발가락을 잃은 사람 또는 둘째발가락을 포함하여 2개의 발가락을 잃은 사람 또는 가운데 발가락 이하의 3개의 발가락을 잃은 사람 • 한쪽 발의 엄지발가락 또는 그 외에 4개의 발가락을 제대로 못 쓰게 된 사람 • 국부에 심한 신경증상이 남은 사람 • 척주에 경미한 기능장해가 남은 사람, 척주에 중등도의 변형장해가 남은 사람 또는 척주에 경도의 척추신경근장해가 남은 사람 • 두 팔의 노출된 면에 고도의 흉터가 남은 사람 • 두 다리의 노출된 면에 고도의 흉터가 남은 사람	154일분
제13급	• 한쪽 눈의 시력이 0.6 이하로 된 사람 • 한쪽 눈에 반맹증 또는 시야협착이 남은 사람 • 한쪽 귀의 귓바퀴에 중등도의 결손이 남은 사람 또는 두 귀의 귓바퀴에 경도의 결손이 남은 사람 • 5개 이상의 치아에 치과 보철을 한 사람 • 한쪽 손의 새끼손가락을 잃은 사람 • 한쪽 손의 엄지손가락 뼈의 일부를 잃은 사람 • 한쪽 손의 둘째손가락 뼈의 일부를 잃은 사람 • 한쪽 손의 둘째손가락 끝관절을 굽혔다 폈다 할 수 없게 된 사람 • 한쪽 다리가 다른 쪽 다리보다 1cm 이상 짧아진 사람 • 한쪽 발의 가운뎃발가락 이하의 1개 또는 2개의 발가락을 잃은 사람 • 한쪽 발의 둘째발가락을 제대로 못 쓰게 된 사람 또는 둘째발가락을 포함하여 2개의 발가락을 제대로 못 쓰게 된 사람 또는 가운뎃발가락 이하의 3개의 발가락을 제대로 못 쓰게 된 사람 • 척주에 경도의 변형장해가 남은 사람 또는 척주의 수상 부위에 기질적 변화가 남은 사람 • 외모에 경도의 흉터가 남은 사람 • 두 팔의 노출된 면에 중등도의 흉터가 남은 사람 • 두 다리의 노출된 면에 중등도의 흉터가 남은 사람 • 진폐증의 병형이 제1형인 사람	99일분
제14급	• 한쪽 귀의 청력이 1m 이상의 거리에서는 작은 말소리를 알아듣지 못하게 된 사람 • 한쪽 귀의 귓바퀴에 경도의 결손이 남은 사람 • 3개 이상의 치아에 치과 보철을 한 사람 • 두 팔의 노출된 면에 경도의 흉터가 남은 사람 • 두 다리의 노출된 면에 경도의 흉터가 남은 사람 • 한쪽 손의 새끼손가락을 제대로 못 쓰게 된 사람 • 한쪽 손의 엄지손가락과 둘째손가락 외의 손가락뼈의 일부를 잃은 사람 • 한쪽 손의 엄지손가락과 둘째손가락 외의 손가락 끝관절을 굽혔다 폈다 할 수 없게 된 사람 • 한쪽 발의 가운뎃발가락 이하의 1개 또는 2개의 발가락을 제대로 못 쓰게 된 사람 • 국부에 신경증상이 남은 사람 • 척주에 경미한 변형장해가 남은 사람 또는 척추의 수상 부위에 비기질적 변화가 남은 사람	55일분

자료: 산업재해보상보험법 제57조 제2항 별표 2, 산업재해보상보험법 시행령 제53조 제1항 별표 6

간병급여

간병급여는 요양급여를 받은 자가 치유 후 의학적으로 상시 또는 수시로 간병이 필요하여 실제로 간병을 받은 자에게 지급하는 급여이다(동법 제42조의3 제1항, 1999. 12. 31. 신설, 2000. 7. 1. 시행). 종전에는 요양을 받는 기간에만 요양급여의 일부분으로 간병료를 지급하였는데(동법 제40조 제4항 제5호) 요양기간에만 지급되기 때문에 중증 산재근로자가 요양 종결 이후에는 보호가 미흡한 실정이다. 하지만 앞으로는 그 요양기간이 끝난 후에도 의학적으로 간병이 필요한 경우에는 보험급여로서 간병급여를 지급하도록 하여 재해근로자의 사후관리를 강화하기 위해 신설된 급여이다. 또 필요한 경우 통원 및 재가요양 중인 근로자에게도 적용 가능하게 길을 터놓았다. 2009년 상시 간병급여액은 38,240원이며, 수시 간병급여액은 25,490원이다.

유족급여

유족급여는 유족보상연금 또는 유족보상일시금으로 하되, 유족보상일시금은 유족급여를 연금의 형태로 지급하는 것이 곤란한 경우로서 대통령령이 정하는 경우에 한하여 지급한다(동법 제43조 제2항, 동법 별표 2). 다만, 유족보상연금의 수급권자가 원하는 경우에는 유족보상일시금의 100분의 50에 상당하는 금액을 일시금으로 지급하고 유족보상연금은 100분의 50을 감액 지급한다(동법 제43조 제3항, 1999. 12. 31. 신설, 2000. 7. 1. 시행). 종전에는 유족급여를 일시금 또는 연금으로 지급하도록 하고 이를 수급권자의 선택에 맡겨두었으나, 거의 대부분 유족급여를 일시금으로 수급하는 경향이 있었을 뿐만 아니라 일시금으로 수급한 경우 유족 간의 불화 등으로 장기적인 생활보장기능이 미흡한 측면이 있었기 때문에 일시금은 예외적인 경우에만 지급하도록 개정한 것이다. 다만, 일부는 연금, 일부는 일시금으로 지급받을 수 있는 방법으로 병행하여 운용토록 하기 위해 신설된 것이다.

상병보상연금

상병보상연금은 요양급여를 받는 근로자가 요양 개시 후 2년이 경과한 날 이후에 그 상병이 치유되지 아니하고 일정한 폐질등급(동법 시행령 별표 4)에 해당되는 경우 또는 장해등급 1~3급에 해당하여 장해보상연금을 받고 있던 자가 부상 또는 질병이 재발하여 요양하게 된 경우에 휴업급여 대신 지급된다(동법 제44조 제1항, 1999. 12. 31. 개정, 2000. 7. 1. 시행).

폐질등급은 1급에서 3급까지 구분되고 있는데, 신체장애등급의 1급에서 3급까지의 내용과 거의 같은 기준이다. 2년 이상의 장기요양의 경우 또는 장해보상연금을 받던 자가 재요양을 하는 경우 그 근로자의 생계를 보호하기 위하여 1~3급의 폐질등급에 해당되는 피재근로자에게는 휴업급여 대신 더 높은 급여수준의 상병보상연금이 각 폐질등급에 따라 지급된다(동법 별표 3). 그러나 근로자가 일정 연령에 도달한 이후에는 노동능력 등을 고려하여 상병보상연금을 감액하여 지급하되, 일정 연령 이후에 취업 중인 자가 업무상의 재해로 인하여 요양하는 경우에는 대통령이 정하는 기간 동안 상병보상연금을 감액하지 아니한다(동법 제44조 제3항, 1999. 12. 31. 신설, 2000. 7. 1. 시행).

요양급여를 받는 근로자가 요양을 개시한 후 3년이 경과된 날 이후에 상병보상연금을 지급받고 있는 경우에는 근로기준법상 일시보상(근로기준법 제87조)이 행해진 것으로 보아(산업재해보상보험법 제48조 제4항), 사용자는 해당 근로자를 해고할 수 있어 고용관계를 정리해도 무방하다.

〈표 13-3〉 폐질등급의 기준 및 등급별 급여수준

폐질등급	폐질등급 기준	급여수준
\multicolumn{3}{1. 업무상 부상 또는 질병(진폐증은 제외)으로 요양 중인 근로자의 폐질등급 기준}
제1급	• 두 눈이 실명된 사람 • 말하는 기능과 씹는 기능을 모두 완전히 잃은 사람 • 신경계통의 기능 또는 정신기능에 뚜렷한 장해가 있어 항상 간병을 받아야 하는 사람 • 흉복부 장기의 기능에 뚜렷한 장해가 있어 항상 간병을 받아야 하는 사람 • 두 팔을 팔꿈치 관절 이상의 부위에서 잃은 사람 • 두 팔을 영구적으로 완전히 사용하지 못하게 된 사람 • 두 다리를 무릎 관절 이상의 부위에서 잃은 사람 • 두 다리를 완전히 사용하지 못하게 된 사람	평균임금의 329일분
제2급	• 한쪽 눈이 실명되고 다른 쪽 눈의 시력이 0.02 이하로 된 사람 • 두 눈의 시력이 0.02 이하로 된 사람 • 두 팔을 손목 관절 이상의 부위에서 잃은 사람 • 두 다리를 발목 관절 이상의 부위에서 잃은 사람 • 신경계통의 기능 또는 정신기능에 뚜렷한 장해가 있어 수시로 간병을 받아야 하는 사람	평균임금의 291일분
제3급	• 한쪽 눈이 실명되고 다른 쪽 눈의 시력이 0.06 이하로 된 사람 • 말하는 기능 또는 씹는 기능을 완전히 잃은 사람 • 신경계통의 기능 또는 정신기능에 뚜렷한 장해가 있어 전혀 노무에 종사하지 못하는 사람 • 흉복부 장기의 기능에 뚜렷한 장해가 있어 전혀 노무에 종사하지 못하는 사람 • 두 손의 손가락을 모두 잃은 사람 • 진폐증의 병형이 제1형 이상이면서 동시에 심폐기능에 중증도 장애가 남은 사람	평균임금의 257일분
\multicolumn{3}{2. 진폐증으로 요양 중인 근로자의 폐질등급 기준}
제1급	• 혼자 힘으로는 식사 · 용병 등 일상생활에 필요한 동작을 할 수 없는 사람	업무상 부상 또는 질병의 경우와 동일
제2급	• 일상생활의 범위가 주로 병상에 한정되고, 식사 · 용변 및 병동 안에서의 100m 이내의 보행 등 짧은 시간 병상을 떠나는 것이 가능한 사람	
제3급	• 식사 · 용변 등 일상생활에 필요한 동작은 가능하나 전혀 노무에 종사할 수 없는 사람	

자료: 산업재해보상보험법 제66조 제2항 별표 4, 산업재해보상보험법 시행령 제65조 제1항 별표 8

장의비

장의비는 근로자가 업무상의 사유로 사망한 경우 장의비용으로 지급하는 급여이다. 장의비는 평균임금의 120일분에 상당하는 금액이며, 그 장제를 지낸 유족에게 지급한다. 다만, 장제를 유족이 없거나 그밖에 부득이한 사유로 유족이 아닌 자가 장제를 지낸 경우에는 평균임금의 120일분에 상당하는 금액의 범위에서 실제 드는 비용을 그 장제를 지낸 자에게 지급한다.

장의비는 최고금액과 최저금액이 있다. 이는 실비 보상적 성격을 지닌 장의비가 소득에 비례해서 결정되기 때문에 이를 조정하기 위한 것이라 볼 수 있다. 장의비 최고금액은 전년도 장의비 수급권자에 지급된 1인당 평균 장의비의 90일분에다 최고보상기준금액(전체 근로자의 임금평균액의 1.8배)의 30일분을 합한 금액이다. 장의비 최저금액은 전년도 장의비 수급권자에 지급된 1인당 평균장의비의 90일분에다 최저보상기준금액(전체 근로자의 임금평균액의 2분의 1)의 30일분을 합한 금액이다.

직업재활급여

직업재활급여는 피재근로자가 취업하는 데 필요한 직업훈련, 직장복귀에 필요한 직장적응훈련, 재활운동 등에 소요되는 비용을 지원하는 급여이다. 직업재활급여의 종류로 ① 장해급여를 받는 자 중 취업을 위하여 직업훈련이 필요한 자에 대하여 실시하는 직업훈련에 드는 비용(직업훈련비용) 및 직업훈련수당과 ② 업무상의 재해가 발생할 당시의 사업장에 복귀한 장해급여자에 대하여 사업주가 고용을 유지하거나 직장적응훈련 또는 재활운동을 실시하는 경우에 각각 지급하는 직장복귀지원금, 직장적응훈련비 및 재활운동비가 있다.

직업훈련 대상자(직업재활급여의 ①)가 되기 위해서는 장해등급 1~9급까지의 어느 하나에 해당해야 하며, 직업훈련 신청 당시 60세 미만이어야 하고, 취업하고 있지 않아야 하며, 다른 직업훈련을 받고 있지 않아야 한다. 직업훈련은 근로복지공단과 계약을 체결한 직업훈련기관에서 실시해야 하며, 직업훈련비용의 금액은 노동부장관이 훈련비용, 훈련기간, 노동시장의 여건 등을 고려하여 고시하는 금액의 범위에서 실제 드는 비용으로 하되, 직업훈련비용을 지급하는 훈련기간은 12개월 이내로 한다. 직업훈련수당은 직업훈련을 받는 훈련대상자에게 그 직업훈련으로 인하여 취업하지 못하는 기간에 대하여 지급하되, 1일당 지급액은 최저임금액에 상당하는 금액으로 한다.

직장복귀지원금, 직장적응훈련비, 재활운동비(직업재활급여의 ②)는 장해급여자에 대하여 고용을 유지하거나 직장적응훈련 또는 재활운동을 실시하는 사업주에게 각각 지급한다. 직장복귀지원금은 노동부장관이 임금수준 및 노동시장의 여건 등을 고려하여 고시하는 금액의 범위에서 사업주가 장해급여자에게 지급한 임금액으로 하되, 그 지급기간은 12개월 이내로 한다. 직장적응훈련비 및 재활운동비는 노동부장관이 직장적응훈련 또는 재활운동에 드는 비용을 고려하여 도시하는 금액의 범위에서 실제 드는 비용으로 하되, 그 지급기간은 3개월 이내로 한다.

장해특별급여

장해특별급여는 민사상 손해배상청구에 갈음하여 만든 제도이다. 민사상 손해배상청구의 경우 불필요한 소송비용이나 시간이 많이 소요되므로, 소송비용이나 시간이 많이 소요되지 않으면서 민사상 손해배상액과 동일한 배상을 받을 수 있도록 만든 것이 장해특별급여이다. 사업주의 고의 또는 과실로 발생한 업무상의 재해로 근로자가 장해등급 1~3급에 해당하는 장해를 입은 경우에 수급권자가 민법에 따른 손해배상청구에 갈음하여 장해특별급여를 청구하면 장해급여 외에 장해특별급여를 지급할 수 있다. 다만, 장해특별급여는 근로자와 사업주 사이에 장해특별급여에 관하여 협의가 이루어진 경우에 한한다.

장해특별급여는 평균임금의 30일분에 장해등급별 노동력 상실률(장해등급 1~3급 모두 100%)과 취업가능 기간에 대응하는 라이프니츠 계수(산업재해보상보험법 시행령 제73조 별표 11)를 곱하여 산정한 금액에서 장해보상일시금을 뺀 금액으로 한다. 보험가입자(사업주)는 특별급여 납부통지를 받으면 그 금액을 1년에 4회로 분할납부할 수 있다.

장해특별급여를 받기 위해서는 피재근로자와 사업주 사이에 협의가 이루어져야 하는데, 이는 사업주가 고의나 과실을 100% 인정하는 것과 같다. 그러나 민법상 손해배상액과 장해특별급여에 차이가 없기 때문에 사업주가 재판을 통해 시시비비를 가리기도 전에 고의나 과실을 인정하여 장해특별급여를 지급하는 일은 많지가 않다. 따라서 장해특별급여를 활성화하기 위해서는 장해특별급여를 인정하는 것이 민법상 손해배상을 지불하는 것보다 사업주에게 유리한 유인요건을 만들어주어야 한다.

이상의 급여 관련 내용을 정리하면 〈표 13-4〉와 같다.

〈표 13-4〉 장해특별급여내용

급여유형	수급요건	급여수준
요양급여	근로자가 업무상 사유로 부상을 당하거나 질병에 걸린 경우	진찰 및 검사, 약재 또는 진료재료와 의지, 그 밖의 보조기의 지급, 처치 · 수술, 그 밖의 치료, 재활치료, 입원, 간호 및 간병, 이송 등 요양에 필요한 일체의 비용
휴업급여	업무상 사유로 부상을 당하거나 질병에 걸린 근로자에게 요양으로 취업을 하지 못한 기간에 대해 지급	평균임금액의 70%
장해급여	• 부상이나 질병을 치유한 후에도 신체 등에 장해가 있는 경우 지급 • 장해급여 지급방법으로 장해보상연금과 장해보상일시금이 있음	• 장해등급 1~3급은 장해보상연금, 4~7급은 장해보상연금과 장해보상일시금 중 선택, 8~14급은 장해보상일시금 지급 • 장해보상연금의 경우 1급은 평균임금의 329일분, 7급은 138일분이며, 장해보상일시금의 경우 4급은 평균임금의 1,012일분, 14급은 55일분임
간병급여	요양급여를 받은 자 중 치유 후 의학적으로 상시 또는 수시로 간병이 필요하여 실제로 간병을 받은 자에게 지급	2009년 현재 상시간병은 1일 38,240원, 수시간병은 1인 25,490원(수시간병 금액은 상시간병 금액의 2/3 수준임)
유족급여	• 근로자가 업무상 사유로 사망한 경우에 유족에게 지급 • 유족급여로 유족보상연금과 유족보상일시금이 있으며, 유족보상일시금은 근로자가 사망할 당시 유족보상연금을 받을 수 있는 자격이 있는 자가 없는 경우에 지급	• 유족보상연금은 기본금액(평균임금에 365를 곱해 얻은 급여기초연액의 47%)+가산금액(유족보상연금수급자격자 1인당 급여기초연액의 5%, 단 그 합산액이 급여기초연액의 20%를 초과할 수 없음) • 유족보상일시금은 평균임금의 1,300일분
상병보상연금	요양급여를 받는 근로자가 요양을 시작한 지 2년이 지난 이후에도 그 부상이나 질병이 치유되지 아니한 상태이며, 그 부상이나 질병에 따른 폐질의 정도가 대통령령으로 정하는 폐질등급기준(폐질등급 1~3급)에 해당하는 경우 휴업급여에 대신하여 지급	폐질등급 1급은 평균임금의 39일분, 2급은 291분, 3급은 257일분
장의비	근로자가 업무상 사유로 사망한 경우	평균임금의 120분, 단 최고금액은 전년도 장의비 수급권자에게 지급된 1인당 평균 장의비의 90일분에다 최고보상기준금액(전체근로자의 임금평균액의 1.8배)의 30일분을 합한 금액이며, 최저금액은 전년도 장의비 수급권자에게 지급된 1인당 평균 장의비의 90일분에다 최저보상기준(전체근로자의 임금평균액의 2분의 1)의 30일분을 합한 금액
직업재활급여	• 피재근로자가 취업하는 데 필요한 직업훈련, 직업재활 등을 받는 데 소요되는 비용 지급 • 직업재활급여는 ① 장해급여를 받는 자 중 취업을 위하여 직업훈련이 필요한 자에 대하여 실시하는 직업훈련에 드는 비용(직업훈련비용) 및 직업훈련수당과 ② 업무상 재해가 발생한 당시의 사업장에 복귀한 장해급여자에 대하여 사업주가 고용을 유지하거나 직장적응훈련 또는 재활운동을 실시하는 경우에 직장복귀지원금, 직장적응훈련비 및 재활운동비 지급	• 직업훈련비용의 금액은 노동부 장관이 훈련비용, 훈련기간 및 노동시장의 여건 등을 고려하여 고시하는 금액의 범위에서 실제 드는 비용으로 하되, 지급하는 훈련기간은 12개월 이내 • 직업훈련수당은 직업훈련을 받는 훈련대상자에게 그 훈련으로 인하여 취업하지 못하는 기간에 대하여 지급하되, 1인당 지급액은 최저임금액에 상당하는 금액 • 직장복귀지원금은 노동부장관이 임금수준 및 노동시장의 여건을 고려하여 고시하는 금액의 범위에서 사업주가 장해급여자에게 지급하는 금액으로 하되, 지급기간은 12개월 이내 • 직장적응훈련비 및 재활운동비는 노동부장관이 직장적응훈련 또는 재활운동에 드는 비용을 고려하여 고시하는 금액의 범위에서 실제 드는 비용으로 하되, 지급기간은 3개월 이내

| 장해특별급여 | 사업주의 고의나 과실로 발생한 업무상의 재해로 근로자가 장해등급 1~3급에 해당하는 장해를 입은 경우 수급권자가 민법에 따른 손해배상 청구에 갈음하여 청구하고, 근로자와 사업주 사이에 협의가 이루어진 경우 | 평균임금의 30일분에 장해등급별 노동력 상실률(장해등급 1~3급 모두 100%)과 취업가능 기간에 대응하는 라이프니츠 계수(산업재해보상보험법 시행령 제73조 별표 11)를 곱하여 산정한 금액에서 장해보상일시금을 뺀 금액 |

자료: 산업재해보상보험법

■ 재원조달

산재보험의 재정방식은 단순부과방식을 취하고 있으며 이에 따라 당해 연도의 재정수요를 충족시키기 위하여 필요한 재원을 부과함으로써 재원을 조달하고 있다. 산재보험운영기관인 근로복지공단은 산재보험기금을 설치하여 운영 중에 있으며, 산재보험기금은 보험료 및 징수금, 일반회계전입금, 이자수입 등을 통하여 재원을 조달한다. 산재보험의 재정방식은 계속 사업장일 경우 매 보험연도 1월 1일부터 12월 31일까지 임금지급총액을 기준으로 한다. 연도 중 보험관계가 성립된 사업장은 보험관계 성립일로부터 12월 31일까지이며, 소멸사업장은 보험년도 1월 1일부터 사업폐기, 종료일까지를 기준으로 한다.

보험료율은 사업종류별로 정해지며 같은 업종이라 하더라도 재해율에 의하여 재해가 적거나 30인 이상 또는 연간 연인원 7,500명 이상의 근로자를 고용하는 사업장의 경우, 과거 3년간 보험급여의 금액비율이 100분의 85를 넘거나 100분의 75 이하일 때는 업종별 일반 보험료율을 100분의 50의 범위 안에서 인상 또는 인하하여 적용한다.

■ 과제 및 전망

적용대상 확대

산재보험 적용대상을 확대하기 위해 다음과 같은 몇 가지 사항을 고려해 볼 수 있다. 첫째, 산재보험의 당연적용대상을 확대하여야 한다. 농업·어업·임업 및 수렵업 중 법인이 아닌 자의 사업으로 상시 근로자가 5인 미만인 사업, 총 공사금액이 2천만 원 이하인 공사이거나 연면적이 100m² 이하인 건축물의 건축 또는 연면적이 200m² 이하인 건축물의 대수선에 관한 공사의 근로자 등도 산재보험의 적용을 받도록 적용대상범위를 점진적으로 확대할 필요가 있다.

재해인정범위 확대 및 보상수준 향상

재해인정범위를 확대하기 위해서는 업무상 재해 인정요건을 업무수행성과 업무기인성의 일 요건주의에서 선진국에서와 같이 업무수행성 위주의 일 요건주의로 전환할 필요가 있다. 현재 산업재해보상보험법의 '업무상의 사유'의 의미를 관대하게(업무수행성 위주의 일 요건주의) 해석·적용할 필요가 있다. 특히 통근상 재해의 경우 공무원이나 민영기업의 근로자 모두에게 순리적 경로와 방법으로 출·퇴근하던 중 발생한 재해에 대해서는 업무상 재해로 인정받을 수 없도록 해야 할 것이다.

2. 국민연금

■ 의의

국민연금법은 국민의 노령·폐질 또는 사망 등 사회적 위험이 발생한 경우에 가입자의 연금보험료를 주된 재원으로 하여 연금급여의 실시를 통한 장기적 소득보장을 함으로써 국민의 생활안정과 복지 증진에 기여함을 목적으로 하는 법이다(국민연금법 제1조).

국민연금법은 국민을 대상으로 한 연금보험을 규정한 법으로서, 연근보험은 사회보험의 일종이다. 사회보험은 현대사회의 제반 특성으로 인하여, 사람들이 불가항력적으로 어려움에 봉착하게 되는 경우가 발생하는 점을 예견하여, 미리 정형화된 사회적 위험에 대비하여 사보험원리를 바탕으로 한 사회보장제도의 한 형태이다. 그러므로 사회보험으로서 연금보험은 국가에 의해 일정한 자격을 가진 사람을 대상으로 강제적으로 적용되는 성격을 갖는다. 특히 연금보험은 사회생활을 영위하는 과정에 소위 사회적 위험으로 불리는 보험사고 중 노령·폐질 또는 사망에 봉착할 경우 개인과 가족의 소득 단절을 막고 인간다운 생활을 유지하게 하는 데 목적을 두고 있다.

■ 특성

국민연금은 세계 여러 나라에서 실시되고 있을 뿐 아니라, 현대사회에서 사회경제적으로 미치는 영향 역시 지대하여 그동안 많은 연구가 진행되어 왔다. 또 여러 분야의 많은 학자들의 다양한 특성의 논의가 있으나, 여기서는 몇 가지 특성을 다음과 같이 제시할 수 있다.

사회보험

국민연금은 사회보험으로서 ① 사회보험 급여를 지불하기 위한 재원조달방법으로서 사용자 혹은 피용자의 기여금을 근거로 하고 있으며, ② 국가의 독점적 운영이 일반적인 형태이며, ③ 강제가입을 특성으로 하고 있다. 또한 ④ 비영리 국가사업으로서 사회보험은 사회정책상의 동기로 운영되므로 국가가 운영경비의 일부를 부담하는 한편 적자액의 보조 등이 국가의 책임으로 되어 있다. 마지막으로 사회보험제도로서 국민연금은 ⑤ 소득의 재분배 기능을 가지고 있는데, 이는 국민연금제도를 통하여 고소득 계층으로부터 저소득 계층으로 소득의 이전이 이루어져 소득의 평등화에 기여하는 제도이다.

방빈적 소득보장제도

국민연금은 다른 사회보장제도, 예컨대 공공부조나 사회복지사업 등과 달리, 노령·폐질 및 사망에 대비한 개인과 가족 구성원을 위한 방빈적 소득보장이다. 이에 반하여 공공부조는 빈곤한 사람들에게 빈곤 해결책으로서 제반 급여와 서비스를 제공하는 제도이다.

장기 보험

국민연금은 원칙적으로 일정한 가입기간을 수급 요건으로 하고 사망할 때 또는 지급사유가 소멸될 때까지 연금 급여가 지급된다. 의료보험이나 산재보험 등과 같은 사회보험제도는 단기 보험이지만, 우리나라의 국민연금보험은 가입기간을 20년간으로 하고 60세에 이르렀을 때 특별히 노령연금을 수급할 수 있도록 설계되어 있는 점에서 장기 보험으로서의 특색을 발견할 수 있다.

■ 도입 및 발전 과정

우리나라의 국민연금제도는 1973년 12월에 국민복지연금법이 통과되었으나, 그 당시 경제·

사회적 여건의 악화로 실시를 연기하여 오다가, 1986년 12월 구법을 폐지하고 국민연금법을 제정하여 1988년 1월 1일부터 시행하여 오고 있다. 국민연금제도는 최초 10인 이상 사업장의 피용자를 대상으로 시작하여 1992년 5인 이상 사업장으로 확대되었고, 1995년 농어촌 지역주민, 1999년 4월에는 도시지역 자영업자로 확대되어 실시하기 시작하였으며, 2001년에는 5인 미만 사업장에 대해서 임의적용 사업장으로 확대되었고, 2003년 7월 1일부터는 5인 미만 사업장도 국민연금 의무가입 사업장이 되었다. 2007년 7월 23일에는 전부개정을 통해 인구구조의 급속한 고령화에 대비하여 세대 간 형평성이 제고되도록 연금급여수준을 조정하여 장기적인 재정안정화 방안을 마련하였고, 둘째 자녀 이상 출산 시 가입기간의 추가인정, 병역의무를 이행한 기간 중 일부를 노령연금 상정 시 가입기간으로 인정, 그리고 유족연금 수급에서 남녀차별적인 요소를 개선하였다.

국민연금은 인구 노령화로 노인 인구수는 증대하는 데 반해, 핵가족화·노인부양 의식의 약화 등으로 노인에 대한 가족부양 체계가 점차 쇠퇴하는 상황을 고려하여 사회적 차원에서 대응하는 노후소득보장제도라고 할 수 있다(김태성·김진수, 2001).

국민연금법 제1조에 따르면, 이 법은 국민의 노령, 장애 또는 사망에 대하여 연금 급여를 실시함으로써 국민의 생활안정과 복지증진에 이바지하는 것을 목적으로 한다. 즉, 이 국민연금제도는 가입자인 국민이 노령에 이르거나 장애, 사망을 당한 경우 국민연금공단을 통하여 본인이나 그 유족에게 일정액의 연금을 지급함으로써, ① 소득능력 상실 시에도 최저생활을 할 수 있도록 그 소득을 보장하고, ② 전 국민을 가입대상으로 하여 보편주의를 실현하며, ③ 자본주의 사회의 소득 불평등 완화에 기여하는 계층 간의 소득 재분배를 이룩하는 것을 목표로 삼고 있다.

이상의 내용을 정리하면 〈표 13-5〉와 같다.

〈표 13-5〉 국민연금제도 발달과정

연월일	주요 내용
1973. 12. 24.	국민복지연금법 제정(시행 연기)
1986. 12. 31.	국민연금법 제정(국민복지연금법 전면 개정)
1987. 9. 18.	국민연금관리공단 설립
1988. 1. 1.	10인 이상 사업장에 대한 국민연금제도 실시
1992. 1. 1.	5~9인 사업장에 대한 당연적용 확대
1993. 1. 1.	연금보험료율 인상(6%), 특례노령연금 지급 개시
1995. 7. 1.	농어민 및 농촌지역 주민에 대한 제도 확대 시행
1998. 1. 1.	연금보험료율 인상(9%)
1999. 1. 1.	급여수준을 현행 평균소득의 70%에서 60%로 인하
1999. 4. 1.	도시지역 주민(자영업자)에 대한 제도 확대 시행
2003. 7. 1.	5인 미만 사업장 근로자, 1개월 이상 임시직 근로자, 월 80시간 이상 시간제 근로자를 지역가입자에서 사업장 가입자로 전환
2008. 1. 1	급여수준을 평균소득의 60%에서 2008년에는 50%로 하고, 2009년부터 매년 단계적으로 낮추어 2028년에는 40%로 인하

자료: 국민연금공단

■ 적용대상

국민연금제도는 국내에 거주하는 국민으로서 18세 이상 60세 미만인 자를 가입대상으로 하고 있다. 다만, 공무원연금법, 군인연금법 및 사립학교교직원연금법의 적용을 받는 공무원, 군인 및 사립학교 교직원, 기타 대통령령으로 정하는 자는 제외한다(국민연금법 제6조). 외국인의 경우는 국민연금법의 적용을 받는 사업장에 사용되고 있는 외국인과 국내에 거주하는 외국인으로서 대통령령으로 정하는 자 외의 외국인은 제6조에도 불구하고 당연히 사업장가입자 또는 지역가입자가 된다.

다만, 이 법에 다른 국민연금에 상응하는 연금에 관하여 그 외국인의 본국법이 대한민국 국민에게 적용되지 아니하면 그러하지 아니하다. 이와 같이 외국인에 대해서 우리나라 사회보장 제도는 원칙적으로 상호주의를 채택하고 있다. 즉, 외국인 근로자의 본국법이 우리 국민에 대해 어떻게 처우하는가에 따라 우리도 동등하게 처우한다는 것이다.

한편, 사업장 가입자나 지역 가입자로서 연금보험료를 납부할 수 없는 사유가 발생할 경우는 신청을 통해 일정 기간 납부 예외자가 될 수 있다(사업 중단, 실직).

<표 13-6> 국민연금 적용대상의 가입종류별 가입요건

종별	종류	가입요건
사업장 가입자	당연적용 사업장가입자	상시근로자 1인 이상 사업장에 종사하는 18세 이상 60세 미만의 근로자와 사용자
	임의적용 사업장가입자	당연적용사업장 외의 사업장에 종사하는 18세 이상 60세 미만의 근로자와 사용자
	특례적용 사업장 가입자	국민연금 가입 사업장에 종사하는 18세 미만의 근로자로서 사용자의 동의를 얻어 가입한 자
	외국인사업장 가입자	18세 이상 60세 미만으로서 국민연금 적용 사업장에 종사하는 외국인 근로자 또는 외국에 거주하는 국민 등으로 국내에 체류하면서 국민연금 적용 사업장에 종사하는 자
지역 가입자	당연적용 지역가입자	18세 이상 60세 미만으로서 소득활동에 종사하여 가입한 자
	특례적용 지역가입자	지역가입자의 요건을 갖춘 자로서 1999년 4월 1일 현재 60세 이상 65세 미만인 자
	외국인지역 가입자	18세 이상 60세 미만으로서 국내에 거주하는 외국인(국내체류 교포 등 포함)
임의 가입자	임의가입자	사업장가입자 및 지역가입자 외의 자로서 18세 이상 60세 미만인 자는 본인의 신청에 따라서 가능
임의계속 가입자	사업장 임의계속가입자	사업장에 종사하는 65세 이상 65세 미만의 자로 본인의 희망에 따라 65세에 이를 때까지 계속 가입할 수 있음
	지역 임의계속가입자	60세에 달한 지역가입자로서 65세 미만까지 연장가입 신청한 자
	일반 임의계속가입자	60세에 달한 임의가입자로서 65세 미만까지 연장가입 신청한 자

자료: 국민연금공단

<표 13-7> 국민연금 가입자 현황(2007년 12월 기준)

(단위: 명, %)

구분	계(A)	사업장 가입자	지역가입자			임의 가입자	임의계속 가입자
			소계 (B)	소득신고자 (가입자)	납부예외자 (C)		
가입자	18,266,742	9,149,209	9,063,340	3,956,340	5,106,803	27,242	27,148
납부예외자 비율	27.96(C/A)		56.35(C/B)				

자료: 국민연금공단

또는 휴직 중인 경우, 병역의무 수행, 재학, 교도소 수용, 행방불명, 재해·사고 등으로 소득이 감소되거나 기타 소득이 있는 업무에 종사하지 않을 경우다.

국민연금법 제7조에 따르면, 국민연금의 가입자 종류에는 사업장가입자, 지역가입자, 임의가입자, 임의계속가입자로 구분된다. 국민연금 적용대상의 구체적인 가입 종류별 가입요건은 〈표 13-6〉과 같으며, 국민연금 연도별 가입자 현황은 전 국민 연금을 실시하기 시작한 1999년부터 급격히 증가하기 시작하여 〈표 13-7〉에서 보듯이 2007년 12월 현재 18,266,742명에 이르고 있다.

■ 급여의 종류 및 급여수준

국민연금의 급여는 노령연금, 장애연금, 유족연금, 반환일시금, 사망일시금 등으로 분류된다.

노령연금

노령연금은 가입자의 노후소득을 보장하기 위한 급여로 가입기간, 수급개시연령, 소득활동 등에 따라 완전노령연금, 감액노령연금, 재직자노령연금, 조기노령연금, 특례노령연금, 분할노령연금 등으로 구분된다.

완전노령연금은 가입기간이 20년 이상인 자가 60세(갱내에서 일하는 광원, 갑판에서 일하는 선원 등은 55세)가 된 때부터 그가 생존하는 동안 지급되는 연금이다. 완전노령연금의 급여액은 기본연금액의 100%에 부양가족연금을 가산한 금액이다. 완전노령연금의 수급개시연령은 평균수명의 연장에 따라 상향조정되는데 2013년부터 5년마다 1세씩 연장되어 2033년에는 65세가 된다. 즉, 완전노령연금의 수급개시 연령이 2013년에는 61세, 2018년에는 62세, ……2033년에는 65세가 된다.

감액노령연금은 가입기간이 10년 이상 20년 미만인 자가 60세(갱내에서 일하는 광원, 갑판에서 일하는 선원 등은 55세)가 된 때부터 그가 생존하는 동안 지급되는 연금이다. 감액노령연금의 지급액은 가입기간이 10년인 경우 기본연금액의 50%의 금액이며, 10년을 초과하는 1년마다 기본연금액의 5%에 해당하는 금액을 가산한 금액이다. 또한 감액노령연금에는 부양가족연금이 가산된다.

재직자노령연금은 가입기간이 10년 이상이며 60세 이상 65세 미만(광원 및 선원은 55세 이상 60세 미만)인 자가 소득이 있는 업무에 종사하고 있는 경우 기본연금액에서 일정한 금액을 빼고 지급되는 연금이다. 재직자노령연금의 급여액은 60세의 경우 완전노령연금 또는 감액노령연금의 50%를 지급하며, 연령이 1세씩 증가할 때마다 10%씩 증가한다. 즉, 60세에는 기본연금액의 50%, 61세에는 60%, 62세에는 70%, 63세에는 80%, 64세에는 90%를 지급한다. 한편, 재직자노령연금에는 부양가족연금이 가산되지 않는다.

조기노령연금은 가입기간이 10년 이상인 가입자로서 55세 이상인 자가 소득이 있는 업무에 종사하지 아니하는 경우 본인의 희망에 의해 그가 생존하는 동안 지급되는 연금이다. 조기노령연금의 급여액은 55세의 경우 기본연금액의 70%를 지급하며, 연령이 1세씩 증가할 때마다 6%씩 증가한다. 즉, 55세에는 기본연금액의 70%, 56세에는 76%, 57세에는 82%, 58세에는 94%를 지급한다. 또한 조기노령연금에는 부양가족연금이 가산된다.

특례노령연금은 국민연금의 시행 초기와 확대과정에서 연령이 많은(1988년 1월 1일 현재 45세 이상, 1995년 7월 1일 현재 45세 이상, 1999년 4월 1일 현재 50세 이상) 사람이 장기간 가입할 수 없으므로 단기간(5년) 가입하여도 60세에 도달하면 노령연금을 받을 수 있도록 도입한 제도이다 특례노령연금의 급여액은 5년 가입 시 기본연금액의 25%이며, 가입기간이 1년씩 증가할 때마다 5%씩 증가한다. 또한 특례노령연금에는 부양가족연금이 가산된다.

분할노령연금은 혼인기간(배우자의 가입기간 중의 혼인기간만 해당)이 5년 이상인 자가 이혼한 경우, 배우자가 노령연금수급권자가 되고 본인이 60세에 도달한 때부터 3년 내에 신청하지 않으면 소멸된다.

장애연금

장애연금은 가입자가 가입기간 중에 생긴 질병이나 부상으로 완치된 후에도 신체상 또는 정신상의 장애가 있는 경우 그 장애가 계속되는 동안 장애정도에 따라 지급하는 연금이다. 가입기간 중 질병이나 부상을 입은 자가 초진일로부터 1년 6개월이 지나도 완치되지 아니하면 1년 6개월이 지난날을 기준으로 장애 정도를 결정한다. 다만, 1년 6개월이 지난날에 장애연금의 지급대상이 되지 아니한 자가 그 질병이나 부상이 악화되어 60세가 되기 전에 장애연금의 지급대상이 되는 경우에는 본인의 청구에 따라 장애 정도를 결정한다.

장애연금액의 지급액은 장애등급에 따라 상이하다. 장애등급 1급에 해당하는 자에 대해서는 기본연금액(20년을 가입한 완전노령연금과 동일한 금액, 다만 가입기간이 20년을 초과한 경우는 초과하는 1년마다 20년 완전노령연금의 5%를 가산한 금액)에 부양가족연금액을 더한 금액을, 장애등급 2급에 해당하는 자에 대해서는 기본연금액의 80%에 부양가족연금액을 더한 금액을, 장애등급 3급에 해당하는 자에 대해서는 기본연금액의 60%에 부양가족연금액을 더한 금액을 연금으로 지급한다. 한편, 장애등급 4급에 해당하는 자에 대해서는 기본연금액의 2.25배에 해당하는 금액을 일시금으로 지급한다.

유족연금

유족연금은 ① 노령연금의 수급권자, ② 가입기간이 10년 이상인 가입자였던 자(현재는 가입자 자격을 상실한 상태), ③ 가입자, ④ 장애등급 2급 이상인 장애연금수급권자가 사망한 경우 그에 의해 생계를 유지하고 있던 유족에게 지급하는 연금이다. 다만, 가입기간이 1년 미만인 가입자가 질병이나 부상으로 사망한 경우는 가입 중에 생긴 질병이나 부상으로 사망한 경우에만 유족연금을 지급한다. 한편, 가입기간이 10년 미만인 가입자이었던 자(현재는 가입자 자격을 상실한 상태)가 가입기간 중에 생긴 질병이나 부상으로 사망한 경우에는 가입 중의 초진일 또는 가입자 자격을 상실한 후 1년 이내의 초진일부터 2년 이내에 사망하면 그 유족에게 유족연금을 지급할 수 있다. 유족연금의 수급권자가 배우자인 경우는 수급권이 발생한 때부터 3년 동안 유급연금을 지급한 후 55세가 될 때까지 지급을 정지한다. 다만, 그 수급권자가 장애등급 2급 이상인 경우, 18세 미만의 자녀 또는 장애등급 2급 이상의 자녀의 생계를 유지하는 경우, 소득이 있는 업무에 종사하지 않는 경우에는 지급을 정지하지 아니한다.

유족연금을 지급받을 수 있는 유족은 가입자 또는 가입자였던 자가 사망한 당시 그에 의하여 생계를 유지하고 있던 ① 배우자, ② 18세 미만이거나 장애등급 2급 이상인 자녀, ③ 60세 이상이거나 장애등급 2급 이상인 부모, ④ 18세 미만이거나 장애등급 2급 이상인 손자녀, ⑤ 60세 이상이거나 장애등급 2급 이상인 조부모이다. 유족연금을 받을 수 있는 순위는 위에 열거한 순서와 같으며, 같은 순위의 유족이 2명 이상이면 그 유족연금을 똑같이 나누어 지급한다.

유족연금액은 가입기간에 따라 다르다. 가입기간이 10년 미만이면 기본연금액(20년을 가입한 완전노령연금과 동일한 금액)의 40%이며, 가입기간이 10년 이상 20년 미만이면 기본연금액(20년을 가입한 완전노령연금과 동일한 금액)의 50%, 가입기간이 20년 이상이면 기본연금액(20년을 가입한 완전노령연금에 20년을 초과한 1년마다 20년 완전노령연금의 5%를 가산한 금액)의 60%에 해당하는 금액이다. 다만, 유족연금액은 사망한 자가 지급받던 노령연금액을 초과할 수 없다. 이러한 사례는 재직자 노령연금을 받던 사람이 사망한 경우에 발생할 수 있다.

유족연금수급권의 소멸은 수급권자가 사망한 때, 배우자인 수급권자가 재혼한 때, 자녀나 손자녀인 수급권자가 다른 사람에게 입양되거나 파양된 때, 장애등급 2급 이상에 해당되지 아니한 자녀 또는 손자녀인 수급권자가 18세가 된 때, 장애로 수급권을 획득한 자가 장애등급 2급 이상에 해당되지 아니하게 된 때이다. 한편, 부모, 손자녀, 조부모인 유족의 유족연금수급권은 가입자 또는 가입자였던 자의 사망 당시의 태아가 출생하여 수급권을 갖게 되면 소멸한다(이들보다 자녀가 유족연금을 받을 수 있는 순위가 빠르기 때문임).

반환일시금과 사망일시금

반환일시금은 국민연금에서 지급하는 세 가지 연금(노령, 장애, 유족) 중 어느 하나도 받지 못하면서 가입자 자격을 상실하거나 다시 가입할 가능성이 희박한 경우에 가입자나 그 유족의 청구에 의해 지급한다. 반환일시금은 ① 가입기간이 10년 미만인 자가 60세가 된 때, ② 가입자 또는 가입자였던 자가 사망하고 유족연금의 수급요건을 충족하지 못한 때(가입기간이 1년 미만인 자가 가입 중에 생기지 않은 질병이나 부상으로 사망해 유족연금을 받지 못한 경우, 가입자이었던 자가연금 보험료를 낸 기간이 그 연금보험료를 낸 기간과 연금보험료를 내지 아니한 기간을 합산한 기간의 3분의 2보다 짧아 유족연금을 받지 못한 경우), ③ 국적을 상실하거나 국외로 이주한 때 지급받을 수 있다. 가입자 또는 가입자였던 자가 사망한 경우의 반환일시금은 유족이 청구할 수 있는데, 유족의 범위 및 청구의 순위는 유족연금의 경우를 준용한다. 반환일시금의 지급액은 가입자 또는 가입자였던 자가 납부한 보험료와 사용자가 부담한 보험료에 대통령령으로 정하는 이자를 더한 금액으로 한다.

사망일시금은 가입자 또는 가입자였던 자가 사망하였으나 유족연금이나 반환일시금의 수급요건을 충족하는 유족이 없을 경우, 그 배우자, 자녀, 부모, 손자녀, 조부모, 형제자매에게 사망일시금을 지급하는 제도이다. 국민연금법은 유족연금이나 사망에 대한 반환일시금을 받을 수 있는 유족의 범위를 제한적으로 설정하고 있어 그 유족이 수급요건을 충족하지 못할 경우가 있다. 예를 들어 사망 당시 배우자가 사망자에 의해 생계를 유지하고 있지 않았던 경우, 유족인 자녀의 연령이 18세 이상인 경우, 유족인 부모의 연령이 60세 미만인 경우 등이 이에 해당된다. 따라서 이들 유족과 유족연금이나 반환일시금을 받는 유족과의 형평성을 유지하기 위해 사망일시금이 1995년 7월 1일부터 지급되고 있다. 사망일시금의 지급액은 가입자 또는 가입자였던 자의 반환일시금에 상당하는 금액으로 하되, 그 금액은 사망한 가입자 또는 가입자였던 자의 최종 기준소득월액과 가입기간 중 기준소득월액의 평균액 중에서 많은 금액의 4배를 초과하지 못한다.

이상의 내용을 정리하면 〈표 13-8〉과 같다.

〈표 13-8〉 급여의 유형별 수급요건 및 급여수준

급여유형		수급요건	가입기간	연령	급여수준
노령연금	노령연금	가입기간이 20년 이상인 자가 60세 (광원, 선원 등은 55세)가 된 때	20년 이상	60세 이상	기본연금액의 100%+부양가족연금
	감액노령연금	가입기간이 10년 이상 20년 만인 자가 60세 (광원, 선원 등은 55세)가 된 때	10~20년	60세 이상	기본연금액의 50~95%+부양가족연금
	재직자 노령연금	가입기간이 10년 이상이며 60세 이상 65세 미만 (광원 및 선원은 55세 이상 60세 미만)인 자가 소득이 있는 업무에 종사하고 있는 경우	10년 이상	60~64세	노령연금 또는 감액노령연금의 50~90%
	조기노령연금	가입기간이 10년 이상이며 55세 이상인 자가 소득이 있는 업무에 종사하지 아니하는 경우	10년 이상	55세 이상	기본연금액의 70~94%+부양가족연금
	특례노령연금	1999. 4. 1. 현재 50세 이상인 자로서 가입기간이 5년 이상 10년 미만인 경우	5~10년	1999. 4. 1. 현재 50세 이상	기본연금액의 25~45%
	분할노령연금	혼인기간이 5년 이상인 자가 이혼하고 배우자가 노령연금수급권자가 되며 본인이 60세가 된 때	5년 이상	60세 이상	혼인기간에 해당하는 연금액의 50%
	장애연금	가입기간 중에 생긴 질병이나 부상으로 완치된 후에도 신체상 또는 정신상의 장애(1~4급)가 있는 경우	제한 없음.	제한 없음	• 1~3급: 기본연금액의 100%, 80%, 60%+부양가족연금 • 4급: 기본연금액의 2.25배
	유족연금	노령연금의 수급권자, 가입기간이 10년 이상인 가입자였던 자, 가입자, 장애등급 2급 이상인 장애연금수급권자가 사망한 경우 그에 의해 생계를 유지하고 있던 유족	가입자에 따라 가입기간이 다름	수급권자에 따라 연령제한이 다름	가입기간 10년 미만, 10년 이상 20년 미만, 20년 이상 각각 기본연금액의 40%, 50%, 60%+부양가족연금
	반환일시금	가입기간이 10년 미만인 자가 60세가 된 때, 가입자 또는 가입자였던 자가 사망하고 유족연금의 수급요건을 충족하지 못한 때, 국적을 상실하거나 국외로 이주한 때 본인 또는 그에 의해 생계를 유지하고 있던 유족	제한 없음	수급권자에 따라 연령제한이 다름	연금보험료+이자
	사망일시금	가입자 또는 가입자였던 자가 사망하였으나 유족연금 이나 반환일시금의 수급요건을 충족하는 유족이 없을 경우, 그 배우자, 자녀, 부모, 손자녀, 조부모, 형제자매	제한 없음	제한 없음	연금보험료+이자, 단 최종 기준소득월액과 가입기간 중 기준소득월액의 평균액 중에서 많은 금액의 4배를 초과하지 못함

자료: 국민연금공단

■ 재원조달

국민연금의 재원은 가입자가 사용하는 보험료, 국민연금기금의 운용수익, 국고보상금 등으로 구성된다. 국민연금의 보험료는 가입자의 기준소득월액에 일정비율의 보험료율을 곱하여 결정한다. 과거에는 보험료 부과기준으로 표준소득월액의 등급제를 사용했으나, 2007년 7월 23일 국민연금법 개정에 의해 2008년 1월 1일부터는 가입자의 소득월액을 기준으로 산정된 기준소득월액을 사용한다. 기준소득월액은 사업장가입자의 경우 사용자가, 지역가입자의 경우 가입자가 신고한 소득월액에서 천 원 미만을 버린 금액을 의미한다. 기준소득월액은 최저 22만 원부터 최고 360만 원까지의 범위로 하며, 신고한 소득액이 22만 원보다 적으면 22만 원을, 360만 원보다 많으면 360만 원을 기준소득월액으로 한다.

사업장가입자의 소득월액은 근로자의 경우 근로소득에서 얻은 매월의 임금총액에서 비과세 근로소득(여비, 일직수당 등의 실비 보상금과 식비, 교통비, 퇴직금 등 복리후생비)을 제외한 잔여금액을 의미하며, 사용자의 경우 사업 및 자산을 운영하여 얻은 매월의 수입에서 필요경비를 제외한 금액을 의미한다. 지역가입자의 소득월액은 매월의 농업소득, 임업소득, 어업소득, 근로소득, 사업소득, 부동산 임대소득을 합한 금액에서 필요경비를 제외한 금액을 의미한다.

국민연금의 보험료율은 2009년 현재 사업장가입자, 지역가입자, 임의가입자, 임의계속가입자 모두 기준소득월액의 9%이다. 사업장가입자는 가입자 본인과 사용자가 기준소득월액의 4.5%에 해당하는 금액을 각각 부담하고, 지역가입자, 임의가입자, 임의계속가입자는 본인이 기준소득월액의 9%에 해당하는 금액을 모두 부담한다. 특히 임의계속가입자는 그가 근로자인 경우에는 9%의 보험료를 본인이 모두 부담한다.

이와 같이 가입종별에 관계없이 국민연금의 보험료율이 9%로 동일하게 된 것은 2005년 7월 이후부터다. 그 전에는 가입종별로 보험료율이 다르게 적용되어 왔다. 이는 국민연금 제도가 시행 초기의 국민 부담능력과 국민경제의 충격을 고려하고, 사업장 규모, 고용형태, 지역 등을 기준으로 단계적으로 확대 적용하면서 상이한 보험료율을 적용한 데서 비롯된 것이다. 사업장가입자의 보험료율은 3%에서 시작하여 5년 주기로 보험료율을 인상하여 1988년부터 1992년까지는 3%, 1993년부터 1997년까지는 6%, 1998년부터 현재까지는 9%이다. 농어촌 지역에 국민연금제도를 확대한 1995년에는 사업장가입자의 보험료율은 이미 6%였다. 그러나 사업장가입자와의 형평성 차원에서 농어촌가입자도 3%로 시작하여 5년 단위로 3%씩 보험료를 인상하는 것으로 하였다. 이러한 보험료 적용원칙은 1998년 12월 31일 개정된 국민연금법에 의해 1999년 4월 1일부터 가입한 도시지역 자영업자에게는 다르게 적용되었다. 1999년 4월부터 2000년 6월까지만 3% 보험료율을 적용하고, 그 이후에는 매 1년마다 1%씩 보험료를 인상하였다. 이러한 인상계획은 2000년 7월부터는 농어촌 지역 가입자에게도 동일하게 적용되었다. 한편, 1993년부터 1999년 3

월까지 보험료의 3분의 1을 분담하였던 퇴직금 일부의 연금보험료 전환은 1998년 12월 31일 국민연금법 개정으로 폐지되었다. 이상의 내용을 정리하면 〈표 13-9〉와 같다.

〈표 13-9〉 사업장가입자 및 지역가입자의 보험료율 변화과정 (단위: %)

구분		1998~1992		1993~1997		1998~1999. 3.		1999. 4.~
사업장 가입자	계	3		6		9		9
	근로자	1.5		2		3		4.5
	사용자	1.5		2		3		4.5
	퇴직금전환금	−		2		3		−
지역 가입자	농어촌지역	1995. 7.~ 2000. 6.	2000. 7.~ 2001. 6.	2001. 7.~ 2002. 6.	2002. 7.~ 2003. 6.	2003. 7.~ 2004. 6.	2004. 7.~ 2005. 6.	2005. 7.~
		3	4	5	6	7	8	9
	도시지역	1999. 4.~ 2000. 6.	2000. 7.~ 2001. 6.	2001. 7.~ 2002. 6.	2001. 7.~ 2003. 6.	2003. 7.~ 2004. 6.	2004. 7.~ 2005. 6.	2005. 7.~
		3				7	8	9

자료: 국민연금공단

한편, 국민연금법은 국가로 하여금 매년 국민연금공단이 국민연금사업을 관리·운영하는 데 필요한 비용의 전부 또는 일부를 부담하도록 하고 있다.

〈표 13-10〉 국민연금기금 조성현황 (단위: 백만 원)

연도	계	연금보험료	기금운용 수익금	전입금	국고보조금	공단임대보증금	결산상 잉여금
1988	528,221	506,931	20,110	335	0	0	845
1989	1,240,234	1,134,816	99,975	335	0	0	5,108
1990	2,259,513	1,968,821	284,838	335	0	0	5,519
1991	3,539,043	2,953,623	579,101	335	0	0	5,984
1992	5,201,885	4,177,042	1,018,524	335	0	0	5,984
1993	8,424,628	6,816,394	1,601,915	335	0	0	5,984
1994	12,766,147	10,142,169	2,617,659	335	0	0	5,984
1995	18,159,651	14,108,481	4,044,851	335	0	0	5,984
1996	25,025,387	19,052,037	5,970,031	335	0	0	5,984
1997	33,190,569	24,727,764	8,454,352	335	0	0	8,118
1998	44,851,859	32,568,480	12,274,926	335	0	0	8,118

1999	58,361,462	41,954,385	16,397,093	335	0	0	9,649
2000	73,662,467	52,313,268	21,336,267	335	0	0	12,597
2001	90,373,579	64,382,249	25,976,113	335	0	0	14,882
2002	109,555,488	78,200,241	31,337,543	335	0	0	17,369
2003	131,531,118	93,811,148	37,701,844	335	0	0	17,791
2004	155,487,273	110,954,495	44,395,425	335	119,195	0	17,823
2005	182,459,726	129,498,079	52,698,688	335	243,609	0	19,015
2006	213,154,486	149,650,383	63,076,037	335	379,827	28,556	19,348
2007	248,553,526	171,320,564	76,668,250	335	516,799	27,750	19,828

자료: 국민연금공단, 2007; 2008

〈표 13-10〉에서 보는 바와 같이 2007년 12월 31일까지 조성된 총기금은 248,553,526백만 원이다. 조성내역을 보면 연금보험료 171,320,564백만 원, 기금운용수익금 76,668,250백만 원, 전입금 335백만 원, 국고보조금 516,799백만 원, 공단임대보증금 27,750백만 원, 결산상 잉여금 19,828백만 원으로 구성되어 있다.

기금운용

보건복지가족부장관은 국민연금사업에 필요한 재원을 원활하게 확보하고 국민연금법에 규정된 급여에 충당하기 위한 책임준비금으로서 국민연금기금을 설치하여야 한다. 국민연금기금은 연금보험료, 기금운용수익, 적립금, 공단의 수입지출 결산상의 잉여금으로 재원이 구성된다. 보건복지가족부장관은 국민연금 기금운용위원회에서 의결한 바에 따라 국민연금기금을 공공부문, 복지부문, 금융부문 등에 투자하며, 또한 매년 기금운용계획을 세워 국민연금 기금운용위원회 및 국무회의 심의를 거쳐 대통령의 승인을 받아야 한다.

국민연금기금의 운용에 관한 중요 사항을 심의·의결하기 위해 보건복지가족부에 국민연금기금운용위원회를 설치하도록 되어 있다. 국민연금기금운영위원회는 기금운용지침, 예탁이자율의 협의, 기금운용계획, 기금의 운용 및 사용내용 등에 관한 사항을 심의·의결한다. 국민연금 기금운용위원회는 위원장, 당연직 직원 5명, 가입자를 대표하는 위원 12명, 관계전문가 2명, 총 20명으로 구성되어 있으며, 위원장과 당연직 위원 외의 위원은 위원장이 위촉하도록 되어 있다. 위원장은 보건복지가족부장관이고, 당연직 위원은 기획재정부차관, 농림수산식품부차관, 지식경제부차관, 노동부차관, 공단이사장이며, 가입자를 대표하는 위원은 사용자단체(전경련, 한국경총, 중소기업 중앙회)의 대표(3명), 근로자 단체(한국노총, 민주노총, 전국금융노련)의 대표(3명), 지역가입자 관련 단체(농협, 수협, 공인회계사회, 음식업중앙회, 소비자보호단체협의회, 참여연대)의 대표(6명)이고, 관계 전문가는 관련 연구기관(한국보건사회연구원, 한국개발연구원)의 대표(2명)이다.

한편, 기금의 운영에 관한 사항을 심의·평가하기 위하여 국민연금 기금운용위원회에 국민연금 기금운용실무평가위원회를 두도록 되어 있다. 국민연금 기금운용실무평가위원회는 위원장, 당연직 위원 5명, 가입자를 대표하는 위원 12명, 관계 전문가 2명 등 총 20명으로 구성되어 있으며, 위원장과 당연직 위원 외의 위원은 위원장이 위촉하도록 되어 있다. 위원장은 보건복지가족부차관이고, 당연직 위원은 위원 중에서 호선하는 부위원장(1명), 기획재정부차관, 농림수산식품부차관, 지식경제부차관, 노동부차관이 추천하는 3급 국가공무원 또는 고위공무원단에 속하는 일반직 공무원(4명)이며, 가입자를 대표하는 위원은 사용자 단체(전경련, 한국경총, 중소기업중앙회)가 추천하는 자(3명), 근로자 단체(한국노총, 민주노총, 전국금융노련)가 추천하는 자(3명), 지역가입자 관련 단체(농협, 수협, 공인회계사회, 소비자보호단체협의회, 참여연대)가 추천하는 자(6명)이고, 관계 전문가는 국민연금제도와 국민연금 기금운용에 관한 학식과 경험이 풍부한 자(2명)이다.

연금제도 도입 초기에는 조성자금의 공공부문과 금융부문 투자비율이 50 대 50이었으나, 1994년 공공자금관리기금법 시행 이후에 공공부문의 비중이 커져 1998년 12월 31일에는 공공분야에 대한 투자가 전체 운용기금(급여지급 후의 잔여액)의 70% 정도를 차지했다. 그러나 1999년 1월 공공자금관리기금법 개정으로 2001년부터 국민연금기금의 공공자금관리기금으로서의 강제예탁이 폐지되었고, 이로 인해 더 이상 국민연금기금의 신규자금이 공공자금관리기금으로 투입되지 않아 기금의 투자부문 구성에서 공공부문의 비중이 급격히 줄어들었다. 2005년부터는 공공자금관리기금에 예탁된 기존 자금마저 만기되어 전액 회수됨으로써 공공부문과 복지부문에만 국민연금이 투자되게 되었다(이인재 외, 2008: 315). 2007년 12월 31일 현재 총조성기금은 248,553,526백만 원이며, 여기서 급여지급 등 제 지출을 뺀 운용기금은 212,006,745백만 원이다. 〈표 13-11〉의 국민연금 운용현황을 보면, 복지부문에는 국민연금 전체 운용기금의 0.10%에 해당되는 213,769백만 원만 투자되었고, 금융부문에 99.73%에 해당하는 211,426,467백만 원이 투자되었다. 한편, 금융부문 중에서 채권투자부문이 전체 운용기금의 83.45%에 해당되는

176,454,630백만 원으로 대부분을 차지하고 있음을 알 수 있다.

〈표 13-11〉 국민연금 기금운용현황 (단위: 백만 원)

연도	계(A)	운용기금 (A−B)	공공부문	복지부문	금융부문				기타 부문	급여지급 등 제 지출(B)
					계	채권	주식	기타		
1988	528,221	527,920	288,017	0	239,903	222,123	0	17,780	0	301
1989	1,240,234	1,234,196	627,800	0	605,458	585,553	0	19,905	938	6,038
1990	2,259,513	2,210,862	1,017,800	0	1,180,892	964,833	184,998	31,061	12,170	48,651
1991	3,539,043	3,379,479	1,517,800	120,000	1,689,714	1,382,215	296,008	11,491	51,965	159,564
1992	5,201,885	4,812,788	2,127,800	240,000	2,382,548	1,979,403	403,145	0	62,440	389,097
1993	8,423,628	7,688,134	3,080,000	390,000	4,141,761	3,086,120	929,727	125,914	76,373	736,494
1994	12,766,147	11,495,230	6,551,987	482,867	4,320,870	3,131,506	830,655	358,709	139,506	1,270,917
1995	18,159,651	16,117,272	10,435,487	630,184	4,889,702	3,466,677	941,402	481,623	161,899	2,042,379
1996	25,028,387	21,850,693	14,675,229	694,538	6,301,178	4,869,643	1,268,945	162,590	179,748	3,177,694
1997	33,190,569	28,491,581	19,065,229	805,194	8,411,989	6,501,878	1,462,196	447,915	209,169	4,698,988
1998	44,851,859	37,702,320	26,795,096	1,438,506	9,231,051	6,807,216	1,172,214	1,251,621	237,667	7,149,539
1999	58,361,462	47,239,554	31,857,319	989,927	14,145,034	10,013,486	2,406,861	1,724,687	247,274	11,121,908
2000	73,662,467	60,869,840	34,511,390	716,012	25,387,365	19,893,345	3,408,264	2,085,756	255,073	12,792,627
2001	90,373,579	75,909,181	30,784,652	632,548	44,223,243	38,591,062	3,929,657	1,702,524	268,738	14,464,398
2002	109,555,488	93,055,244	30,198,894	525,911	62,048,883	56,412,923	5,041,510	594,450	281,556	16,500,244
2003	131,531,118	112,567,689	15,251,210	439,724	96,576,972	88,791,325	7,095,039	690,608	299,783	18,963,429
2004	155,487,273	133,276,917	6,377,000	375,175	126,185,107	114,755,499	10,130,563	1,299,045	339,635	22,210,356
2005	182,459,726	156,282,864	0	314,505	155,615,093	141,752,381	12,435,553	1,427,159	353,266	26,176,862
2006	213,154,486	182,214,202	0	257,630	181,593,578	162,640,478	16,138,787	2,814,313	362,994	30,940,284
2007	248,553,526	212,006,745	0	213,769	211,426,467	176,454,630	29,064,212	5,907,625	366,509	36,546,781

자료: 국민연금공단, 2007; 2008

국민연금기금의 합리적 운용에 걸림돌로 작용하였던 공공자금관리기금이 개정되었고, 국민연금 기금운용위원회와 국민연금 기금운용실무평가위원회를 설치하여 국민연금 기금운용에 관한 사항을 심의·의결, 심의·평가할 수 있도록 함으로써 합리적 운용을 위한 법적·제도적 장치는 마련되었다 할 수 있다. 그러나 국민연금 기금운용위원회와 국민연금 기금운용실무평가위원회의 가입자 대표가 얼마나 가입자를 잘 대표할 수 있는 사람으로 선정되느냐 하는 문제와 그러한 위원들이 기금운용계획에서 심의, 의결, 평가에 이르기까지 얼마나 전문성과 책임성을 가지고 활동하느냐가 문제이다.

관리운영 체계

국민연금제도의 운영에 대한 정책결정의 책임을 지고 있는 기관은 보건복지가족부이다. 보건복지가족부는 국민연금제도의 적용 및 적용시기, 연금보험료의 부과기준과 보험료율, 급여수급요건과 지급수준, 장기재정추계 및 기금운용계획, 가입자와 수급자의 복지증진사업 등에 대한 정책을 계획하고 수립하는 책임을 진다. 보건복지가족부장관은 5년마다 국민연금재정의 수지를 계산하고, 국민연금의 재정 전망과 연금보험료의 조정 및 국민연금기금의 운용계획 등이 포함된 국민연금 운용 전반에 관한 계획을 수립하여 국무회의의 심의를 거쳐 대통령의 승인을 받아야 한다.

국민연금제도를 직접적으로 운영하는 집행기관은 국민연금공단이다. 국민연금법은 보건복지가족부장관의 위탁을 받아 국민연금사업을 효율적으로 수행하기 위하여 국민연금공단을 설립하도록 규정하고 있다. 국민연금공단은 가입자에 대한 기록의 관리 및 유지, 연금보험료 징수, 급여의 결정 및 지급, 가입자, 가입자였던 자 및 수급권자를 위한 자금의 대여와 복지시설의 설치·운영 등 복지증진사업, 가입자 및 가입자였던 자에 대한 기금증식을 위한 자금 대여사업 등을 수행한다. 국민연금공단의 조직구조는 2006년 현재 본부, 91개 지사, 5개 콜센터로 구성되어 있으며, 4,933명의 인력이 근무하고 있다(국민연금공단, 2008a: 439).

국민연금사업에 대한 사항을 심의하기 위해 보건복지가족부에 국민연금심의위원회를 둔다. 국민연금심의위원회는 국민연금제도 및 재정계산에 관한 사항, 급여에 관한 사항, 연금보험료에 관한 사항, 국민연금기금에 관한 사항 등을 심의한다.

국민연금공단의 처분에 이의가 있는 자의 청구를 심사하기 위해 국민연금심사위원회 및 국민연금재심사위원회를 둔다. 가입자 자격, 기준소득월액, 연금보험료, 그 밖의 연금보험법에 따른 징수금과 급여에 관한 국민연금공단의 처분에 이의가 있는 자는 그 처분이 있음을 안 날부터 90일 이내에 국민연금심사위원회에 심사청구를 할 수 있다. 한편, 국민연금심사위원회의 결정에 불복하는 자는 그 결정통지를 받은 날부터 90일 이내에 국민연금재심사위원회에 재심사를 청구할 수 있다.

■ 과제 및 전망

우리나라는 급속하게 노령사회로 진입하고 있으나 제2의 인생의 노후에 대한 노인들의 준비는 아직 미흡한 상태이다. 현재 우리나라의 노인들이 겪고 있는 가장 큰 어려움은 경제적인 문제이다. 따라서 전 국민이 가입하는 연금제도는 현세대와 미래세대가 함께 노후를 준비하고 공동으로 노인을 부양하여 노후의 빈곤이나 갑작스런 장애 등 소득상실에 대비하는 사회 안정망의 역할에 큰 의의가 있다. 이러한 국민연금제도가 안고 있는 문제점을 살펴보면 다음과 같다.

첫째, 국민의 장기소득보장을 위한 제도로서의 역할을 담당할 수 있도록 적정한 수준의 급여가 보장되도록 하고, 나아가 노후빈곤의 추방이라는 국가 백년대계의 관점에서 현세대와 미래세대 모두의 제도로 발전시켜나가야 한다. 국민연금법을 개정하여 세대 간 상호 공평부담을 통한 국민연금재정의 장기적 안정을 기하고 보험료와 급여수준 등을 조정함은 물론, 연금기금의 운영 수익률을 재고하여 전 국민 연금시대에 걸맞은 성숙한 연금제도로의 발전을 위한 기틀을 마련해나가야 할 것이다. 또한 효율적인 기금 운영을 위해서 납부예외자 및 미납자 관리와 지역가입자 소득수준의 적정으로 국민연금 적용 사각지대를 해소하고 가입자의 수급권을 보호하며 적정부담·적정급여 체계의 틀을 마련하여 실질적인 전 국민 연금제도가 정착되어야 할 것이다. 또한 국민연금이 본격적으로 지급이 시작되는 올해 2008년에는 연금재정의 불안정이 예견되고 있는 상황에서 현행 9%의 보험료율을 적정 수준 이상으로 인상하지 않을 경우 재정적자가 발생할 것이 확실시되고 있는 실정이다. 저부담 고급여의 불균형구조를 적정부담 적정급여로 개선하여서 국민연금의 재정안정과 소득보장 수준을 유지하기 위한 재원조달방안을 강구하여야 할 것이다.

둘째, 지역가입자의 소득파악이 제대로 이루어지지 않는 현재의 제도개선이 필요하다. 자영업자들이 실질소득이 높음에도 불구하고 소득을 축소 신고하여 봉급생활자에 비해 급여비율이 높아져 형평성 문제가 발생하고 있다.

셋째, 공무원·사학·군인연금 등 3개 특수직연금과 국민연금의 연계가 정부에 의해 추진되어야 할 것이다. 특수직연금의 17%의 높은 보험료율에도 불구하고 적립기금의 고갈로 인해 급여지급의 많은 부분을 정부지원에 의존하고 있는 지금의 형태가 지속된다면 특수직연금의 재정적자를 해결하기 위한 대안이라는 비판과, 추가적으로 발생하는 보험료의 인상은 국민연금의 기금고갈 상태에 이를 것이라는 전망도 나오고 있다. 수령액이 높은 특수직연금은 그대로 유지하고 국민연금만 수령액을 낮춘다면 국민연금가입자들은 납득할 수 없을 것이다. 특수직연금 또한 연금수령액의 현실적 조치가 연금을 지급하는 기준의 형평성을 고려해 앞으로의 국민연금 계획수립에 반영될 필요가 있을 것이다.

정부는 지금까지 "노후준비는 걱정하지 말라"며 국민연금을 홍보해 왔다. 하지만 미래에 받을 노후보장이라는 국민연금은 용돈 수준에 불과할 것이라는 우려가 이미 팽배한 실정에서 나름대로의 대책마련이 수반되어야 할 것이다.

3. 건강보험

■ 의의

국민건강보험은 질병·부상이라는 불확실한 위험의 발생과 분만·사망 등으로 인해 개별 가계가 일시에 과다한 의료비를 지출함에 따라 겪게 되는 어려움을 덜어주기 위해 국가가 법으로 정하여 실시하는 사회보장제도로서 보험가입자 전원에게 소득과 재산에 따라 보험료를 갹출하여 보험급여를 줌으로써 국민의 경제적 부담을 덜어주고 보건을 유지·향상시켜 주는 제도이다.

이러한 국민건강보험의 목적은 다음과 같다. 첫째, 국민의 기본적인 의료문제를 해결하고 개별가계가 일시에 겪는 의료비의 과중부담을 방지하기 위하여 국가가 개입하여 국민건강과 생활의 안정을 도모한다. 둘째, 사회보험이라는 기술 원리를 통하여 전 국민을 당연대상자로 많은 인원을 집단화함으로써 개인의 위험을 보험가입자 전원에게 분산하여, 각 개인이 경제적 능력에 따라 보험료를 부담하고 개별부담에 관계없이 필요에 따라 균등한 급여를 받게 함으로써 질병 발생 시 가계에 지워지는 경제적 부담을 경감시켜 주는 소득재분배 기능을 수행한다. 셋째, 국민의 의료비용을 사회연대성의 원리에 따라 공동체적으로 해결한다.

<표 13-12> 국민건강보험제도 발전과정

연월일	주요 내용
1963. 12. 16.	의료보험법 제정(조합 임의설립, 300인 이상 사업장)
1970. 8. 7.	의료보험법 개정(조합 강제설립, 대상자: 군인, 공무원은 강제, 자영자는 임의, 시행령 미개정으로 미실시)
1976. 12. 22.	의료보험법 전문개정(500인 이상 사업장 당연적용, 공무원·군인·교직원 제외)
1977. 3. 12.	의료보험법 시행령 개정(500인 이상 사업장 당연적용)
1977. 7. 1.	의료보험 실시(500인 이상 사업장)
1977. 12. 31.	공무원 및 사립학교 교직원 의료보험법 제정
1979. 1. 1.	공무원 및 사립학교 교직원 의료보험 실시
1979. 4. 7.	의료보험법 시행령 개정(300인 이상 사업장 당연적용 확대)
1979. 7. 1.	진료비 심사지급업무 전국의료보험협의회에 일괄 위탁
1980. 10. 31.	의료보험법 시행령 개정(100인 이상 사업장 당연적용 확대)
1982. 12. 21.	의료보험법 시행령 개정(16인 이상 사업장 당연적용 확대)
1988. 1. 1.	농어촌지역의료보험 실시
1988. 7. 22.	의료보험법 시행령 개정(5인 이상 사업장 당연적용 확대)
1989. 7. 1.	도시지역의료보험 실시
1989. 10. 1.	약국 의료보험 실시
1997. 12. 31.	국민의료보험법 제정
1998. 10. 1.	국민의료보험관리공단 업무개시
1999. 2. 8.	국민건강보험법 제정
2000. 7. 1.	국민건강보험법 시행
2000. 12. 29.	국민건강보험법 개정(1인 이상 사업장 당연적용 확대, 1월 이상의 기간 동안 고용되는 일용근로자에게 직장가입자 적용, 2001. 1. 1.부터 실시)
2001. 5. 24.	국민건강보험법 개정(의료보호법을 의료급여법으로 제명 변경)
2002. 1. 19.	국민건강보험법 개정(국민건강보험재정 통합, 2003. 7. 1.부터 실시)
2003. 6. 27.	국민건강보험법 시행령 개정(1개월간 80시간 이상 근로하는 시간제 근로자·공무원·교직원에게 직장가입자 적용, 2003. 7. 1.부터 실시)

자료: 국민건강보험공단

■ 특징

실직근로자의 생활보장과 고용대책의 통합

고용보험이 사회보험제도서 갖는 몇 가지 특성을 지적하면 첫째, 실직근로자의 생활보장과 고용대책이 통합된 제도이다. 이는 근로자의 생활을 보장하는 한 사회복지정책으로서의 기능과, 빠르게 변화하는 현대 산업사회에서 요청되는 산업구조 조정과 경영합리화를 촉진하고 인력수급을 원활하게 하려는 한에서 고용정책이 함께 융화된 제도로 볼 수 있다. 따라서 우리나라의 고용보험법에는 이러한 특성을 반영하여 여러 가지 내용의 사업과 급여를 갖추고 있는데, 크게 세 가지로 구분된다. 그것은 ① 고용안정사업, ② 직업능력개발사업, ③ 실업급여 등이다.

사실 우리나라의 고용보험제도는 순수한 생활보장에 강조점을 두는 사회보장제도로서의 특성보다는 산업구조조정의 맥락에서 발생하는 인력수급의 불균형 현상을 해소하려는 직업안정 기능의 확충, 고용조정 과정에서 근로자의 고용을 안정시키기 위한 고용조정 지원 및 직업능력의 개발지원, 한계 근로자의 고용 증대 등이 특히 중요한 목표로 되어 있다고 할 수 있다.

관리운영의 국가 책임

둘째는 관리운영의 국가 책임이다. 물론 주무부서는 노동부로 되고 있고 구체적인 사업 중 많은 부분을 근로복지공단에 위탁하여 실행하고 있다. 실제법상에는 고용보험을 노동부장관이 관장한다고 되어 있는 한편(고용보험법 제3조), 비용부담에 있어서도 국가는 매년 보험사업의 관리운영에 소요되는 비용의 전부 또는 일부를 일반회계에서 부담할 수 있다(동법 제5조)고 하여 국가 책임을 밝히고 있다. 물론 보험사업에 소요되는 비용에 충당하기 위하여 사업주와 피보험자인 근로자로부터 보험료를 징수하는(동법 제56조) 이른바 3자부담의 원리를 취하고 있기는 하지만, 관리운영의 최종책임자는 국가로 볼 수 있다.

보험사고의 예측이 어려운 사회보험

연금보험, 의료보험, 산재보험의 보험사고 발생률이 비교적 안정적이며 정확히 예측할 수 있는데 비하여, 고용보험의 경우 실업률은 경기변동과 밀접한 관계가 있으며, 이는 다시 경기·재정·통화정책 등에 영향을 받기 때문에 보험사고 발생률의 예측이 어렵다. 따라서 고용보험의 경우 재정추계의 어려움 때문에 재정이 불안전하다.

■ 도입 및 발달 과정

우리나라의 의료보장제도 도입은 1963년 의료보험법이 제정되면서 시작되었다고 볼 수 있으나, 의료보험 법률의 제정 과정에서 강제적인 성격의 의료보험제도가 임의적 성격으로 바뀌어 시행이 시도되었으나 성공하지 못하였다. 실질적인 정부 주도하에서 실시된 것은 1977년 7월 500인 이상 근로자를 가진 사업장에 의료보험을 임의 적용하면서 점차 소규모 사업장까지(1979년 300인 이상, 1981년 100인 이상, 1982년 16인 이상, 1995년 5인 이상) 확대 적용하여 직장근로자를 중심으로 실시되었다. 당시의 의료보장제도는 1960년대 이후부터 주력해 온 경제성장의 결과로 나타난 소득재분배의 문제를 개선하고 사회복지를 증진시키려는 목적하에 실시된 제4차 경제개발 5개년 계획의 일환으로 시작되었다고 볼 수 있으며 생활보호대상자 등에 대하여 의료보호사업이 1977년 1월 실시되었으며, 국민부담 능력 등을 고려하여 실시 가능한 임금소득계층부터 점진적으로 의료보험적용을 우선 적용하게 되었다. 1977년 5월 500인 이상 사업장 근로자에서 최초로 강제적용 방식으로 의료보험제도가 적용되어, 1979년 7월 300인 이상의 사업장에 실시되어 1980년 전 국민 의료보험 확대 실시를 위한 기반을 조성하였으며, 1981년 100인 이상의 사업장, 1988년 1월에 농·어촌지역 의료보험이 실시되었고, 1989년 7월에 도시지역 의료보험을 실시하면서 제도가 도입된 후 12년 만에 전 국민 의료보험이 실시되게 되었다.

의료보험의 적용대상에서 제외된 공무원 및 사립학교 교직원은 별도로 의료보험을 제정하고 1979년부터 공·교 의료보험을 시행하였으나 1997년 12월 공·교공단 통합을 위한 국민의료보험법이 마련되게 되었으며 1998년 10월에 국민의료보험관리공단이 출범하게 되었다. 이후 1999년에 직장조합을 포함한 의료보험을 완전 통합하는 국민건강보험법이 제정됨으로써 2000년 7월 국민건강보험법에 의한 국민건강보험공단이 출범하였다. 2003년 7월에는 직장 및 지역의 재정을 통합하여 보험료 수입 및 급여비·관리운영비를 하나의 체제에서 통합관리하게 되었고 2007년 1월에 국민건강보험재정건전화특별법 만료(2006. 12. 31)에 따른 해당 법령을 근거로 국민건강보험법이 삽입되어 시행되었다.

■ 적용대상

우리나라 국민건강보험의 적용대상은 원칙적으로 국내에 거주하는 전 국민이며, 헌법 제34조 및 제36조에서 국민의 인간다운 생활을 할 권리와 이를 실현하기 위한 국가의 사회보장 및 사회복지증진에 노력할 의무 및 국민의 보건에 관한 국가의 보호를 규정하고 있다.

국내에 거주하는 국민은 의료급여법에 따라 의료급여를 받는 수급자와 유공자 등 의료보호대상자를 제외하고 건강보험의 가입자 또는 피부양자가 된다(국민건강보험법 제6조).

　국민건강보험의 가입자는 직장가입자와 지역가입자로 구분하는데, 직장가입자는 모든 사업장에 고용된 근로자와 그 사용자, 공무원 및 교직원이다. 지역가입자는 가입자 중 직장가입자와 그 피부양자를 제외한 자를 말한다(국민건강보험법 제6조). 직장가입자의 피부양자는 직장가입자에 의해 주로 생계를 유지하는 자로서 보수 또는 소득이 없는 자로 배우자 또는 그 배우자의 직계존속, 직장가입자의 직계비속(배우자의 직계비속 포함) 및 그 배우자, 직장가입자의 형제·자매를 말한다. 한편, 직장가입자에서 제외되는 자는 1월 미만의 기간 동안 고용되는 일용근로자, 하사(단기복무자) 및 무관후보생, 선거에 의해 취임하는 공무원으로서 매월 보수 또는 이에 준하는 급료를 받지 아니하는 자, 기타 사업장의 특성, 고용형태 및 사업의 종류 등을 고려하여 대통령령으로 정하는 사업장의 근로자 및 사용자와 공무원 및 교직원 등이다(국민건강보험법 제6조 제2항).

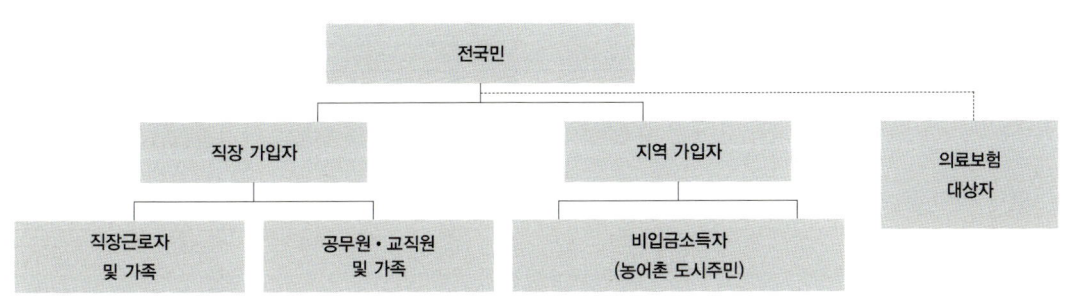

자료: 국민건강관리공단

〈그림 13-1〉 국민건강보험제도의 적용대상

　1989년 7월 1일부터 전 국민 의료보험이 실시되어 모든 국민이 건강보험과 의료급여에 의하여 의료보장을 받고 있다. 2006년 말 전 국민의 96.3%인 4,741만 명이 국민건강보험제도의 적용을 받고 있으며, 나머지 3.7%인 기초생활보장대상자, 국가유공자 등 183만 명은 의료급여제도에 편입되어 있다. 건강보험의 가입자는 직장가입자 및 지역가입자로 구분하며, 모든 사업장의 근로자 및 사용자와 공무원 및 교직원은 직장가입자가 되며, 직장가입자 및 그 피부양자를 제외한 농어촌 주민, 도시자영업자 등은 지역가입자가 된다.

<표 13-13> 의료보장 적용현황   (2006. 12. 31. 기준, 단위: 만 명, %)

구분		적용인구	구성비
계		4,924	100
건강 보험	소계	4,741	96.3
	직장	2,845	57.8
	지역	1,896	38.5
의료 급여	소계	183	3.7
	1종	103	2.1
	1종	80	1.6

자료: 국민건강관리공단

■ 보험급여

급여의 종류

건강보험의 급여는 급여형태에 따라 현물급여와 현금급여로 구분된다. 현물급여는 요양기관으로부터 의료서비스를 제공받는 것으로 요양급여와 건강검진이 있다. 현금급여는 가입자의 신청에 의해 현금으로 제공받는 것으로 요양비, 장애인보장구급여비, 본인부담액 상한제가 있다.

요양급여

요양급여는 가입자 및 피부양자가 질병·부상·출산 등으로 진찰·검사, 약제·치료재료의 지급, 처치·수술, 기타의 치료, 예방·재활, 입원, 간호, 이송 등의 의료서비스를 받는 것을 의미한다. 한편, 업무 또는 일상생활에 지장이 없는 질환 기타 보건복지가족부령으로 정하는 사항은 요양급여 대상에서 제외(보험 비급여항목)할 수 있도록 했다.

요양급여의 지급기간은 처음에는 6개월로 한정했다가, 1994년 210일로, 1996년 240일(65세 이상 노인 및 등록 장애인은 연중 보험이 가능)로, 1996년 다시 270일로, 1998년 300일로 확대했으며, 2000년에는 기간제한 없이 연중 계속해서 급여를 받을 수 있도록 했다.

건강검진

건강검진은 질병을 조기에 발견하고 그에 따른 요양급여를 실시하기 위하여 가입자 및 피부양자가 건강에 대한 검진을 받는 서비스를 의미한다. 건강검진은 일반건강검진, 암검진,

영유아건강검진으로 구분된다. 일반건강검진을 받을 수 있는 자는 직장가입자, 세대주인 지역가입자, 40세 이상인 지역가입자 및 40세 이상인 피부양자이다. 이들 중 암 종별 특성을 고려하여 검진이 필요한 자로서 보건복지가족부장관이 정하여 고시하는 자는 암검진을 받을 수 있다. 영유아건강검진을 받을 수 있는 자는 6세 미만의 가입자 및 피부양자이다. 건강검진은 2년마다 1회 이상 실시하되, 사무직에 종사하지 아니하는 직장가입자에 대해서는 1년에 1회 실시한다. 다만, 영유아건강검진은 영유아의 연령 등을 고려하여 검진 횟수를 보건복지가족부장관이 정하여 고시하는 바에 따라 실시할 수 있다.

요양비

요양비는 가입자 또는 피부양자가 긴급 기타 부득이한 사유로 인하여 요양기관과 유사한 기능을 수행하는 기관으로서 보건복지가족부령이 정하는 기관에서 질병·부상·출산 등에 대하여 요양을 받거나 요양기관 외의 장소에서 출산을 한 때에는 그 요양급여에 상당하는 금액을 지급받는 것을 의미한다.

긴급 기타 부득이한 사유란, 요양기관을 이용할 수 없거나 요양기관이 없는 경우, 만성신부전증 환자가 의사의 처방전에 의하여 복막관류액을 요양기관 외의 의약품판매업소에서 구입·사용한 경우, 산소치료를 필요로 하는 환자가 의사의 산소치료처방전에 의하여 보건복지가족부장관이 정하여 고시하는 방법으로 가정에서 산소치료를 받는 경우를 의미한다.

보건복지가족부령이 정하는 기관이란 요양기관으로 적합하지 아니하다고 인정되어 요양기관에서 제외된 의료기관, 만성신부전증 환자 중 복막투석으로 요양급여를 받고 있는 자에게 직접 복막관류액을 판매하는 요양기관 외의 의약품 판매업소, 산소치료를 필요로 하는 환자에게 산소치료서비스를 제공하는 요양기관 외의 보건복지가족부장관이 정하여 고시하는 기준에 해당하는 기관 등이다.

요양기관 이외의 장소에서 출산한 가입자 및 피부양자의 경우 2006년 11월 1일 이전 출생 시에는 첫째 자녀는 76,400원, 둘째 자녀부터 710,000원을 지급하며, 2006년 11월 1일 이후 출생 시에는 250,000원을 지급한다.

장애인보장구급여비

장애인보장구급여비는 장애인복지법에 의해 등록한 장애인인 가입자 및 피부양자에게 보장구를 구입한 경우 구입금액의 일부를 현금으로 지급하는 급여를 의미한다. 이 제도는 장애인 특성에 보다 적합하며 성능이 우수한 보장구를 제공하여 장애인의 삶의 질을 향상시키기 위해 마련되었다. 동일 보장구는 유형별 내구연한 재 1인당 1회 지급을 원칙으로 하며, 구입금액이 유형별 기준액 이내인 경우는 실구입가의 80%를 지급하고 초과한 경우에는 기준액의 80%를 지급한다. 급여대상 보장구의 유형으로 20종 77개 품목이 있다.

장제비

장제비는 가입자나 피부양자가 사망한 경우 그 장제를 행한 자에게 지급하는 현금급여이다. 2007년 장제비는 25만 원이었다. 2007년 12월 27일 건강보험법 시행령(제25조) 개정에 의해 2008년 1월 1일 이후 사망한 사람에게는 장제비를 지급하지 않는다. 다만, 2007년 12월 31일 이전 사망자 중 미청구자는 사망 후 3년 이내에 장제비를 청구할 수 있다.

본인부담액 상한제

본인부담액 상한제는 가입자 및 피부양자가 일정기간 동안 요양기관에서 요양급여를 받고 납부한 본인일부부담금이 일정금액을 초과한 경우 보험자(국민건강보험공단)가 그 초과금액의 일부를 보상하는 현금급여이다. 이 제도는 고액 중증질환자의 과다한 진료비 지출로 인한 가계의 경제적 부담을 덜어주기 위해 2004년 7월 1일부터 시행되었다. 본인이 부담한 비용의 총액이 6월간 200만 원을 초과하는 경우에는 그 초과한 금액을 국민건강보험공단이 부담한다. 2007년 7월 25일 국민건강보험법 시행령(제25조) 개정에 의해 2007년 7월 1일 진료분부터 300만 원 초과분을 200만 원 초과분으로 확대했다. 요양기관에 납부한 본인부담금 중 MRI 일부 금액, 선택 진료비, 상급병실료 차액, 전액 본인부담진료 등 건강보험 비급여 항목에 대한 비용은 본인부담액 상한제 산정에서 제외된다.

본인부담액 보상금

본인부담액 보상금은 요양기관에서 진료 후 발생한 본인부담금이 매 30일간 120만 원을 넘었을 경우 그 넘은 금액의 50%를 건강보험공단에서 지급함으로써 가계의 경제적 부담을 덜어주는 제도이다. 본인부담액 상한제 확대시행으로 인하여 본인부담액 보상금 제도는 폐지되었다. 이로 인해 2007년 6월 30일 진료분까지 보상금이 지급되고 2007년 7월 1일 이후 진료분부터 본인부담액 보상금은 지급되지 않는다.

보험급여 형태 및 종류별 수급요건 및 급여내용을 정리하면 〈표 13-14〉와 같다.

〈표 13-14〉 보험급여 형태·종류별 수급요건 및 급여내용

급여형태	급여종류	지급대상	수급요건	급여내용	비고
현물급여	요양급여	가입자, 피부양자	질병·부상·출산 등으로 의료서비스가 필요한 때	진찰·검사, 약제·치료재료의 지급, 처치·수술 등 필요한 의료서비스 제공	법정급여
	건강검진	가입자, 피부양자	직장가입자, 세대주인 지역가입자, 40세 이상 지역가입자·피부양자	2년마다 1회 실시, 비사무직 종사자는 1년에 1회 실시	법정급여
현금급여	요양비	가입자, 피부양자	긴급 기타 부득이한 사유로 요양기관과 유사한 기관에서 질병·부상·출산 등에 대해 의료서비스를 받을 때	그 요양급여에 상당하는 금액(현금)	법정급여
	장애인보장구 급여비	장애 등록된 가입자, 피부양자	장애인보장구를 구입한 때	구입금액이 유형별 기준액 이내인 경우는 실구입가의 80%, 초과한 경우는 기준액의 80% 지급	법정급여
	장제비	장제를 행한 자	가입자나 피부양자가 사망한 경우	• 1인당 25만 원 • 2008. 1. 1. 이후 사망자에게는 지급하지 않음.	임의급여
	본인부담액 상한제	가입자, 피부양자	본인부담액이 6개월간에 200만 원을 초과한 경우	그 초과한 금액을 공단이 부담	임의급여
	본인부담액 보상금	가입자, 피부양자	본인부담액이 매 30일간 120만 원을 넘을 경우	• 120만 원 초과 금액의 50%를 공단이 부담 • 2007. 7. 1. 이후 진료분부터 폐지	임의급여

주: 장제비는 2008년 1월 1일 이후 사망한 자에게는 지급하지 않으며, 본인부담액 보상금은 2007년 7월 1일 이후 진료분부터는 적용되지 않는다.

자료: 국민건강보험공단

본인부담금

본인부담금은 의료이용자의 도덕적 해이(moral hazard)의 방지와 건강보험재정의 안정화를 기하기 위해 도입된 제도로 거의 모든 국가에서 이 제도를 채택하고 있다. 건강보험체계상 진료비용은 그 부담주체에 따라 보험급여 부분과 비급여 부분으로 나누어지며, 보험급여 부분은 보험자부담 부분과 본인부담 부분으로 나누어진다. 의료서비스 이용자가 실제 부담하는 총비용은

비급여 부분에 대한 비용과 급여 부분 중 본인부담 부분을 합한 급액이며, 이 금액이 의료서비스 총비용에서 차지하는 비율을 본인부담률이라 한다. 한국의 경우 연구자마다 이 비율이 약간씩 다르나 대개 50% 내외로 매우 높은 실정이다.

보험급여 부분 중 본인부담금

국민건강보험법 제41조는 요양급여를 받는 자는 대통령령이 정하는 바에 의해 그 비용의 일부를 본인이 부담하여야 한다고 규정하고 있으며, 국민건강보험법 시행령 제22조는 본인이 부담할 비용의 부담률 및 부담액을 규정하고 있다. 본인이 부담할 비용의 부담률 및 부담액은 입원진료와 외래진료에 따라 다르다.

입원진료 및 만성신부전증 환자 등 보건복지가족부장관이 정하는 요양급여를 받은 경우는 요양급여 총액의 20%를 본인이 부담한다. 외래진료의 본인부담률 및 부담금은 요양기관, 지역에 따라 다르다.

비급여 대상

국민건강보험법 제29조 제3항은 요양급여의 기준을 정함에 있어 업무 또는 일상생활에 지장이 없는 질환 기타 보건복지부령으로 정하는 사항은 요양급여에서 제외될 수 있다고 규정하고 있다. 이에 근거하여 '국민건강보험 요양급여의 기준에 관한 규칙' 제9조 제1항의 별표 2(2008년 7월 11일 개정)는 요양급여 대상에서 제외되는 사항(비급여 대상)을 규정하고 있다.

본인부담금 환급금

본인부담금 환급금 제도는 요양기관이 가입자 또는 피부양자로부터 사위 기타 부당한 방법으로 요양급여비용을 받은 때에는 국민건강보험공단이 당해 요양기관으로부터 이를 징수하여 가입자 또는 피부양자에게 지급하는 제도이다. 요양급여비용의 적절성에 대한 심사는 건강보험심사평가원에서 실시한다.

급여의 제한 및 정지

보험급여를 받을 수 있는 자가 다음 사항에 해당될 때에는 보험급여 지급을 제한한다. 즉 고의 또는 중대한 과실로 인한 범죄행위에 기인하거나 고의로 사고를 발생시킨 때, 고의 또는 중대한 과실로 공단이나 요양기관의 요양에 관한 지시에 따르지 아니한 때, 고의 또는 중대한 과실로 문서 기타 물건의 제출을 거부하거나 질문 또는 진단을 기피한 때, 업무상 또는 공무상 질병·부상·자해로 인하여 다른 법령에 의한 보험급여나 보상을 받게 된 때에는 보험급여를 실시하지 아니한다.

■ 재원조달

현재 우리나라의 건강보험 재정수입은 가입자의 보험료와 특별법에서 규정한 국고와 건강증진기금, 그리고 기타 이자수입 등으로 구성된다. 보험료 부과는 직장가입자와 지역가입자가 서로 다른 방식으로 이루어져 있다. 직장가입자는 근로소득의 일정률로 보험료를 비례하여 부과하며, 지역가입자의 경우에는 종합소득과 재산 및 자동차를 기준으로 보험료를 산정함을 원칙으로 한다. 다만, 다양한 소득원과 실질 소득파악의 정도가 다소 부정확하기 때문에 연간 종합소득 500만 원을 기준으로 세분하여 산정방법을 달리하고 있다.

지역가입자 보험료 부과체계

연간 종합소득이 500만 원을 초과하는 세대는 소득, 재산보유 정도, 자동차를 기준으로 하여 부담능력을 평가하고 500만 원 이하 세대는 소득, 재산보유 정도, 자동차 이외에 성, 연령 등 근로능력과 생활수준을 고려한 부과요소를 활용하여 부담능력을 측정하고 보험료를 산정한다. 부과체계는 필요재정 확보를 위한 보험료 부과의 중요한 수단임과 동시에 가입자의 부담과 직결된다. 따라서 현행 건강보험부과체계는 가입자의 경제활동, 생활수준 등 다양한 평가요소를 보험료에 반영한 것으로 전 국민의 부담능력을 비교적 적당하게 반영하고 있다는 평가가 있다. 2005년에는 19세 미만의 미성년자 무소득 간주 규정을 폐지함으로써 소득 있는 미성년자를 피부양자에서 제외하여 지역가입자 보험료를 부과하였으며, 2006년도에는 금융소득 4,000만 원을 초과한 자를 피부양자에서 제외함으로써 가입자 간의 부담의 형평성을 제고시키기 위해 노력하였다. 앞으로도 보험료 부담의 형평성 제고를 위해 다양한 전산자료의 주기적 확보 등을 통해 부적정한 피부양자를 지속적으로 발굴해나감과 아울러 연금소득 등 고정소득이 있음에도 피부양자로서 인정되어 무임승차하고 있는 현상을 해소함으로써 당초 피부양자제도의 운영취지에 걸맞게 운영해나가도록 할 계획이다. 보험료가 총재정의 80%를 차지하고, 관리운영비를 포함한 국고 및 담배부담금에 의한 재정지원금이 약 18%, 기타 이자수입 등이 2%를 차지하고 있다.

〈표 13-15〉 재원전달 체계(2006년 기준)

구분		직장근로자	농 · 어민, 도시자영자
재원 조달	보험료	• 표준보수월액의 4.48% • 사용자, 근로자가 각 50%씩 부담 • 사용자가 원천징수하여 공단에 납부 • 교직원은 본인, 학교경영자, 정부가 각 50%, 30%, 20%씩 부담	• 소득 · 재산(자동차 포함)에 따라 등급별 일정액 • 세대주가 자진납부 또는 보험자가 방문 징수
	국고부담	없음	국고 35%
	담배 부담금	담배부담금 65%를 직장가입자 · 피부양자 및 지역가입자 중 65세 이상 노인보험급여로 지원	

자료: 국민건강보험공단

건강보험 재원조달에 있어 정부지원은 지역의료보험 실시를 위해 평균적으로 부담능력이 낮은 지역가입자의 보험료에 대하여 국고를 지원하는 보조적 성격으로 출발하였다. 의료보장을 추구하는 모든 나라에서 사회복지 증진의무와 취약계층에 대한 사회안전망 구축과 건강의 형평성은 국가의 궁극적인 책임이다. 정부가 의료보장에 대한 지원을 하여야 한다는 국가의 의무는 우리나라 헌법 제34조 규정에서도 그 논거를 찾을 수 있다. 사회보험재정에 지원되는 정부지원금의 보편적 성격은 다음과 같이 분류된다. 즉 ① 공적제도의 부족한 재정의 보조금, ② 특정 집단의 사회적 위험비용을 보상하고 불가피한 보험재정적자를 메워주는 보조금, ③ 소득재분배 차원에서 형평 증진을 위한 보조금, ④ 건강의 유지·증진, 예방과 재활 등에 필요한 재원을 지원하는 인적자본에 대한 재투자가 그것이다.

■ 과제 및 전망

보험료 부과의 형평성 문제

국민건강보험은 보험료 부과체계의 형평성이 보장된다는 전제하에서만 정당화될 수 있다. 따라서 보험료를 부과하거나 징수할 경우 피보험자가 이를 수용하게끔 보험료 부과체계의 합리적인 기준이 마련되어야 한다(노시평 외, 2002). 현재 직장가입자의 보험료는 직장의 급여만을 기준으로 하기 때문에 급료 외에 이자소득이나 배당소득, 기타 사업소득이 고려되지 않아 형평성이 없다는 비판이 제기된다. 한편, 지역가입자의 보험료는 소득을 기준으로 부과표준소득에 따라 보험료를 부과하고 있으나 자영자 소득파악의 투명성이 확보되지 않은 상태에서 지역가입자의 보험료 부과 방식은 직장가입자에게 불리하게 작용할 가능성이 있다. 즉, 지역 자영업자들 중 소득이 파악될 수 있는 인원은 약 38%로 추정되고 있는데, 이처럼 소득파악의 미비로 적정한 보험료를 부과할 수 없기 때문에 소득이 노출된 직장인과의 형평성 문제가 제기된다. 따라서 직장가입자이든 지역가입자이든 보험료 부과의 공평성 확보가 국민건강보험제도가 해결해야 할 주요 과제라고 할 수 있다. 특히 지역가입자의 소득 파악에 좀 더 집중하여 장기적으로는 단일화된 보험료부과 체계를 적용해야 할 것이다.

보험관리 및 운영의 문제

의료보장의 세계적인 개혁추세는 경쟁을 통한 효율성 향상이나 국민건강보험의 통합관리는 상호경쟁을 통한 자율적인 관리운영과 책임경영체계의 확립에 취약한 것이 단점이다. 따라서 주변 환경변화에 탄력적으로 대처할 수 있는 능력이 결여되고 이것은 결과적으로 조직의 관료화를 초래하며 국가에 의존하는 체계로 고착될 가능성이 있다(노시평 외, 2002). 국민건강보험의 통합이 실질적으로 진보적인 사회통합 효과를 얻기 위해서는 보험료 부담의 형평성 실현, 보험급여의 포괄성 보장, 제도운영의 효율성과 투명성 확보, 의료자원의 효율적 활용과 의료서비스의 질 향상, 보험재정의 건전성 확보 등이 전제되지 않으면 안 된다(장인협·이혜경·오정수, 2001). 최근 국민건강보험과 같은 공보험이 국민들의 의료욕구를 충족시키는 데 한계가 있기 때문에 이를 보완할 수 있는 보충적 수단으로서 민간의료보험제도의 도입 필요성이 일각에서 제기되고 있는데, 국민건강보험을 기반으로 그 단점을 보완하는 차원에서 민간의료보험의 도입은 의료보장의 한 대책이 될 수 있을 것으로 생각된다.

건강보험의 재정안정화 문제

그간 국민건강보험의 통합과정에서 의약분업에 따른 의약분쟁이 야기되었고 자영업자들의 소득파악의 어려움으로 건강보험 재정에서 수입의 감소와 의료수가의 인상조정에 따른 지출의 증대로 보험재정은 심각한 적자에 직면하게 되었다. 이러한 재정적자에 대한 대책으로 그간 보험료를 대폭 인상하였고 보험급여에서 본인 부담을 증대시킴에 따라, 국가가 개입하여 국민건강과 생활의 안정을 도모한다는 본래의 목표가 점차 퇴색되고 있다.

의료공급제도의 비효율 제거는 건강보험의 재정안정화에 보험재정 확충 이상으로 중요하다. 지금까지 의료서비스 하나하나에 가격을 매기는 행위별 수가제는 근본적으로 의료서비스 제공량의 증대 요인을 의료기관에 줌으로써 의료비용의 상승을 가속화시키는 요인이 되었다. 따라서 2002년 1월부터 질병을 특성별로 미리 세분화하여 책정한 진료비를 내는 포괄수가제를 일부 진료과와 질병군에 한해 실시하고 있는데 보험재정의 안정화를 위해 포괄수가제의 확대, 총액계약제의 시행 등을 고려해야 한다. 또한 진료비 심사기능 강화를 통한 급여비의 통제와 도덕적 해이 감소, 전체 국민을 가입대상으로 하는 점과 연간 운영하는 거대한 재정규모에 비추어 효율적 관리운영을 위한 지속적인 노력이 필요할 것이다(남기민·홍성로, 2008).

4. 고용보험

■ 의의 및 도입배경

우리나라는 1995년 7월부터 고용보험제도를 도입·시행하여 국가의 4대 사회보험제도의 기틀을 구축하게 되었다. 고용보험제도란 근로자가 실직하였을 경우 실직근로자 및 그 가족의 생활안정과 재취업을 촉진하는 사회보험제도이다. 이러한 고용보험은 실업의 예방, 고용촉진 및 근로자의 직업능력의 개발·향상을 도모하고 국가의 직업지도·직업소개 기능을 강화하며 근로자가 실업한 경우에 생활에 필요한 급여를 실시함으로써 근로자의 생활 안정과 구직 활동을 촉진하여 경제·사회 발전에 이바지함을 목적으로 한다(고용보험법 제1조).

고용보험제도의 성격은, 근로자의 실직에서 비롯하는 소득손실의 발생에 대한 보장을 사회보험이 담당하는 점은 고전적 의미에서 실업보험(unemployment insurance) 사업의 성격을 갖고 있는 것이고, 실직근로자의 재취업이나 직업안정 등을 촉진하기 위한 사업은 국가의 적극적 노동시장 정책의 성격이 혼합된 형태로 볼 수 있다.

우리나라의 고용보험은 1970년대 이후 노동청 내부에서만 논의가 있었던 것이, 1970년대 후반부터 늘어나는 실업률로 인해 제5차 경제사회발전 5개년 계획을 입안하는 과정에서 공식적인 검토가 이루어지기 시작하였다. 그러나 이때는 실업보험 제도의 부작용에 대한 우려와 기업에 주는 부담, 우리나라 산업구조의 미성숙 등의 이유로 일단 유보되고, 1986년도 제6차 경제사회발전 5개년 계획을 통해서 비로소 고용보험의 방향에 대한 공감대를 형성할 수 있었다.

이러한 과정을 거쳐 정부가 공식적으로 결정한 것은 제7차 경제사회발전 5개년 계획을 통해서였다. 이로 인해 1992년 한국노동연구원에 고용보험연구기획단이 설치되고, 이것은 1993년 12월 27일 고용보험법 제정과 1995년 시행령 및 시행규칙의 제정으로 이어져 1995년 7월 1일부터 시행하게 되었다.

■ 특징

고용보험이란, 실직근로자에게 실업급여를 지급하는 전통적 의미의 실업보험사업뿐 아니라 적극적인 취업알선을 통한 재취업과 실업으로 인하여 소득의 원천을 상실한 근로자가 일할 수 있는 능력과 의사가 있음에도 불구하고 적절한 직장에 취업하지 못하고 있을 경우, 현행법상의 고용안정사업을 통해 자기의 적성과 능력에 맞는 직업을 제대로 선택하여 원하는 직장에 취업할 수 있도록 고용정보를 제공하며, 근로자의 능력개발을 위한 직업훈련을 통하여 노동생산성을 향상시키고, 근로자의 임금 수준의 향상을 도모하며, 기업의 경쟁력을 강화할 수 있는 직업능력개발사업을 상호 연계하여 실시하는 사회보험제도이다.

따라서 실업보험은 단순하게 실직자의 생계를 지원하는 사후적·소극적인 사회보장제도에 그치는 반면, 고용보험은 실직자에 대한 생계지원은 물론 재취업을 촉진하고 더 나아가 실업의 예방 및 고용안정, 노동시장의 구조개편, 직업능력개발을 강화하기 위한 사전적·적극적 차원의 종합적인 노동시장 정책의 수단이라고 할 수 있다.

자본주의 경제체제에서 근로자는 노동력을 사용자에게 제공하고 고용주는 임금을 지급함으로써 경제생활을 영위하게 한다. 그러나 실업이 발생하면 근로자와 그 가족에게 있어서는 부상, 질병, 사망과 마찬가지로 생활의 안정을 파괴하는 원인이 된다.

실업으로 인하여 발생한 유휴노동력의 존재는 국가의 인적 자원의 손실을 의미할 뿐 아니라, 근로자의 능력을 발휘할 기회를 상실하므로 지식과 기능의 질적 저하를 가져오기도 한다. 또한 실업은 소비의 감소를 가져오며, 이는 다시 생산의 저하와 고용의 감소를 초래하여 실업을 더욱 확대시키고 국민경제를 혼란에 빠뜨릴 수 있다. 이와 같은 차원에서 고용안정과 완전고용의 달성은 국가 경제정책의 주요목표로 자리 잡고 있다.

실업이 발생한 이후에 실업급여를 지급하는 소극적인 사후구제 수단만으로는 실직근로자의 생활을 근본적으로 보장하기에는 부족한 점이 많다.

그래서 우리나라 고용보험제도는 적극적으로 고용촉진과 고용조정을 지원하는 고용안정사업과 근로자의 직업능력을 지속적으로 개발·향상시키는 직업능력개발사업을 포함하고 있다.

■ 발전 과정

선진국의 경우 사회보험이 산재보험, 건강보험, 국민연금(연금보험), 고용보험 순으로 발전되었는데, 우리나라도 이와 같은 순서로 4대 사회보험이 제정되어 고용보험이 제일 늦게 도입되었다. 고용보험법은 1993년 12월 27일 제정되어 1995년 7월 1일부터 실업급여는 30인 이상 사업장, 고용안정사업 및 직업능력개발사업은 70인 이상 사업장을 당연적용대상으로 하여 실시되었다. 제정 당시 고용보험법의 사업내용은 소극적 노동시장정책(실업자 소득보장)인 실업급여와 적극적 노동시장정책(실업예방 및 취업촉진)인 고용안정사업, 직업능력개발사업의 3개 주요 사업으로 구성되었다. 고용보험은 적용대상을 고용보험법 시행령 개정을 통해, 1998년 1월 1일부터 실업급여는 10인 이상, 고용안정·직업능력개발 사업은 50인 이상 사업장으로, 1998년 3월 1일부터 실업급여 대상을 5인 이상 사업장으로, 1998년 7월 1일부터 고용안정·직업능력개발사업 대상을 5인 이상 사업장으로, 1998년 10월 1일부터 상시 근로자 4인 이하인 농업·어업·임업·수렵업 등 일부 업종을 제외하고 근로자를 1인 이상 고용하는 전 사업장으로 확대했으며, 2002년 12월 30일 농업·어업·임업·수렵업 중 상시 4인 이하의 근로자를 고용하는 법인까지 적용범위를 확대했다. 한편, 고용보험법 개정을 통해 2004년 1월 1일부터는 일용근로자에게 적용을 확대했고, 고용보험법 시행령 개정을 통해 2004년 1월 1일부터 월 60시간(주 15시간) 이상 시간제 근로자에게 적용을 확대했다.

고용보험과 산업재해보상보험의 보험료를 통합징수하기 위해 '고용보험 및 산업재해보상보험의 보험료 징수 등에 관한 법률'이 2005년 1월 1일부터 실시됨에 따라 고용보험과 산업재해보상보험의 보험료가 통합 징수되게 되었다. 2006년부터는 고용안정사업과 직업능력개발사업이 통합되어 고용안정·직업능력개발사업으로 운영되고 있다.

〈표 13-16〉 고용보험제도 발전 과정

연월일	주요 내용
1993. 12. 27.	고용보험법 제정(실업급여는 30인 이상 사업장, 고용안정·직업능력개발사업은 70인 이상 사업장에 당연적용, 1995. 7. 1.부터 실시)
1995. 4. 6.	고용보험법 시행령 제정(1998. 1. 1.부터 실업급여는 10인 이상, 고용안정·직업능력개발사업은 50인 이상 사업장으로 당연적용 확대)
1995. 7. 1.	고용보험실시(실업급여는 30인 이상 사업장, 고용안정·직업능력개발사업은 70인 이상 사업장 당연적용)
1998. 2. 24.	고용보험법 시행령 개정(1998. 3. 1.부터 실업급여 대상을 5인 이상 사업장으로 확대하고, 1998. 7. 1.부터 고용안정·직업능력개발사업 대상을 5인 이상 사업장으로 확대)
1998. 10. 1.	고용보험법 시행령 개정(1998. 10. 1.부터 실업급여 및 고용안정·직업능력개발사업 대상을 1인 이상 사업장으로 확대, 다만 농업·어업·임업·수렵업 중 상시 4인 이하의 근로자를 고용하는 사업은 제외)
2001. 8. 14.	고용보험법 개정(산전후 휴가급여와 육아휴직급여를 고용보험에서 지급할 수 있도록 하는 근거규정 마련)
2002. 12. 30.	고용보험법 시행령 개정(2002. 12. 30.부터 농업·어업·임업·수렵업 중 상시 4인 이하의 근로자를 고용하는 법인까지 당연적용 확대)
2002. 12. 30.	고용보험법 개정(2004. 1. 1.부터 일용근로자에 대해 당연적용 확대)
2003. 12. 18.	고용보험법 시행령 개정(2004. 1. 1.부터 1월간 60시간(1주간 15시간) 이상 시간제 근로자에 대해 당연적용 확대)
2003. 12. 31.	고용보험법 개정(고용보험과 산업재해보상보험의 보험료를 통합징수하기 위한 고용보험 및 산업재해보상 보험료징수 등에 관한 법률의 제정에 따라 고용보험법에 규정하고 있는 고용보험의 성립·소멸 및 보험료 징수 등에 관한 규정을 삭제, 2005. 1. 1.부터 시행)
2004. 2. 25.	고용보험법 시행령 개정(선원과 비전문취업 체류자격을 갖는 외국인 근로자에게 고용보험 적용 확대, 2006. 1. 1.부터 시행)
2005. 12. 7.	고용보험법 개정(고용안정사업과 직업능력개발사업을 고용안정·직업능력개발사업으로 통합)
2008. 3. 21.	고용보험법 개정(별정직 및 계약직 공무원에 대해 본인의 의사에 의해 고용보험에 가입할 수 있도록 함)

자료: 고용보험관리공단

■ 적용대상

적용대상 및 적용대상 제외

근로자를 사용하는 모든 사업 또는 사업장(이하 "사업"이라 함)은 고용보험의 적용대상이다. 즉, 1명 이상 근로자를 사용하는 사업은 고용보험의 적용대상이 된다. 이와 같이 고용보험은 적용대상을 사업으로 규정한 후, 적용제외사업과 적용사업 중에서 적용제외 근로자를 규정하고 있다. 고용보험이 적용대상을 사업으로 규정하는 이유는, 첫째, 고용보험사업내용(급여) 중에는 사업(장)에게만 적용되는 것이 있고, 둘째, 고용보험 보험료 중 일부(고용안정·직업능력개발사업을 위한 보험료)는 근로자는 부담하지 않고 사업주만 부담하는 부분이 있기 때문이다.

적용제외 사업은 ① 농업·어업·임업 및 수렵업 중 법인이 아닌 자가 상시 4인 이하의 근로자를 사용하는 사업, ② 총공사금액이 2천만 원 미만인 공사, ③ 연면적 330m² 이하인 건축물의 건축 또는 대수선에 관한 공사, ④ 가사서비스업이다(고용보험법 시행령 제2조 제1항).

적용사업근로자 중 적용제외근로자는 ① 65세 이상인 자(다만 고용안정·직업능력개발사업에는 적용됨), ② 1개월간 소정근로시간이 60시간(1주간의 소정근로시간이 15시간) 미만인 자(다만 생업을 목적으로 근로를 제공하는 자 중 3개월 이상 계속하여 근로를 제공하는 자와 일용근로자는 제외), ③ 국가공무원법과 지방공무원법의 적용을 받는 자[다만 별정직 및 계약직의 경우는 본인의 의사에 따라 고용보험(실업급여만)에 가입할 수 있음], ④ 사립학교 교직원연금법의 적용을 받는 자, ⑤ 외국인 근로자(다만 출입국관리법 시행령에 따라 취업활동을 하거나 취업활동을 할 수 있는 자격을 가진 자는 제외), ⑥ 별정우체국법에 따른 별정우체국 직원이다.

가입자 종류

당연적용가입자

당연적용은 사업이 개시되어 적용요건을 갖추었을 때 사업주나 근로자의 의사에 관계없이 자동적으로 보험관계가 성립되는 것을 의미한다. 고용보험법의 적용을 받는 사업의 사업주와 근로자는 고용보험의 당연적용가입자가 된다.

임의적용 가입자

임의적용은 적용제외 사업으로서 고용보험의 가입 여부가 사업주와 근로자의 의사에 의해 결정되는 것을 의미한다. 적용제외 사업의 사업주는 근로자(적용제외근로자 제외) 과반수의 동의를 얻어 근로복지공단의 승인을 얻은 때 고용보험에 가입할 수 있다. 이러한 과정을 얻어 가입한 사업의 사업주와 근로자는 임의적용가입자가 된다.

의제적용 가입자

의제적용이란 당연적용사업이 당연적용 제외사업으로 된 경우 일정기간 당연적용사업이 되는 것으로 간주하는 것을 의미한다. 당연적용사업이 사업규모의 변동 등으로 적용제외 사업이 된 때(예를 들어 농업·어업·임업 및 수렵업 중 법인이 아닌 사업의 근로자가 상시 5인 이상에서 5인 미만으로 감소된 경우, 총 공사금액이 2천만 원 이상인 공사에서 2천만 원 미만인 공사로 축소된 경우)에 그 사업의 사업주가 근로자(적용제외근로자 제외) 과반수의 동의를 얻고 근로복지공단의 승인을 얻은 때에는 고용보험에 가입한 것으로 본다.

■ 사업내용(급여)

고용보험의 사업은 고용안정·직업능력개발사업, 실업급여, 육아휴직·산전후 휴가급여로 구분된다. 과거에는 고용안정사업, 직업능력개발사업, 실업급여, 3대 사업으로 구분되었으나, 2001년 8월 14일 고용보험법 개정에 의해 2001년 11월 1일부터 육아휴직급여 및 산전후 휴가급여를 신설했고, 2005년 12월 7일 고용보험법 개정에 의해 2006년 1월 1일부터 고용안정사업과 직업능력개발사업을 통합했다.

고용안정·직업능력개발사업

고용보험법 제19조는 고용안정·직업능력개발사업을 피보험자 및 피보험자였던 자, 그밖에 취업할 의사를 가진 자에 대한 실업의 예방, 취업의 촉진, 고용기회의 확대, 직업능력개발·향상의 기회제공 및 지원, 그밖에 고용안정과 사업주에 대한 인력확보를 지원하기 위하여 실시하는 사업이라고 규정하고 있다.

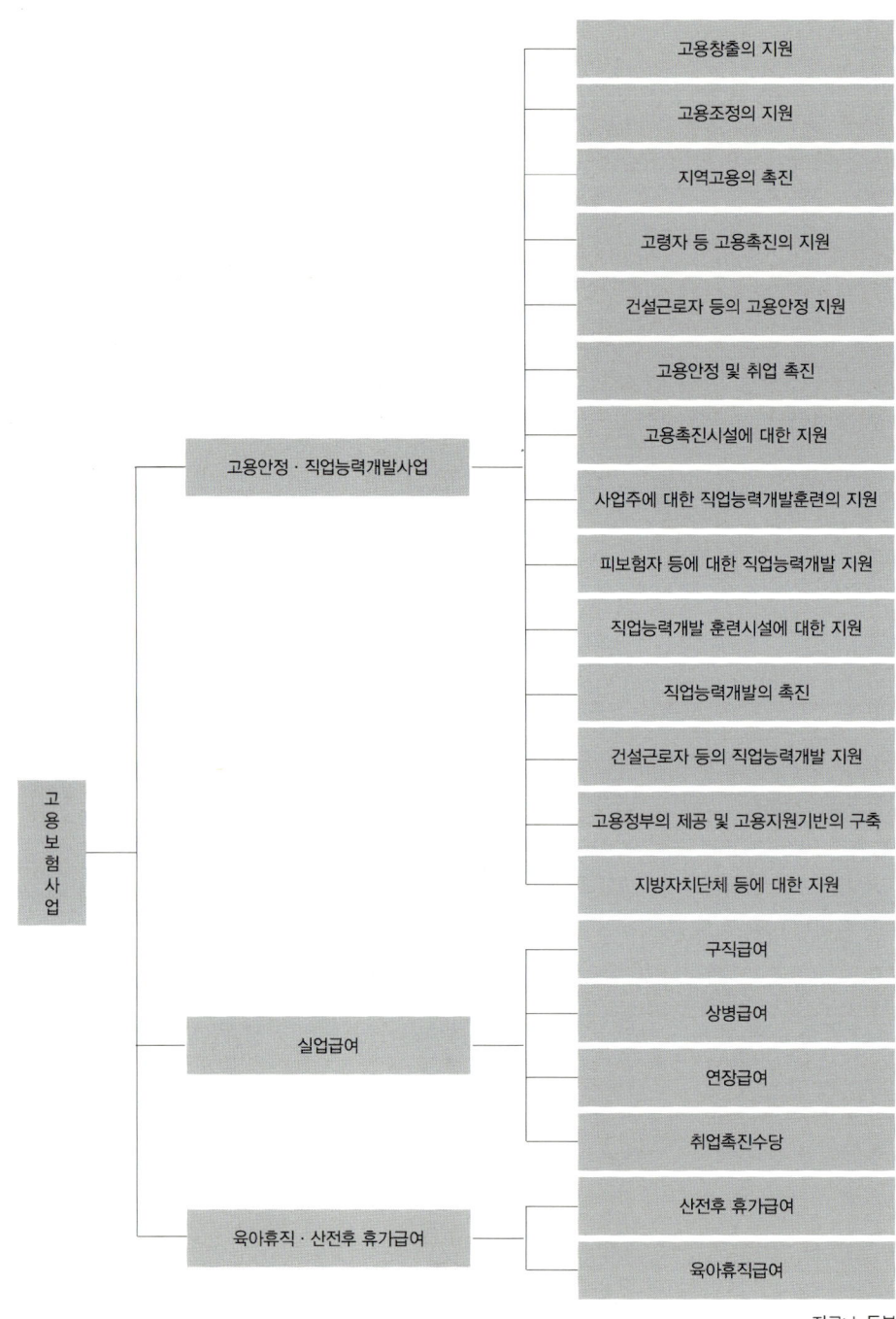

고용창출의 지원

고용조정의 지원

지역고용의 촉진

고령자 등 고용촉진의 지원

건설근로자 등의 고용안정 지원

고용안정 및 취업 촉진

고용촉진시설에 대한 지원

사업주에 대한 직업능력개발훈련의 지원

피보험자 등에 대한 직업능력개발 지원

직업능력개발 훈련시설에 대한 지원

직업능력개발의 촉진

건설근로자 등의 직업능력개발 지원

고용정부의 제공 및 고용지원기반의 구축

지방자치단체 등에 대한 지원

구직급여

상병급여

연장급여

취업촉진수당

산전후 휴가급여

육아휴직급여

고용안정ㆍ직업능력개발사업

실업급여

육아휴직ㆍ산전후 휴가급여

고용보험사업

자료: 노동부

〈그림 13-2〉 고용보험제도 사업내용(급여)

고용안정·직업능력개발사업으로는 〈그림 13-2〉에서 보는 바와 같이 ① 고용창출의 지원, ② 고용조정의 지원, ③ 지역고용의 촉진, ④ 고령자 등 고용촉진의 지원, ⑤ 건설근로자 등의 고용안정 지원, ⑥ 고용안정 및 취업 촉진, ⑦ 고용촉진시설에 대한 지원, ⑧ 사업주에 대한 직업능력개발훈련의 지원, ⑨ 피보험자 등에 대한 직업능력개발 지원, ⑩ 직업능력개발훈련시설에 대한 지원, ⑪ 직업능력개발의 촉진, ⑫ 건설근로자 등의 직업능력개발 지원, ⑬ 고용정부의 제공 및 고용지원기반의 구축, ⑭ 지방자치단체 등에 대한 지원 등이 있다.

고용창출의 지원

고용창출의 지원은 고용환경 개선, 근무형태 변경 등으로 고용의 기회를 확대한 사업주에게 필요한 지원을 하는 사업이다.

고용창출의 지원으로 ① 중소기업 근로시간단축 지원금, ② 교대제 전환 지원금, ③ 중소기업 고용환경 개선에 대한 지원, ④ 중소기업 전문인력활용 장려금, ⑤ 중소기업 신규업종진출 지원금 등이 있다.

고용조정의 지원

고용조정의 지원은 경기의 변동, 산업구조의 변화 등에 따른 사업규모의 축소, 사업의 폐업 또는 전환으로 고용조정이 불가피하게 된 사업주가 근로자에 대한 휴업, 직업전화에 필요한 직업능력개발훈련, 인력의 재배치 등을 실시하거나 그 밖의 근로자의 고용안정을 위한 조치를 할 경우 그 사업주에게 필요한 지원을 하는 사업이다.

지역고용의 촉진

지역고용의 촉진은 고용기회가 뚜렷이 부족하거나 산업구조의 변화 등으로 고용사정이 급속하게 악화되고 있는 지역으로 사업을 이전하거나 그러한 지역에서 사업을 신설 또는 증설하여 그 지역의 실업예방과 재취업촉진에 기여한 사업주, 그밖에 그 지역의 고용기회 확대에 필요한 조치를 한 사업주에게 필요한 지원을 하는 사업이다.

고령자 등 고용촉진의 지원

고령자 등 고용촉진의 지원은 노동시장의 통상적 조건에서는 취업이 특히 곤란한 고령자 등의 고용을 촉진하기 위하여 고령자 등을 새로 고용하거나 이들의 고용안정에 필요한 조치를 하는 사업주 또는 사업주가 실시하는 고용안정 조치에 해당된 근로자에게 필요한 지원을 하는 사업이다.

건설근로자 등의 고용안정 지원

건설근로자 등의 고용안정 지원은 건설근로자 등 고용상태가 불안정한 근로자를 위하여 고용상태의 개선을 위한 사업, 계속적인 고용기회의 부여 등 고용안정을 위한 사업, 그 밖의 대통령령으로 정하는 고용안정을 위한 사업을 실시하는 사업주에게 필요한 지원을 하는 사업이다.

고용안정 및 취업촉진

고용안정 및 취업촉진은 피보험자 등의 고용안정 및 취업을 촉진하기 위하여 고용관리진단 등 고용개선지원사업, 피보험자 등의 창업을 촉진하기 위한 지원사업 등을 직접 실시하거나 이를 실시하는 자에게 필요한 비용을 지원 또는 대부하는 사업이다.

고용촉진시설에 대한 지원

고용촉진시설에 대한 지원은 피보험자 등의 고용안정·고용촉진 및 사업주의 인력확보를 지원하기 위하여 상담시설, 보육시설, 그 밖의 대통령령으로 정하는 고용촉진시설을 운영하는 자에게 필요한 지원을 하는 제도이다.

사업주에 대한 직업능력개발훈련의 지원

사업주에 대한 직업능력개발훈련의 지원은 피보험자 등의 직업능력을 개발·향상시키기 위하여 직업능력개발훈련을 실시하는 사업주에 대하여 대통령령이 정하는 바에 따라 훈련에 필요한 비용을 지원할 수 있다(동법 제22조, 동법 시행령 제27조).

피보험자 등에 대한 직업능력개발 지원

피보험자 등에 대한 직업능력개발 지원은 피보험자 등이 직업능력개발훈련을 받거나 그밖에 직업능력 개발 및 향상을 위하여 노력하는 경우에 필요한 지원을 하는 사업이다.

직업능력개발훈련시설에 대한 지원

직업능력개발훈련시설에 대한 지원은 피보험자 등의 직업능력의 개발·향상을 위하여 필요하다고 인정하는 경우 직업능력개발훈련시설의 설치 및 장비구입에 필요한 비용의 대부, 그밖에 노동부장관이 정하는 직업능력개발훈련시설의 설치 및 장비 구입·운영에 필요한 비용을 지원하는 사업이다.

직업능력개발의 촉진

직업능력개발의 촉진은 피보험자 등의 직업능력의 개발·향상을 촉진하기 위하여 직업능력개발사업에 대한 기술지원 및 평가사업, 기능·기술장려사업 및 자격검정사업 등의 사업을 실시하거나 이를 실시하는 자에게 그 사업의 실시에 필요한 비용을 지원하는 사업이다.

건설근로자 등의 직업능력개발 지원

건설근로자 등의 직업능력개발 지원은 건설근로자 등 고용상태가 불안정한 근로자를 위하여 직업능력개발·향상을 위한 사업을 실시하는 사업주에게 그 사업의 실시에 필요한 비용을 지원하는 사업이다.

고용정부의 제공 및 고용지원기반의 구축

고용정보의 제공 및 고용지원기반의 구축은 사업주 및 피보험자 등에 대한 구인·구직·훈련 등 고용정보의 제공, 직업·훈련·상담 등 직업지도, 직업소개, 고용안정·직업능력개발에 관한 기반의 구축 및 그에 필요한 전문 인력 배치 등을 노동부장관이 실시하는 사업이다.

지방자치단체 등에 대한 지원은 지방자치단체 또는 대통령령으로 정하는 비영리법인·단체가 그 지역에서 피보험자 등의 고용안전·고용촉진 및 직업능력개발을 위한 사업을 실시하는 경우에 필요한 지원을 하는 사업이다.

실업급여

실업급여는 근로자가 실직하였을 때 실직자와 그 가족의 생계안정을 위해 일정기간 동안 소득상실을 보전해 주는 급여이다. 고용안정·직업능력개발사업이 실업의 예방, 취업의 촉진, 직업능력개발·향상의 기회제공 및 지원 등 적극적 노동시장 정책을 추진하는 사업이라면, 실업급여는 실직기간 동안 생계안정을 위해 소득을 지원하는 소극적 노동시장정책을 추진하는 사업이라고 할 수 있다. 실업급여는 구직급여(구직급여, 상병급여, 연장급여)와 취업촉진수당으로 나누어진다.

구직급여

구직급여는 근로자가 실직하였을 때 일정기간 생계유지에 필요한 소득을 보전해 주는 현금급여이다. 구직급여라는 명칭을 사용한 이유는 근로자가 실업의 상태에서 적극적으로 구직활동을 취하는 방향으로 제도를 운영하고 있다는 의미를 부각시키기 위한 것으로 해석할 수 있다.

상병급여

상병급여는 수급자격자가 실업신고를 한 후에 질병·부상 또는 출산으로 취업이 불가능하여 실업인정을 받지 못한 날에 대하여 수급자격자의 청구에 의하여 구직급여일액에 해당하는 금액을 구직급여에 갈음하여 지급하는 급여이다.

연장급여

연장급여는 수급자격자의 개별 사정이나 경기침체 등 특수한 상황으로 인해 구직급여 기간 내에 재취업이 어려운 경우에 구직급여를 연장해서 지급하는 제도이다. 연장급여제도는 실업구조제도가 없는 일본·미국·한국 등에 있는 제도이다.

훈련연장급여

직업안정기관의 장이 수급자격자의 연령·경력 등을 고려할 때 재취업을 위해 직업능력개발훈련 등이 필요하다고 인정하는 경우 수급자격자에게 직업능력개발훈련 등을 받도록 지시할 수 있으며, 직업능력개발훈련 등을 받는 기간 중에 소정급여일수를 초과하여 구직급여를 연장해서 지급하는 것을 의미한다.

① 개별연장급여

직업안정기관의 장이 취업이 특히 곤란하고 생활이 어려운 수급자격자로서 대통령령으로 정하는 자에게는 그가 실업의 인정을 받은 날에 대하여 소정급여 일수를 초과하여 구직급여를 연장해서 지급하는 제도이다. 개별연장급여 수급기간은 최대 60일이며, 개별연장급여일액은 수급자격자 구직급여일액의 70%이다.

② 특별연장급여

특별연장급여는 노동부장관이 실업의 급증 등 대통령령으로 정하는 사유가 발생한 경우에 60일의 범위에서 수급자격자가 실업의 인정을 받은 날에 대하여 소정의 급여일수를 연장하여 구직급여를 지급하는 제도이다. 특별연장급여 수급기간은 최대 60일이며, 특별연장급여일액은 수급자격자 구직급여일액의 70%이다.

취업촉진수당

취업촉진수당은 적극적 취업활동을 조장하기 위하여 지급하는 급여이다. 취업촉진수당으로 조기재취업수당, 직업능력개발수당, 광역구직활동비, 이주비가 있다.

① 조기재취업수당

조기재취업수당은 수급자격자가 구직급여기간 만료(소정급여일수) 전에 6개월 이상 계속 고용될 것이 확실하다고 인정되는 직업에 취직하거나, 6개월 이상 계속하여 스스로 영리를 목적으로 사업을 영위할 것이 확실하다고 인정되는 경우 지급하는 급여이다.

② 직업능력개발수당

직업능력개발수당은 수급자격자가 직업안정기관의 장이 지시한 직업능력개발훈련 등을 받은 날로서 구직급여의 지급대상이 되는 날에 대하여 지급하는 급여이다.

③ 광역구직활동비

광역구직활동비는 수급자격자가 직업안정기관의 소개에 따라 광범위한 지역에 걸쳐 구직활동을 하는 경우로서 다음과 같은 경우에 지급할 수 있다(동법 제52조 제1항, 동법 시행령 제65조).
- 대기기간이 경과한 이후에 구직활동을 개시할 것
- 구직활동에 소요되는 비용이 구직활동을 위하여 방문하는 사업장의 사업주로부터 지급 되지 아니하거나 지급되더라도 그 금액이 광역구직활동비의 금액에 미달할 것
- 수급자격자의 거주지로부터 구직활동을 위하여 방문하는 사업장까지의 거리가 노동부 령이 정하는 거리 이상일 것

그 금액은 구직활동에 통상 소요되는 비용으로 하되, 그 금액의 산정은 노동부령이 정하는 바에 의한다(동법 제52조 제2항).

④ 이주비

이주비는 수급자격자가 취업하거나 직업안정기관의 장이 지시한 직업능력개발훈련 등을 받기 위하여 그 주거를 이전하는 경우로서 대통령령이 정하는 기준에 따라 직업안정기관이 필요하다고 인정하면 지급하는 급여이다.

육아휴직 및 산전후 휴가급여

'남녀고용평등과 일·가정 양립지원에 관한 법률'에서 산전후 휴가급여 및 육아휴직급여를 사

회보험에서 분담할 수 있도록 규정함에 따라, 2001년 8월 14일 고용보험법 개정에 의해 2001년 11월 1일부터 산전후 휴가급여 및 육아휴직급여를 고용보험에서 지급할 수 있도록 하였다.

산전후 휴가급여

피보험자는 근로기준법 제74조에 따른 산전후휴가 또는 유산·사산휴가를 받은 경우 고용보험에 의해 산전후 휴가급여를 받을 수 있다. 산전후 휴가급여를 받기 위해서는 산전후휴가가 끝난 날 이전에 고용보험 피보험기간이 통산 180일 이상이어야 하며, 산전후휴가 시작 후 1개월부터 휴가가 끝난 후 12개월 이내에 신청하여야 한다.

사용자는 임신 중의 여성에게 산전과 산후를 통하여 90일의 보호휴가를 주어야 하며, 이 경우 휴가기간의 배정은 산후에 45일 이상이 되어야 한다. 산전후휴가급여는 근로기준법상 통상임금의 100%를 지급하는 것을 원칙으로 하는데, 고용보험에서 지급하는 금액의 하한선은 최저임금이며 상한선은 135만 원이다. 휴가기간 급여는 대기업의 경우에는 60일은 사용자가 부담하며 30일은 고용보험에서 부담하는데, 사용자가 부담하는 60일의 급여액은 통상임금의 100%이며(전액지급) 고용보험에서 부담하는 30일의 급여액은 통상임금의 100%를 원칙으로 하되 상한액이 135만 원이다. 우선지원대상기업의 경우에는 90일 모두 고용보험에서 부담하는데, 60일은 고용보험에서 135만 원까지 지급하고 통상임금에서 135만 원을 뺀 나머지는 사용자가 부담하며(그러나 통상임금이 135만 원 이하인 경우에는 통상임금만 지급) 30일은 고용보험에서 135만 원까지 부담하고(그러나 통상임금이 135만 원 이하인 경우에는 통상임금만 지급) 사용자의 부담은 없다.

육아휴직급여

'남녀고용평등과 일·가정 양립지원에 관한 법률' 제19조에 따라 육아휴직을 20일 이상 부여받은 피보험자는 고용보험에 의해 육아휴직급여를 받을 수 있다. 육아휴직급여를 받기 위해서는 육아휴직을 시작한 날 이전에 피보험기간이 통산 180일 이상이어야 하며, 같은 자녀에 대하여 피보험자인 배우자가 육아휴직을 부여받지 아니하고 있어야 하고(30일 미만은 제외), 육아휴직 시작 후 1개월부터 끝난 후 12개월 이내에 신청하여야 한다.

'남녀고용평등과 일·가정 양립지원에 관한 법률' 제19조에 의하면 사업주는 생후 3년 미만 된 영유아가 있는 근로자가 그 영유아의 양육을 위하여 휴직을 신청하는 경우에 이를 허용하도록 되어 있다. 육아휴직은 부모가 모두 신청할 수 있으며, 육아휴직기간은 1년이다

■ 재원조달

고용보험사업의 재원조달은 사업의 종류에 따라 다르다. 고용안정·직업능력개발사업은 사업주만 부담하고 있으며 실업급여사업은 사업주와 근로자가 각자 반씩 부담하고 있다. 보험료 부담비율은 〈표 13-17〉에서 보는 것과 같이 법적으로 규정되어 있다(고용보험 및 산업재해보상보험의 보험료 징수 등에 관한 법률 시행령 제12조 제1항).

〈표 13-17〉 고용보험의 보험료율

구분		보험료	부담금
고용	상시 150인 미만의 사업주의 사업	0.25%	사업주 전액부담
안정·직업	상시 150인 이상의 사업주의 사업으로서 우선지원대상기업의 사업	0.45%	사업주 전액부담
능력개발	상시 150인 이상 1,000인 미만인 사업주의 사업	0.65%	사업주 전액부담
사업	상시 1,000인 이상인 사업주의 사업 또는 국가 및 지자체가 직접 행하는 사업	0.85%	사업주 또는 국가 및 지방자치단체
실업급여		0.9%	사업주, 근로자 각각 0.45%

자료: 고용보험 및 산업재해보상보험의 보험료 징수에 관한 법률 시행령(제12조 제항 관련)

사업주가 부담하는 고용보험료는 적용사업의 피보험자 임금총액에 보험 사업별 보험료율을 곱하여 산정한다. 피보험자인 근로자가 부담하여야 하는 보험료는 자기임금총액에 실업급여 보험료율의 2분의 1을 곱한 금액으로 한다. 고용안정·직업능력개발사업의 보험료 및 실업급여의 보험료는 각각 그 사업에 드는 비용에 충당한다. 다만, 실업급여의 보험료는 육아휴직급여 및 산전후휴가급여 등에 드는 비용에 충당할 수 있다(고용보험법 제6조 제2항).

한편, 보험 사업에 필요한 재원을 충당하기 위하여 노동부장관은 고용보험기금을 설치한다. 기금은 보험료와 이 법에 따른 징수금·적립금·기금운용수익금, 기타의 수입으로 조성한다(고용보험법 제78조). 노동부장관은 기금을 금융기관에의 예탁, 재정자금에의 예탁, 국가·지방자치단체 또는 금융기관에서 직접 발행하거나 채무이행을 보증하는 유가증권의 매입, 보험사업의 수행 또

는 기금증식을 위한 부동산의 취득 및 처분, 그밖에 대통령령이 정하는 기금증식방법 등으로 관리·운용한다(고용보험법 제79조 제3항).

우리나라 근로자와 사업주가 부담하는 보험료율은 0.25~0.9%로 선진 국가들과 비교해 보면 낮은 편이다. 일반적으로 보험료율의 수준은 그 나라의 실업률과 밀접한 관련이 있다. 고용보험의 역사가 오래된 유럽 선진국들의 보험료율은 높은 실업률과 급여수준 때문에 우리나라의 보험료율보다 훨씬 높은 편이다(노시평 외, 2002).

■ 과제 및 전망

적용범위 확대

고용보험은 1998년 10월 1일부터 일부 적용제외 근로자를 제외하면 사업규모와 관계없이 모든 사업에 적용되고 있으며 매년 피보험자 수가 증가하는 경향이 있다. 그러나 고용보험은 아직도 적용대상 근로자의 상당수가 고용보험의 보호를 실제로 받지 못하고 있다. 따라서 영세사업장 근로자와 임시일용근로자에 대한 고용보험의 적용을 내실화할 방안을 모색하고 향후 비정규직 근로자의 가입 제고를 위한 대책을 마련함으로써 적용범위를 더 확대해 나가야 할 것이다.

고용보험 사업장 규모별 역진성의 문제

고용안정사업의 경우 대규모 사업장이 영세 사업장에 비하여 급여수급 실적이 높아 영세 사업장이 대규모 사업장에 재정 이전현상이 발생하고 있음이 지적되고 있고, 직업능력개발사업의 경우도 사업 규모별 보험료율의 차등화에도 불구하고 사업규모가 클수록 납부한 보험료에 비하여 사업주가 지원받은 금액 비율이 훨씬 높게 나타나고 있는 점이 지적되고 있다. 실업급여에서도 이러한 현상이 나타나고 있어 30인 미만의 영세 사업장에서 납부한 보험료 대비 지급된 실업급여 비율이 훨씬 낮은 것으로 분석되어 역진성의 문제를 보여주고 있다(김태성·김진수, 2001). 따라서 고용보험사업의 수혜의 형평을 위해 소규모 영세 사업장에 대한 정책적 지원이 요청된다.

노동시장 인프라 미흡

고용보험사업의 효율적인 추진을 위해서는 공공직업안정기관의 구축, 전문 인력의 양성 및 확보, 노동시장 정보체계의 구축, 공공직업안정기관의 활용 가능한 구직활동지원 프로그램의 개발 등이 선행되어야 한다.

이러한 인프라의 구축은 외환위기 이후 지속적인 실업대책으로 많이 개선되었음에도 불구하고 여전히 문제점을 드러내고 있다. 고용안정센터, 인력은행, 일일취업센터와 같은 직업안정기관은 양적으로 어느 정도 확대가 이루어지고 있는 것으로 평가되고 있으나 직업안정기관 종사자의 전문성 미흡, 노동시장 정보시스템인 워크넷(work-net)이 제공되는 정보내용의 미흡, 활용 가능한 구직활동 지원 프로그램 개발의 미흡 등이 문제점으로 지적되고 있어 이와 같은 인프라 구축에 좀 더 체계적인 정부지원이 요청되며, 특히 전문인력에 대한 교육훈련체계 확립이 중요한 과제가 되고 있다.

공급자중심의 서비스 전달체계

고용보험제도 도입 이후 고용지원센터 등의 설립을 통한 고용관련 원스톱(one-stop) 서비스 체계의 구축 등 서비스 전달에서 상당한 성과를 거두었다고 평가되고 있으나, 아직도 고용보험 서비스의 제공 방식이 수요자의 편의보다는 서비스 제공자의 편의에 치우쳐 있는 부분이 남아 있다. 특히 고용보험관계의 성립·소멸·변경신고, 고용안정·직업능력개발사업의 각종 지원금의 신청 및 관련 서류의 제출, 실업급여의 신청 및 실업의 인정과 관련된 서류 등이 복잡하고 직접 방문하도록 하고 있는 경우가 대부분이다. 따라서 이러한 고용보험 관련 서비스 제공방식을 수요자중심의 서비스 전달체계로 단계적으로 전환해 나가는 것이 필요하다(남기민, 2010).

5. 노인장기요양보험

■ 노인보건복지서비스 제도의 개요

노인복지의 법적·제도적 기반

　노인복지법은 노인복지정책이나 사업의 내용과 형태를 규정하는 노인복지의 모법으로서 현재 노인세대뿐만 아니라 국민 모두가 행복한 노후생활을 영위할 수 있도록 유도하고 지원하는 법률이다. 노인복지법은 공법, 사법, 사회법 중에서 사회법에 속하며, 노인의 건강 유지, 노후 생활 안정을 통하여 노인보건복지 증진에 기여할 목적(제1조)으로 제정된 법률이다.

　노인복지법은 1969년 처음으로 민간부문에서 노인복지법 제정을 위한 안이 각종 법안의 입법 결정과정에서 폐기 또는 상당한 변화를 겪었으며, 1980년 보건사회부에서 마련한 노인복지법 초안을 기반으로 하여 1981년 6월 5일 노인복지법이 제정되었다. 노인복지법은 노인인구의 증가와 사회변화로 인하여 사회문제화된 노인문제에 대처하고, 전통적 가족제도에 근거한 경로효친의 가치를 유지시키며, 노인복지시책을 보다 효과적으로 추진할 목적에서 제정되었다. 제정 노인복지법에 포함된 주요 노인복지사업은 ① 경로주간 설정 및 경로사상 앙양, ② 시·군·구에 노인복지상담원 배치, ③ 노인복지시설(양로, 노인요양, 유료양로 및 노인복지센터) 인가와 운영 지원, ④ 건강진단 또는 보건교육 실시, ⑤ 경로우대제도이다.

　노인복지법은 1981년 제정 이후 11차례에 걸쳐 개정되어 현재에 이르고 있는데 최근 들어서는 노인학대의 예방과 대응, 노인의 능력개발을 위한 일자리의 개발과 보급 등에 관한 조항이 신설되었다.

　이러한 노인복지법과 함께 노인복지제도의 법적 기반을 이루고 있는 법률로는 먼저 저출산·고령사회기본법이 있다. 이 법률은 우리 사회의 저출산 문제와 인구고령화 문제에 대응하기 위하여 제정되었으며, 이 법률의 제정으로 저출산·고령사회에 직면할 수 있는 노인문제의 해결을 위한 보건복지, 인구, 고용, 교육, 금융, 문화 산업 등 노인복지 전반에 관한 종합적 대책 수립이 의무화되고 있어 노인복지 책임이 보다 강화되었다. 그리고 2006년 12월 고령친화산업진흥법이 제정되어 급증하는 노인인구의 다양한 상품 및 서비스의 품질 향상 등 고령친화산업을 체계적으로 육성할 수 있는 법적 기반이 마련되었다. 2007년 4월에는 노인장기요양보험이 제정되어 2008년 7월부터 본격적인 시행에 들어간다. 또한 노인장기요양보험제도의 시행에 맞추어 노인복지시설의 입소비용에 따른 유형분류 삭제, 재가노인복지시설 기능의 확대, 요양보호사 자격인제 도입 등을 골자로 하는 12차 노인복지법이 2007년 8월 3일 개정·공포되었다.

노인장기요양보험법

개요

① 의의

고령이나 노인성질병 등으로 인하여 6개월 이상의 기간 동안 혼자서 일상생활을 수행하기 어려운 노인 등에게 신체활동 또는 가사지원 등의 장기요양급여를 사회적 연대원리에 의해 제공하는 사회보험제도이다.

노인장기요양보험제도는 수급자에게 배설, 목욕, 식사, 취사, 조리, 세탁, 청소, 간호, 진료의 보조 또는 요양상의 상담 등 다양한 방식으로 장기요양급여를 제공하며, 이미 오래전부터 고령화 현상을 겪고 있는 선진국들은 우리나라 보다 앞서 다양한 방식으로 장기요양서비스를 제공 중에 있다.

② 목적

노인장기요양보험법은 고령이나 노인성 질병 등의 사유로 일상생활을 혼자서 수행하기 어려운 노인 등에게 제공하는 신체활동 또는 가사활동 지원 등의 장기요양급여에 관한 사항을 규정하여 노후의 건강증진 및 생활안정을 도모하고 그 가족의 부담을 덜어줌으로써 국민의 삶의 질을 향상하도록 함을 목적으로 한다(제1조).

③ 시행의 의의

2007년 4월 2일 '노인장기요양보험법'이 국회 본회의를 사실상 만장일치로 통과 후 4월 27일 공포됨으로써, 2008년 7월 1일부터 노인장기요양보험제도가 시행되었다.

- 노인장기요양보험제도는 그간 가족의 영역에 맡겨졌던 치매·중풍 등 노인에 대한 장기 간에 걸친 간병, 장기요양 문제를 사회연대원리에 따라 국가와 사회가 분담한다.
- 노인장기요양보험제도는 노인뿐만 아니라 장기요양을 직접 담당하던 중장년층과 자녀 등 모든 세대에게 혜택을 주는 제도이다.
- 노인들은 더 이상 자식들에게 부담을 주지 않고 계획적이고 전문적인 장기요양서비스를 받을 수 있어 보다 품위 있게 노후를 보낼 수 있다.
- 장기요양을 직접 담당하던 중장년층은 정신적·육체적·경제적 부담에서 벗어나 경제, 사회활동에 전념할 수 있다.
- 자녀들도 장기요양 부담이 해소된 가정에서 더 나은 교육과 보살핌을 받을 수 있을 것이다.

④ 노인장기요양보험제도와 건강보험과의 차이점

국민건강보험은 치매·중풍 등 질환의 진단, 입원 및 외래 치료, 재활치료 등을 목적으로 주로 병·의원 및 약국에서 제공하는 서비스를 급여 대상으로 하는 반면, 노인장기요양보험은 치매·중풍의 노화 및 노인성 질환 등으로 인하여 혼자 힘으로 일상생활을 영위하기 어려운 대상자에게 요양시설이나 재가 장기요양기관을 통해 신체활동 또는 가사지원 등의 서비스를 제공하는 제도이다.

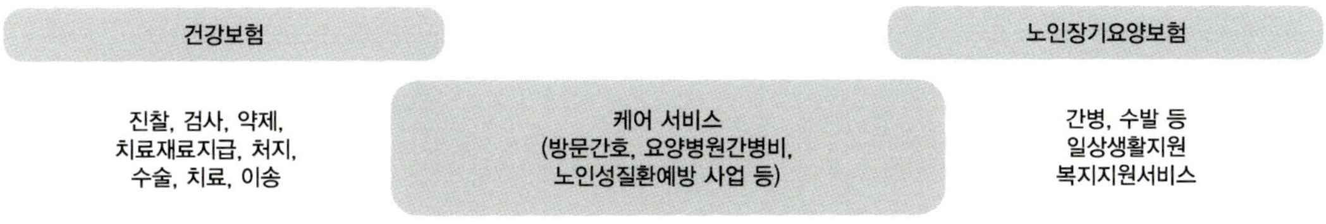

건강보험	케어 서비스	노인장기요양보험
진찰, 검사, 약제, 치료재료지급, 처지, 수술, 치료, 이송	(방문간호, 요양병원간병비, 노인성질환예방 사업 등)	간병, 수발 등 일상생활지원 복지지원서비스

자료: 국민건강보험공단

〈그림 13-3〉 건강보험과 노인장기요양보험의 차이점

노인장기요양보험제도의 주요 내용

장기요양대상자

65세 이상 노인 또는 65세 미만 노인성질병을 가진 자로서 거동이 현저히 불편하여 장기요양이 필요한 자를 말하며, 등급판정위원회는 6개월 이상의 기간 동안 일상생활을 혼자서 수행하기 어렵다고 인정되는 경우 장기요양을 받을 자(수급자)로 결정하고 심신상태 및 요양이 필요한 정도에 따라 등급을 판정한다.

등급판정 기준 및 절차

① 등급판정 기준

등급판정은 "건강이 매우 안 좋다", "큰 병에 걸렸다" 등과 같은 주관적인 개념이 아닌 "심신의 기능 상태에 따라 일상생활에서 도움(장기요양)이 얼마나 필요한가를 지표화한 장기요양인정점수를 기준으로 한다.

장기요양인정 점수를 기준으로 〈표 13-18〉과 같은 3개 등급으로 등급판정을 한다.

〈표 13-18〉 장기요양 등급판정기준

등급	심신의 기능상태	인정점수
1등급	일상생활에서 전적으로 다른 사람의 도움이 필요한 상태	95점 이상
2등급	일상생활에서 상당 부분 다른 사람의 도움이 필요한 상태	75점 이상 95점 미만
3등급	일상생활에서 부분적으로 다른 사람의 도움이 필요한 상태	55점 이상 75점 미만

자료: 국민건강보험공단

② 등급판정 절차

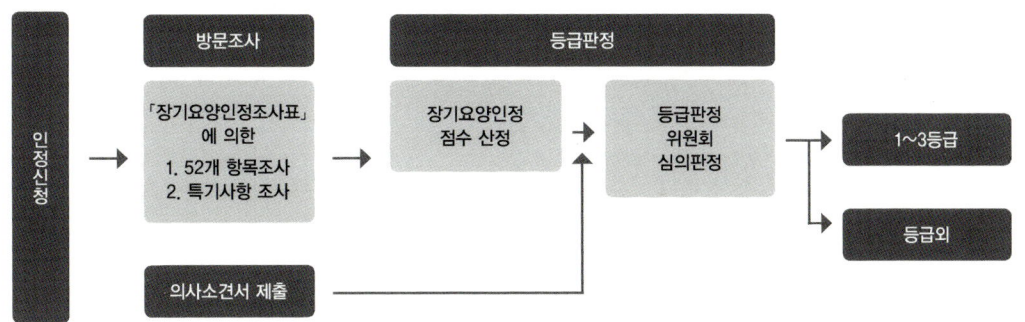

<그림 13-4> 장기요양 등급판정 절차

자료: 국민건강보험공단

- 방문조사: 인정신청을 하게 되면 공단 소속직원간호사, 사회복지사, 물리치료사 등으로 신청인의 심신상태 등을 조사한다. 요양 직원이 직접 방문하여 '장기요양인정조사표'에 따라 아래의 항목을 조사한다.

<표 13-19> 장기요양인정조사표

영역	항목		
신체기능 (12항목)	• 옷 벗고 입기 • 화장실 사용하기 • 옮겨 앉기 • 체위 변경하기	• 식사하기 • 세수하기 • 대변 조절하기 • 방 밖으로 나오기	• 일어나 앉기 • 목욕하기 • 양치질하기 • 소변 조절하기
인지기능 (7항목)	• 단기 기억장애 • 나이 · 생년월일 불인지 • 의사소통 · 전달 장애	• 날짜 불인지 • 지시 불인지	• 장소 불인지 • 상황 판단력 감퇴
행동변화 (14항목)	• 망상 • 도움에 저항 • 길을 잃음. • 의미 없거나 부적절한 행동 • 돈 · 물건 감추기	• 환각, 환청 • 불규칙 수면, 주야 혼돈 • 폭언, 위협행동 • 부적절한 옷 입기 • 대 · 소변 불결행위	• 슬픈 상태, 울기도 함. • 서성거림, 안절부절못함. • 밖으로 나가려 함. • 물건 망가트리기
간호처치 (9항목)	• 기관지 절개관 간호 • 경관 영양 • 요뇨관리	• 흡인 • 욕창간호 • 장루간호	• 산소요법 • 암성통증간호 • 투석간호

재활 (10항목)	운동장애(4항목)		관절제한(6항목)
	• 우측 상지	• 좌측 상지	• 어깨 관절 · 고관절 · 팔꿈치 관절 • 무릎 관절 · 손목 및 수지 관절 • 발목 관절
	• 우측 하지	• 좌측 하지	• 어깨 관절 · 고관절 · 팔꿈치 관절 • 무릎 관절 · 손목 및 수지 관절 • 발목 관절

자료: 국민건강보험공단

-장기요양인정점수 산정: 신청인의 심신 상태를 나타내는 52개 항목의 조사 결과를 입력하여 '장기요양인정점수'를 산정한다.

-등급판정위원회의 심의·판정: 등급판정위원회는 방문조사결과, 의사소견서, 특기사항을 기초로 신청인의 기능상태 및 장기요양이 필요한 정도 등을 등급판정 기준에 따라 다음과 같이 심의 및 판정한다. 요양 필요 상태에 해당하는지 여부를 심의한다. 요양 필요 상태인 경우 등급판정 기준에 따라 등급을 판정한다. 필요에 따라서는 등급판정위원회의 의견을 첨부할 수 있다.

자료: 국민건강보험공단

〈그림 13-5〉 장기요양 등급판정

장기요양인정신청

〈표 13-20〉 서비스 이용체계

서비스 신청	• 65세 이상 노인 또는 65세 미만 노인성 질환자가 공단에 의사소견서를 첨부하여 장기요양인정 신청 • 신청자: 본인, 가족이나 친족, 사회복지 전담공무원(본인이나 가족 등의 동의 필요), 시장, 군수, 구청장이 지정하는 자
방문조사	• 공단 소속직원(사회복지사, 간호사)은 신청인의 심신상태 등을 조사
등급판정	• 공단은 조사결과서, 의사소견서 등을 등급판정위원회에 제출 • 등급판정위원회는 대통령령이 정하는 등급판정기준에 따라 장기요양급여를 받을 자로 판정 • 신청서를 제출한 날로부터 30일 이내에 판정 완료. 다만 정밀조사가 필요한 경우 등 부득이한 경우 연장 가능
장기요양인정서 및 표준장기요양 이용계획서 통보	• 장기요양등급, 장기요양급여의 종류 및 내용이 담긴 장기요양인정서와 적절한 서비스 내용, 횟수, 비용 등을 담은 표준장기요양이용계획서 송부 • 장기요양인정 유효기간: 최소 1년 이상 • 장기요양인정의 갱신 신청, 장기요양등급 등의 변경신청, 이의신청 절차 있음.
장기요양급여의 시작	• 장기요양인정서가 도달한 날부터 장기요양급여 시작 • 다만, 돌볼 가족이 없는 경우 등은 신청서를 제출한 날부터 장기요양급여를 받을 수 있음.
장기요양기관 정보의 안내	• 장기요양기관은 수급자가 장기요양급여를 쉽게 선택하도록 건물, 시설, 설비 등의 사진 및 현황 자료 등을 공단이 운영하는 인터넷에 게시

자료: 국민건강보험공단

보험급여의 내용

① 재가급여

-방문요양: 장기요양기관 소속의 장기요양요원이 수급자의 가정 등을 방문하여 신체활동 및 가사활동 등을 지원하는 장기요양급여이다.

-방문목욕: 장기요양기관 소속의 장기요양요원이 목욕설비를 갖춘 장비를 이용하여 수급자의 가정 등을 방문하여 목욕을 제공하는 장기요양급여이다.

-방문간호: 장기요양기관 소속의 간호사, 한의사 또는 치과 의사의 지시서(방문간호지시서)에 따라 수급자의 가정 등을 방문하여 간호, 진료의 보조 또는 요양에 관한 상담 또는 구강위생 등을 제공하는 장기요양급여이다.

-주·야간보호: 수급자를 하루 중 일정한 시간 동안 장기요양기관에 보호하여 신체활동 지원 등을 제공하는 장기요양급여이다.

-단기보호: 수급자를 일정기간 동안 장기요양기관에 보호하여 신체활동 지원 등을 제공하는 장기요양급여이다.

-기타 재가급여: 수급자의 일상생활·신체활동 지원에 필요한 용구를 제공하는 등의 장기

요양급여이다.

② 시설급여: 요양에 필요한 시설과 설비 및 전문 인력을 갖추고 있는 노인요양시설에 장
　기간 입소하여 신체활동 지원 등을 제공하는 장기요양급여이다.

③ 특별현금급여: 도서벽지 지역 등 요양시설이 없어 불가피하게 가족 등으로부터 요양을
　받는 경우에 지원되는 현금급여 등이다.

장기요양기관
① 법적 근거: 노인장기요양보호법 제31조

② 장기요양기관 지정신청 대상기관
→ 시설급여 제공기관: 노인의료복지시설(노인전문병원 제외)
-2008. 4. 4. 이전: 노인요양시설, 실비노인요양시설, 유료노인요양시설, 노인전문요양시
　설, 유료노인전문요양시설
-2008. 4. 4. 이후: 노인요양시설, 노인요양공동생활가정
→ 재가급여 제공 기관: 재가노인복지시설
-2008. 4. 4. 이전: 가정봉사원 파견시설, 주간보호시설, 단기보호시설
-2008. 4. 4. 이후: 방문요양서비스, 주·야간보호서비스, 단기보호서비스, 방문목욕 서비
　스 중 어느 하나 이상의 서비스 제공을 목적으로 하는 시설

※ 참고
• 건강보험의 경우 병의원 설치 신고 시 건강보험요양기관으로 당연 지정된다.
• 기존 노인복지시설은 별도의 지정 행위를 거쳐서 장기요양보험의 요양기관이 된다.

---

③ 지정신청
-접수처: 신청기관의 소재지 관할 시·군·구

- 신청서류: 장기요양기관 지정신청서(시행규칙 별지 제10호 서식)

- 구비서류

• 일반현황, 인력현황, 시설현황 각 1부

• 자격증 사본: 인력 중 자격보유가 필요한 간호사, 요양보호사, 물리치료사, 사회복지사 등(자격유예자의 경우 자격유예를 증빙할 수 있는 경력증명서, 재직증명서, 근로계약서 등)

④ 신청접수 시 주의사항

- 장기요양기관 지정신청서는 기존 시설설치신고필증 단위로 작성하며, 설치신고필증이 여러 개인 시설(여러 가지 재가시설을 병설하여 운영하고 있는 경우)은 설치신고필증 단위로 각각 지정하여야 한다.

- 소규모요양시설과 같은 복합시설일 경우는 시설급여 제공시설과 재가급여 제공시설은 별도의 신청서를 작성하여 지정 신청한다.

- 재가노인복지시설 중 기존 노인복지법에 의해 설치되어 있지 않은 서비스를 추가 제공하고자 하는 경우 별도의 재가장기요양기관 설치신고가 필요하다.

⑤ 지정신청 처리 절차

〈표 13-21〉 신청처리 절차

신청접수	처리기한 7일 이내
지정요건심사 -서류심사 -현지 확인	• 서류심사: 신청서류를 근거로 하여 지정기준 및 라. 요양보호사 자격 요건을 갖추었는지 여부를 심사한다. • 현지 확인: 신청 서류의 내용이 실제와 일치하는지 여부를 확인한다.
신청서 수리	지정요건 충족 시설(조건부신고시설 포함) → 신청서류 수리 지정 요건 미충족 시설 → 신청서류 반려
장기 요양기관 지정서 작성 (별지 제11호 서식)	지정요건을 충족하는 시설의 경우 아래 장기요양기관번호 부여 후 장기요양기관지정서를 작성하여 대상자에게 통보한다.
결과통보 (신청서)	• 시·군·구에서 장기요양기관을 지정한 경우 관련 내용은 '노인장기요양보험법' 제31조에 따라 국민건강보험공단으로 통보한다. • 통보방법: 세울복지행정 시스템을 통한 전산 통보 및 등기 우편으로 관할 공단 지사로 송부한다. • 통보서류: 전산 송부(세울복지행정시스템 활용) → 신청서 및 구비서류 • 우편송부(등기우편): 자격증사본, 근로계약서 사본 등과 장기요양기관지정서의 사본

자료: 국민건강보험공단

⑥ 설치기준

-시설급여 제공 장기요양기관

-장기요양기관 설치기준은 개인, 영리법인, 종교법인, 사회복지법인 등이다.

• 시설기준이 종전 전문요양시설인 경우: "국법상 전문요양시설"로 분류한다.

• 시설 기준이 개정법 기준인 경우: "현행법상 노인요양시설"로 분류한다.

-2008. 4. 4. 이후 설치 신고된 기관: 개정된 노인요양시설의 시설, 인력기준을 갖추어 설치신고, "현행법상 노인요양시설"로 분류한다.

⑦ 지정기준: 재가급여 제공 장기요양기관은 노인복지법의 시설, 인력기준과 노인장기요양보험법의 시설, 인력 기준을 동시에 갖추어야 한다.

⑧ 시설급여 및 재가급여 제공 복합시설(소규모요양시설): 시설기준은 입소시설의 경우 10인 이상 30인 미만 전문요양시설, 재가시설의 경우 주·야간, 방문요양 시설의 요건에 따라 심사, 인력기준은 아래에 따라 심사한다.

〈표 13-22〉 가형(입소 10인+주·야간 9인+방문요양) 인력기준

구분	시설장	사무국장	사회복지사	의사, 촉탁의사	간호(조무)사	물리작업치료사	요양보호사
입소시설		1명		1명		1명	4명
주·야간	1명	-	-	-		겸직	1명
방문			겸직	-			3명 이상

자료: 국민건강보험공단

〈표 13-23〉 나형(입소 15인+방문요양) 인력기준

구분	시설장	사무국장	사회복지사	의사, 촉탁의사	간호(조무)사	물리작업치료사	요양보호사
입소시설		1명		1명		1명	4명
방문	1명		겸직	-			3명 이상

자료: 국민건강보험공단

장기요양기관의 비용 청구 및 지급

① 재가 및 시설 급여비용의 청구 및 지급(노인장기요양보험법 제38조): 장기요양기관이 수급자에게 재가급여 또는 시설급여를 제공한 경우 공단에 장기요양급여비용을 청구하여야 하며 공단은 이를 심사하여 공단부담금(본인부담금을 공제한 금액)을 당해 장기요양기관에 지급한다.

② 재가 및 시설 급여비용(노인장기요양보험법 제39조)
- 재가 및 시설 급여비용은 급여종류 및 장기요양등급 등에 따라 장기요양위원회의 심의를 거쳐 보건복지가족부장관이 정하여 고시한다.
- 보건복지가족부 고시 2008-523호(2009. 1. 1. 적용)

③ 수가산정의 일반원칙
- 장기요양기관(재가장기요양기관 포함)이 수급자에게 장기요양보험법령에 의한 급여를 실시하고 서비스에 대한 비용을 산정할 때에는 급여종류별 수가 산정기준에 의하여 산정하되, 수가 가·감산율에 의하여 산출된 금액에 10원 미만의 단수가 있을 때에는 그 단수는 계산하지 아니한다.
- 재가장기요양기관(방문요양, 방문목욕, 방문간호, 주·야간보호)은 수급자에게 제공한 재가급여의 종류와 실시 횟수에 따라 해당 수가를 산정하되, 등급별 월 한도액 이내에서 산정한다.
- 장기요양급여 수가에는 서비스 종류·내용 및 제공량 등 자원소모량(인건비, 관리운영비 등)이 반영되어 있으므로 제공된 서비스의 종류 및 횟수 등을 불문하고 해당 소정수가만을 산정한다.
- 장기요양급여 수가에는 종사자가 수급자에게 급여를 제공하는 과정에서 발생할 수 있는 수급자의 상해 등을 대비하기 위한 배상보험료가 반영되어 있으므로 장기요양기관(재가장기요양기관 포함)은 배상보험에 가입하여야 하며, 가입하지 아니한 경우 수가를 감산하여 지급할 수 있다.

- 노인요양시설, 노인요양공동생활가정 및 단기보호시설에 입소한 수급자에게 다른 종류의 재가급여를 제공한 경우 그 비용을 별도 산정하지 아니한다. 다만, 단기보호시설에 입소한 경우 복지용구 급여는 예외로 한다.
- 재가급여 중 방문요양, 방문목욕, 방문간호, 주·야간보호, 단기보호는 두 가지 이상의 급여를 동시(동일한 시간)에 산정할 수 없다.
- 수급자가 타 법령에 의해 의료기관(보건기관 포함)에 입원 중인 경우에는 재가급여, 시설급여 비용은 산정할 수 없다. 다만, 입소시설(단기보호 포함) 외박수가는 예외로 한다.
- 재가 및 입소시설 수가에는 야간, 공휴일 등에 제공한 서비스비용이 포함되어 있으므로 이를 별도 산정하지 아니한다. 다만, 방문요양과 방문간호는 예외로 한다.
- 노인요양시설, 노인요양공동생활가정의 입소시설 수가와 단기보호 및 주·야간보호 수가에는 식사재료비가 포함되어 있지 않으므로 수급자가 그 비용을 부담한다.
- 수급자가 타 법령에 의한 사회복지시설에 입소 중인 경우에는 재가급여, 시설급여 비용은 산정할 수 없다.

〈표 13-24〉 재가급여 수가

분류	금액(단위: 원/방문당)							
방문요양	30분	60분	90분	120분	150분	180분	210분	240분
	10,680	16,120	21,360	26,700	30,200	33,500	36,600	39,500

주: 야간가산 20%, 심야 및 휴일가산 30%   자료: 국민건강보험공단

〈표 13-25〉 방문목욕

분류	금액(단위: 원/방문당)	
방문목욕	차량 이용	차량 미이용
	71,290	39,590

주: 미입욕 시 차량 미이용 수가의 80% 산정   자료: 국민건강보험공단

〈표 13-26〉 방문간호지시서 발급비용

분류	금액(단위: 원/1회당)
• 의료기관(보건의료원 포함) – 대상자가 의료기관을 방문하는 경우 – 의사가 가정을 방문하는 경우	15,300 49,300
• 보건기관(보건소 및 보건지소) – 대상자가 보건기관을 방문하는 경우 – 의사가 가정을 방문하는 경우	4,100 9,200

자료: 국민건강관리공단

〈표 13-27〉 방문간호

분류	금액(단위: 원/방문당)		
	30분 미만	30분 이상 60분 미만	60분 이상
방문간호	28,700	36,650	44,600

주: 야간 가산 20%, 심야 및 휴일 가산 30% 자료: 국민건강관리공단

〈표 13-28〉 주·야간보호서비스

(단위: 원/1일당)

		1등급	2등급	3등급
주·야간 보호	3시간 이상 6시간 미만	24,960	22,740	19,140
	6시간 이상 8시간 미만	33,280	30,320	25,520
	8시간 이상 10시간 미만	41,600	37,900	31,900
	10시간 이상 12시간 미만	45,760	41,690	35,090
	12시간 이상	49,920	45,480	38,280

주: 미입욕 시 차량 미이용 수가의 80% 산정 자료: 국민건강관리공단

〈표 13-29〉 단기보호

(단위: 원/1일당)

분류	1등급	2등급	3등급
단기보호	43,300	39,600	35,900

자료: 국민건강관리공단

〈표 13-30〉 시설급여 가족요양비

분류	1등급	2등급	3등급
가족요양		150,000원/1개월	

자료: 국민건강관리공단

<표 13-31> 재가급여 월 한도액

분류	1등급	2등급	3등급
월 한도액	1,140,600원	971,200원	814,700원

주: 방문요양, 방문목욕, 방문간호, 주·야간보호 급여를 이용하는 경우에 적용

자료: 국민건강관리공단

<표 13-32> 의사소견서발급비용

분류		금액(원)
의사소견서(1회당)	'의료법'에 따른 의료기관(보건의료원 포함)	28,100
	'지역보건법'에 따른 보건소 및 보건지소	18,500

자료: 국민건강관리공단

④ 본인일부부담금(노인장기요양보험법 제40조)

- 시설급여 비용: 당해 장기요양급여비용의 20%를 본인이 부담한다.

- 재가급여 비용: 당해 장기요양급여비용의 15%를 본인이 부담한다.

⑤ 본인일부부담금의 감경

- 국민기초생활수급권자는 본인부담이 없다.

- 국민기초생활수급권자를 제외한 의료급여수급권자는 본인일부부담금의 50%를 감경한다.

- 소득·재산 등이 보건복지부장관이 정하여 고시하는 일정 금액 이하인 경우에는 본인일부부담금의 50%를 감경한다. 단, 비급여 항목 비용, 월 한도액 초과비용은 의료급여수급권자, 국민기초생활수급권자의 경우에도 전액 본인이 부담한다.

⑥ 전액 본인부담

- 비급여 항목

• 식사 재료비

• 상급침실 이용에 따른 추가비용

• 이·미용비: 비급여 항목의 비용은 원칙적으로 해당 용역을 제공하기 위한 실제 소요비용 (실비)을 산정한다.

-월 한도액 초과비용: 장기요양급여의 월 한도액을 초과하는 비용은 본인이 전부 부담한다.

재원조달: 장기요양보험료+국가지원+본인일부부담금

① 장기요양보험료의 징수(노인장기요양보험법 제8조)

-장기요양보험 가입자는 건강보험 가입자와 동일하며, 공단은 장기요양보험료와 건강보
  험료를 통합하여 징수한다.

-공단은 통합 징수한 장기요양보험료와 건강보험료는 각각 독립회계로 관리한다.

-장기요양보험료는 건강보험료액에 장기요양보험료율을 곱해 산정한다.

-장기요양보험료율은 복지부장관 소속 노인장기요양위원회의 심의를 거쳐 대통령령으로 정한다.

② 국가의 부담(노인장기요양보험법 제58조)

-국가는 매년 예산의 범위 안에서 당해 연도 장기요양보험료 예상수입액의 100분의 20에
  상당하는 금액을 공단에 지원한다.

-국가와 지방자치단체는 의료수급권자의 장기요양급여비용 중 공단이 부담하여야 할 비
  용과 관리운영비의 전액을 대통령령이 정하는 바에 따라 각각 부담한다.

③ 본인일부부담금(노인장기요양보험법 제40조)

-재가급여: 당해 장기요양급여비용의 100분의 15

-시설급여: 당해 장기요양급여비용의 100분의 20

-국민기초생활보장법에 의한 수급자는 전액 면제

-의료급여수급권자, 소득·재산 등 보건복지부장관이 정하여 고시하는 일정금액 이하인
  자는 본인부담금을 50% 경감한다.

■ 장기요양보험서비스 표준

장기요양보험서비스 표준은 노인장기요양보험제도에서 제공되는 요양보호서비스의 최소한의
범위를 설정하여 질적 수준과 서비스를 제공받는 급여대상자의 기본권을 보장하기 위한 것이다.

〈표 13-33〉 표준서비스의 분류

구분	내용			
신체활동지원서비스	• 세면도움	• 구강관리	• 몸청결	• 머리 감기기
	• 몸단장	• 옷 갈아입히기	• 목욕도움	• 배설도움
	• 식사도움	• 체위 변경	• 이동도움	• 신체기능의 유지증진
가사활동지원 서비스	• 취사		• 청소 및 주변 정돈	• 세탁
개인활동지원 서비스	• 외출 시 동행		• 일상업무 대행	
정서지원 서비스	• 말벗, 격려 및 위로		• 생활상담	• 의사소통 도움
방문목욕 서비스	• 방문목욕			
기능평가 및 훈련 서비스	• 신체기능의 훈련	• 기본동작 훈련		• 일상생활동작 훈련
	• 물리치료	• 언어치료		• 작업치료
	• 인지정신기능 훈련	• 기타 재활치료		
치매관리 지원서비스	• 행동변화 대처			
응급서비스	• 응급상황 대처			
시설환경관리서비스	• 침구 · 린넨 교환 및 정리	• 환경관리		• 물품관리
간호처치 서비스	• 관찰 및 측정	• 투약 및 주사		• 호흡기 간호
	• 피부간호	• 영양 간호		• 통증간호
	• 배설간호	• 검사 및 기타 처치		• 의사진료 보조

자료: 국민건강보험공단

6. 기초노령연금

■ 기초노령연금이란

기초노령연금이란 우리나라 65세 이상 전체 노인의 70%에게 매월 일정액의 연금을 지급하며 국가발전과 자녀양육에 헌신해온 노고에 보답하려는 제도이다.

현재의 어르신들은 격동의 현대사를 모두 거치면서 우리나라가 선진국이 되는 토대를 마련하였고, 자녀들이 잘살 수 있도록 헌신해왔지만 정작 본인들의 노후대비는 제대로 하지 못했다.

실제로 소득이나 재산이 전혀 없이 생활하는 등 경제사정이 어려운 노인들이 많고, 노인들을 부양하는 자녀들의 경제적 부담도 큰 편이다. 이와 같은 점들을 고려하여 생활이 어려운 노인들에게 매월 기초노령연금을 지급함으로써 노인의 생활안정을 지원하고 복지를 증진함을 목적으로 한다.

■ 급여대상

기초노령연금은 65세 이상 전체 노인 중 소득과 재산이 적은 70%(2009년)의 노인에게 지급하며, 2009년도에는 전체 509만 명 중 356만 명이 해당되었다.

우선 2008년 1월부터는 70세 이상(1937. 12. 31. 이전 출생자)의 노인에게, 2008년 7월부터는 65세 이상 노인에게 지급하였다.

65세 이상 전체 노인 중 소득과 재산이 적은 하위 70%를 선정하는 소득·재산 기준은 혼자 사는 노인은 70만 원 이하, 노인 부부인 경우는 112만 원 이하이다(2010년 1월 적용).

'소득인정액'이란 노인가구의 월소득과 재산가액에 연리 5%로 계산한 월액을 합한 금액이다.

소득인정액 = 월 소득평가액 + 재산의 월 소득환산액*
*재산의 월 소득환산액 = {(재산 − 기초공제액)+(금융재산 − 금융공제액) − 부채}×소득환산율(5%)÷12개월

소득의 범위는 근로소득, 사업소득(농업·임업·어업소득, 기타 사업소득), 재산소득(임대소득, 이자소득, 연금소득), 공적이전소득을 말하며, 재산의 범위는 일반재산(토지, 건축물, 주택, 선박·항공기, 입목재산, 회원권, 조합원입주권, 분양권, 어업권), 금융재산, 자동차 등을 말한다. 2007년 10월 15일 이후 증여된 재산은 본인재산으로 간주하여 기타(증여) 재산으로 산정한다.

■ 급여내용

연금액은 국민연금가입자의 연금수급 전 3년간 평균소득월액(A값)의 5% 기준으로 책정된다. 2010년 4월 1일부터 2011년 3월 31일까지 단독수급자는 매월 최고 90,000원, 부부수급자는 매월 최고 144,000원(노인단독연금액에서 20% 감하여 지급)이다. 다만, 수급자 중에서도 일부 소득이 높거나 재산이 많은 경우 감액된 연금을 받게 된다. 금액은 국민연금가입자의 평균소득월액에 따라 달라지므로 국민연금가입자의 소득(국민연금 소득)이 오르면 그만큼 연금액도 올라간다.

〈표 13-34〉 노인단독가구

소득인정액		62만 원 미만	62만 원 이상 64만 원 미만	64만 원 이상 66만 원 미만	66만 원 이상 68만 원 이하	68만 원 이상 70만 원 미만
선정기준액 차액		8만 원 초과	6만 원 초과 8만 원 이하	4만 원 초과 6만 원 이하	2만 원 초과 4만 원 이하	0원 이상 2만 원 이하
연금액	2010. 1.~ 2010. 3.	88,000원	80,000원	60,000원	40,000원	20,000원
	2010. 4.~ 2011. 3.	90,000원	80,000원	60,000원	40,000원	20,000원

〈표 13-35〉 노인부부 가구 중 1인 수급

소득인정액		104만 원 미만	104만 원 이상 106만 원 미만	106만 원 이상 108만 원 미만	108만 원 이상 110만 원 미만	110만 원 이상 112만 원 이하
선정기준액 차액		8만 원 초과	6만 원 초과 8만 원 이하	4만 원 초과 6만 원 이하	2만 원 초과 4만 원 이하	0원 이상 2만 원 이하
연금액	2010. 1.~ 2010. 3.	88,000원	80,000원	60,000원	40,000원	20,000원
	2010. 4.~ 2011. 3.	90,000원	80,000원	60,000원	40,000원	20,000원

〈표 13-36〉 노인부부 가구 중 2인 수급

소득인정액		100만 원 미만	100만 원 이상 104만 원 미만	104만 원 이상 108만 원 미만	108만 원 이상 112만 원 미만
선정기준액 차액		12만 원 초과	8만 원 초과 12만 원 이하	4만 원 초과 8만 원 이하	0원 이상 4만 원 이하
연금액	2010. 1.~2010. 3.	140,800원	120,000원	80,000원	40,000원
	2010. 4.~2011. 3.	144,000원	120,000원	80,000원	40,000원

■ 신청방법

기초노령연금을 신청하고자 하는 65세 이상 노인은 신분증과 통장사본(지급계좌), 전·월세 계약서를 지참하고, 주소지 읍·면사무소, 동주민센터, 가까운 국민연금공단 지사에 방문하여 신청하면 된다. 65세 생일이 속한 달의 2개월 전부터 신청이 가능하고 연금은 65세가 되는 생일이 속한 달부터 지급한다. 65세 생일이 지난 후 신청하면 신청한 달부터 연금을 지급한다. 자녀, 형제자매, 친척, 사회복지시설의 장 등도 대리인으로서 위임장을 작성하여 신청을 할 수 있다. 배우자

(65세 미만, 사실혼관계에 있는 자 포함)가 신청하는 경우에는 신청권한을 위임받은 것으로 간주하여 위임장은 제출하지 않는다.

신청 시 제출서류는 다음과 같다.

① 사회복지서비스 및 급여 제공(변경) 신청서(신청 장소 비치, 내려 받기)

② 연금을 지급받을 본인계좌 통장사본

③ 금융정보 등 제공 동의서(신청 장소 비치, 내려 받기)

④ 신청자 신분증서(주민등록증, 자동차운전면허증, 여권, 장애인등록증)

⑤ 전산으로 소득·재산이 조회되지 않거나, 실제 소득·재산과 다른 경우 실제 소득 및 재산을 확인할 수 있는 서류

⑥ 위임장 및 대리인의 신분증서(대리 신청의 경우에 한함)

- 기초노령연금위임장 1부

- 대리인의 신분증서(주민등록증, 자동차운전면허증, 장애인등록증, 여권, 학생증)

- 기초노령연금 대리수령 신청서[서식 제4호](제3자 계좌 수령의 경우)

■ 계산방법

소득공제의 범위(근로소득공제)

상시근로소득공제는 개인별 37만 원을 공제한다. 노인부부로서 65세 미만의 배우자가 근로활동 중에 있는 경우 65세 미만 배우자의 근로소득에서도 37만 원을 공제한다. 근로의 제공으로 얻는 소득으로, 소득세법 규정에 의한 비과세 근로소득은 제외하나 비과세 근로소득 중 연장시간근로·야간근로·휴일근로로 인하여 받는 급여, 국외에서 근로를 제공하고 받는 급여는 포함한다.

임시·일용직 근로소득 공제는 고용계약기간이 1년 미만인 자는 신고서 및 증빙서류(소득·재산신고서, 근로계약서, 월급명세서)를 확인하여 상시근로소득에 포함된 임시·일용직 근로소득금액만큼 공제한다. 노인일자리사업, 장애인일자리사업, 자활근로, 공공근로 및 임시 및 일용근로에 참가한 대가로 제공되는 소득은 제외(노인의 근로활동을 장려 및 한시적, 임시적 일자리 등)한다.

그 외 제외되는 소득은 '독립유공자예우에 관한 법률'에 따른 생활조정수당, '국가유공자 등 예우와 지원에 관한 법률'에 따른 생활조정수당, 간호수당, 무공영예수당, '참전유공자예우에 관한 법률'에 따른 참전명예수당, '쌀소득 등의 보전에 관한 법률'에 의한 쌀소득등보전직접지불금, 홍익회 원호사업으로 지원되는 보조금, 홍익회 원호사업으로 지원되는 보조금, 재한(在韓) 원폭피해자가 받는 수당 및 진폐위로금, 중요무형문화재 전승지원금, '평택시 주한미군기지 이전에 따른 조례'에 의한 이주민특별일자리사업에서 받는 급여, 고령자 세대에 대한 지원금, '지자체 조례'에 의해 지급되는 각종 수당, 목사, 신부, 수녀 등 성직자가 은퇴 후 받는 수당, 학술원 회원수당, 영주귀국 사할린 한인, 북한이탈주민, 일군위안부 등에 대한 지원금, 희귀난치성질환자 간병비 지원금, 이·통장 수당, 고엽제후유의증 환자수당 중 등급 구분 없이 기초수급자로서 중증장애인에게 지급되는 수당(13만 원)이다.

재산의 공제 범위

재산의 소득환산액 산출 =
{(일반재산 등 합산가액 −주거공제) + (금융재산 합산가액 −금융재산공제) −부채} × 재산의 소득환산율 5% ÷ 12개월
※ 재산의 소득환산율은 100분의 5로 하며, 재산의 종류와 관계없이 동일한 소득환산율 적용

기초공제액(주거공제)은 최소한의 주거 및 생활 유지에 필요하다고 인정되는 공제금액을 재산(금융재산을 제외한 나머지 재산의 총액)의 소득합산액에서 제외한다.

공제금액은 대도시[특별시, 광역시의 '구'(도농복합군 포함)] 108백만 원, 중소도시(도의 시, 농어촌: 도의 '군') 68백만 원, 농어촌 58백만 원이다.

자동차 재산을 산정에서 제외하는 경우는 국가유공자 등 예우 및 지원에 관한 법률에 의하여 상이등급 판정을 받은 국가유공자 등이 소유한 자동차, 장애인복지법에 따라 등록한 장애인이 소유한 자동차, 지방세법에 따라 과세하지 아니하는 자동차, 지자체 조례에 따라 비과세되는 차량은 전부 재산산정에서 차감한다. 금융재산의 공제는 일상생활 유지에 기본적으로 필요한 최소한의 경비로 가구당 2,000만 원은 재산산정에서 제외한다.

부채의 인정범위

금융부채(신용정보)에는 금융기관 대출금, 신용카드 미결제금이 있다.

금융기관의 개인대출금은 주택담보대출, 주택연금, 신용대출 등으로, 용도(주택구입자금, 사업자금, 의료비 등)를 구분하지 않고 인정하며, 보험회사의 대출(담보대출금, 신용대출금, 약관대출금)도 이에 포함한다. 신용카드 미결제금은 3개월 이상 연체한 50만 원 이상의 신용카드 대금을 인정해주며, 저당권이나 질권이 설정된 경우, 담보 설정액이 아닌 실제 대출금을 부채로 산정한다.

임대보증금은 전세권이 설정된 임대보증금 및 확정일자에 의한 임대보증금에 대해 입증방법에 따라 일정 한도 내에서 부채로 차감하며, 임대보증금에 대한 부채인정 상한액은 공시가의 50% 범위 내에서 인정한다. 전세권이 설정된 임대보증금은 공시가의 50% 범위 내에서 전세권설정 등기된 금액을, 확정일자부 임대보증금은 공시가의 50% 내 6천만 원까지를 인정한다.

보건복지부장관이 정하는 부채는 보훈처 대출금, 법원에 화해·조정조서에 의하여 확인되는 사채이다. 다음 부채는 기초노령연금의 자산·소득인정액 공제에 해당되지 않는다.

사채(사적 금전대차 계약에 의한 개인 간 부채), 금융기관 대출금 중 기업대출, 한도대출(일명 '마이너스 대출'), 카드론(신용카드회사에서 제공하는 단기간의 신용대출), 단기간(1년 이내)의 어음할인에 의한 대출, 보증보험 대출금, ○○보증보험 기관의 대출증명서는 금융기관의 대출을 받는 개인 또는 법인사업자가 보증 목적으로 보증보험료를 납부하고 있음을 나타내는 것으로 대출증명서에 상응하는 금융기관의 대출금과 이중 계산되므로 부채로 인정되지 않는다. 공사 대출금 역시 해당되지 않는다.

■ 신청절차 및 수급요건

신청준비

신청권자
연금수급희망자(본인)는 65세 이상 노인으로 기초노령연금수급을 희망하는 자를 말한다.

대리인은 자녀, 형제자매, 친족, 사회복지 실장 등은 대리인의 자격으로 위임장을 첨부하여 신청할 수 있다. 신청자가 기초노령연금 위임장을 통해 위임한 사람은 모두 가능하며, 노인대상 사기 및 연금의 유용방지를 위하여 대리인 신분확인을 위한 대리인의 신분증서, 연금수급희망자와 대리인과의 관계, 연금신청 위임 여부 확인과 위임장이 필요하다. 대리인이 외국인인 경우, 여권 등으로 신분을 확인하고 증빙서를 지참한다.

대리 신청 시 금융정보 등 제공동의서는 본인 및 배우자 각각의 자필서명, 무인(지장) 또는 인감(인감을 사용하는 경우 인감증명서를 첨부하여야 함) 날인(막도장 불가)을 첨부한다. 단, 배우자(65세 미만, 사실상 혼인관계에 있는 자 포함)가 신청하는 경우 신청권한을 위임받은 것으로 간주하여 위임장 제출이 불필요하다.

제출서류

① 신청 시 제출서류: 기초노령연금을 신청할 때에는 사회복지서비스 및 급여 제공(변경) 신청서 및 연금을 지급받을 본인계좌 통장사본, 소득·재산 신고서, 금융정보 등 제공동의서(본인 및 배우자), 신청자 신분증명(주민등록증, 자동차운전면허증, 장애인 등록증, 여권)을 제출하며, 대리인이 대신 제출할 때에는 위임장 및 대리인의 신분증서, 기초노령연금 위임장, 대리인의 신분증서(주민등록증, 자동차운전면허증, 장애인 등록증, 여권, 학생증)를 제출한다. 피치 못할 사정으로 제3자 계좌 수령의 경우 대리수령신청서도 제출한다.

② 추가서류(해당자): 정보시스템 조회자료로 소득, 재산을 확인할 수 없는 경우 제출

〈표 13-37〉 기초노령연금 신청 시 추가 구비서류

소득·재산종류	구비서류
소득	월급명세서, 고용·임금확인서 등 실제소득을 확인할 수 있는 서류 각 1부
재산	전·월세 임대차계약서, 조합원 입주서 또는 청산금 납입 영수증, 공동주택·오피스텔 등의 분양계약서 등 재산을 확인할 수 있는 서류 각 1부
부채	임대보증금 ┊ 전세권설정등기 또는 확정일자를 받은 임대차 계약

자료: 보건복지부(http://www.mw.go.kr/), 2010

신청절차

기초노령연금 신청절차

Step 1. 읍 · 면 · 동 및 국민연금공단 신청서 작성 · 상담	• 사회복지서비스 및 급여 제공(변경) 신청서 및 소득 · 재산 신고서 작성: 신청서(3면)의 '안내 및 유의사항'을 반드시 숙지한 후 정보조회 동의 서명을 하여야 신청 가능 • 정보시스템 조회를 통한 상담: 신청자(배우자 포함)의 가족관계, 소득 · 재산사항 등 상담 ※ 상담 시 열람한 소득 · 재산사항과 신청 후 조사된 소득 · 재산사항이 다를 수 있음. • 사회복지서비스 및 급여 제공(변경) 신청서 및 소득 · 재산 신고서 제출: 가족관계 등 상담과 정에서 확인된 정보가 입력된 신청서를 출력하여 나머지 사항을 기재한 후 서명 제출 • 금융정보 등 제공동의서 및 관련 서류 제출
↓	
Step 2. 특별자치도지사 · 시장 · 군수 · 구청장 조사 및 결정	• 접수된 신청에 대해 공적자료 조회 요청 후 조사결과를 바탕으로 수급자 결정(해당/미해당) • 사회복지서비스 및 급여결정통지서를 우편 통지(희망에 따라 전자우편 또는 SMS로 통보)
↓	
Step 3. 특별자치도지사 · 시장 · 군수 · 구청장 연금 지급	• 연금 지급일은 매월 25일에 수급자 본인 명의 계좌에 입금. 단, 부부가 한 명의 계좌에 입금을 원하면 한 계좌에 입금 가능
↓	
Step 4. 특별자치도지사 · 시장 · 군수 · 구청장 수급자 관리(연금액변경, 정지 · 일시정지, 수급권상실 등)	• 수급자격 및 연금액 변동을 초래하는 사유 발생 시 반드시 신고하여야 함. –연금액 변동: 소득과 재산의 변동, 배우자 변동 등 –기타 변동: 연금 지급계좌 및 주소지 변동, 수급권상실 등 • 신고기관: 변동사유 발생 후 30일 이내에 관할 읍 · 면사무소, 동주민센터, 국민연금공단 • 변경내역통지: 변경된 사항에 대하여 접수일로부터 7일(60일) 이내에 통지
↓	
Step 5. 특별자치도지사 · 시장 · 군수 · 구청장 부당이득환수 부정수급관리	• 부당이득 환수절차: 부당이득 확인 → 납부통지 → 납부독촉 → 압류 → 경매처분 → 징수금액 처리 → 종결 • 과태료부과 징수절차: 위반행위 여부 확인 → 과태료부과 통지 → 의견진술 기회 부여 → 압류 → 경매처분 → 징수금액처리 → 종결

이의신청은 수급권자의 자격인정, 그밖에 이 법에 따른 처분에 이의가 있는 것으로 제4, 5, 6단계에서 제기할 수 있다.

특별자치도지사 · 시장 · 군수 · 구청장 이의신청	• 대상: 자격인정, 그밖에 처분에 이의가 있는 자(제4, 5, 6단계) • 기한: 특별자치도지사 · 시장 · 군수 · 구청장의 처분이 있음을 안 날로부터 90일 이내 신청 • 신청기관: 관할 읍 · 면사무소, 동주민센터, 국민연금공단

미지급 연금 신청절차

수급자에게 지급하여야 할 연금으로서 아직 지급되지 아니한 연금이 있는 경우가 있다.

이 경우에는 수급자의 사망 당시 생계를 같이한(배우자, 직계비속 및 그 배우자) 부양의무자가 청구를 할 수 있는 자격이 있는데, 청구권자 순위는 배우자(1순위), 자녀와 그 배우자(2순위), 손자녀와 그 배우자(3순위) 순이며, 동순위자가 2인 이상인 경우 모두의 미지급 연금을 지급받을 대표자 선정서를 사망한 수급자의 주소지를 관할하는 읍·면사무소, 동주민센터, 국민연금공단에 제출하면 된다. 그 외 미지급연금 지급 청구서, 수급자의 사망사실을 입증할 수 있는 서류(사망사실 입증서류는 사망신고로 갈음 가능), 인정기준 및 지급순위를 확인할 수 있는 서류, 청구인 신분증서(주민등록증, 자동차운전면허증, 장애인등록증, 여권, 학생증), 대리인 신청인 경우 위임장 및 대리인의 신분증서, 기초노령연금 위임장 1부씩을 제출하도록 한다. 대리인 신청인 경우 위임장 및 대리인의 신분증서를 제출한다.

그 후 특별자치도지사·시장·군수·구청장이 접수일로부터 14일 이내에 지급결정금액, 지급계좌 및 입금예정일 등을 통지하면 미지급된 연금을 지급받을 수 있다.

수급요건

만 65세 이상의 노인을 대상으로 그 소득인정액을 조사하여 기초노령연금의 선정 기준액과 같거나 적을 경우에 수급자로 선정하여 기초노령연금을 지급한다.

노인 단독의 경우는 본인의 소득·재산 조사, 노인부부의 경우는 본인과 배우자의 소득·재산 조사를 통해 수급 요건을 정한다. 배우자의 연령과 관계없이 조사대상이며, 사실혼 및 사실상 이혼도 인정한다. 해외체류, 가출·행방불명·실종, 교도소 수감 등의 사유로 배우자의 부재가 명백히 입증되더라도 부재 배우자 명의의 모든 재산(금융재산 제외)을 신청인의 재산으로 포함하여 조사하며, 외국 국적 배우자의 소득 및 국내 소재 재산도 모두 자산조사 대상에 포함한다. 또한 일방배우자가 국외이주자(이민출국자, 현지이주자) 및 재외국민인 경우 소득·재산은 자산조사 대상에 포함한다. 사실상 국적을 상실하거나 국외로 이주한 때 수급권을 상실하게 되므로 국외이주자 및 재외국민은 수급권(신청권)이 없다.

단, 해외 소재 재산은 조사상 한계가 있으므로 자산조사 대상에서 제외되며, 자녀 등 부양의무자의 소득·재산은 조사대상에 포함되지 않는다.

Step 1. **신청서 작성·상담** **30일 내 신고** **(관할 읍·면·동 및** **국민연금공단)**	• 자격관리 사항 − 인적사항: 결혼·이혼(사실혼·이혼 포함), 사망, 국적상실, 국외(해외)이주, 금고 이상의 형 집행, 해외체류, 행방불명, 실종 ※ 주소지 변경사항은 별도 신고 없이 정보시스템으로 처리됨. • 소득·재산사항: 취업 및 실업, 사업개시 또는 휴·폐업, 각종 재산 매매 등 • 급여 관리 사항: 지급계좌 변경 • 제출서류: 사회복지서비스 및 급여제공(변경)신청서 또는 연금수급권상실신고서 1부, 신분증서(주민등록증, 자동차운전면허증, 장애인등록증, 여권) 관련 증빙서류 ※ 대리인 신청 시 위임장 및 대리인의 신분증 추가제출 • 수급권상실 신고: 수급자 사망, 국적상실·국외(해외)이주 및 선정기준액을 초과할 때 • 제출서류: 연금수급권상실신고서, 신분증서(주민등록증, 자동차운전면허증, 장애인등록증, 여권), 관련 증빙서류 ※ 대리인이 신청할 경우: 기초노령연금위임장, 대리인의 신분증서(주민등록증, 자동차운전면허증, 장애 인등록증, 여권, 학생증) 추가제출(단, 사망에 따른 수급권상실신고 시 위임장 불필요)
Step 2. **지급 결정 및 통지**	• 지급 등 변경결정통보(접수일로부터 7일 이내 통보): 변경결정통지서는 7일 이내 일반적으로 통지하되, 변경된 소득·재산 등의 조사에 시일을 요하는 특별한 사유가 있는 경우에는 신고일로부터 60일 이내에 통지된다. • 연금액 변경: 소득 및 재산의 가액 및 보유 등 변동이 있는 경우 • 지급정지: 수급자가 금고 이상의 형을 선고받고 그 집행이 종료되지 아니하거나(재소자) 집행을 받기로 확정된 경우(집행유예자) • 일시정지: 해외체류기간이 180일 이상인 경우, 실종 또는 가출·행방불명 • 수급권상실 − 수급자 사망 − 국적 상실자 − 국외(해외)이주자 − 선정기준액 초과자
Step 3. **변동사항의 적용시점**	• 인적사항: 변동사항이 발생한 달에 적용 • 소득·재산가액 변동: 정보시스템으로 변동사항이 확인된 달에 적용

■ 이의신청

수급권자의 자격인정, 그밖에 기초노령연금법에 따른 처분 통지(수급자결정, 연금액변경, 연금지급정지, 부당이득환수, 과태료부과 등)를 받은 자로서 처분에 이의가 있는 경우 자가 이의신청을 하는 경우를 말한다. 기간은 처분이 있음을 안 날로부터 90일 이내이며, 다만 정당한 사유로 인하여 그 기간 이내에 이의신청을 할 수 없음을 증명한 때에는 그 사유가 소멸한 때부터 60일 이내에 이의신청이 가능하다.

신청에 필요한 서류는 이의신청서와 신청자 본인의 신분증(주민등록증, 자동차운전면허증, 장애인등록증, 여권), 이의신청 내용을 확인할 수 있는 서류(공적 증빙서류)가 필요하다. 대리인이 신청할 경우 기초노령연금위임장과 대리인 신분증(주민등록증, 자동차운전면허증, 장애인등록증, 여권)을 추가로 제출해야 한다.

이의신청에 필요한 증빙서류는 읍·면사무소 및 동주민센터에서 안내받을 수 있으며, 이의신청 내용을 확인할 수 있는 서류는 증빙하려는 내용에 따라 달라진다. 증빙서류는 공공기관에서 발행한 증빙서류(공신력 확보)에 한정된다.

공공기관에서 발행한 증빙서류에는 휴·폐업증명서(국세청), 고용보험피보험자 취득·상실 확인통지서(근로복지공단), 건강보험자격득실확인서(국민건강보험공단), 등기부등, 퇴직증명서가 있다. 단, 사인 간의 계약서, 차용증, 확인서 등은 증빙자료로 불인정하며, 예금이나 주택·토지 등 재산의 명의만을 바꾸거나 자녀 및 타인에게 증여한 경우에는 이의신청을 해도 인정되지 않는다. 또한 예금 등 금융재산은 금융실명제 관련 법령에 따라 명의인의 재산으로 간주하며, 허위로 신고하면 관련법령에 따라 과태료 부과 및 처벌을 받을 수 있다.

이의신청인은 신청에 필요한 서류가 갖춰지면 읍·면사무소 및 동주민센터 또는 국민연금공단에 이의신청을 한다. 접수기관은 이의신청서와 관계서류를 첨부하여 시장·군수·구청장·특별자치도지사에게 즉시 송부하며, 국민연금공단이 이의신청접수를 받은 때에는 지체 없이 신청인의 주소지를 관할하는 특별자치도지사·시장·군수·구청장에게 송부하여 처리한다.

이의신청통보는 접수일로부터 7일 이내에 처분 취소·변경·인용, 기각, 각하 등 그 결과를 신청인에게 서면으로 통지하며, 다만, 소득·재산 현황 조사에 시일이 걸리는 등 특별한 사유가 있는 경우에는 60일 이내에 결정하여 통지할 수 있으며, 이 경우 신청인에게 진행상황을 통지한다.

이의신청 처분에 대한 불복 시 이의신청인은 결정통지를 받은 날로부터 90일 이내에 행정심판 또는 행정소송을 제기할 수 있으며, 특별자치도지사·시장·군수·구청장의 처분에 대해 이의신청을 제기하지 아니하고 곧바로 행정심판 또는 행정소송을 제기할 수도 있다.

행정소송을 제기하여 다시 불복되었을 때에는 매년 선정기준액이 높아지므로 요건이 충족되면 다시 신청할 수 있으며, 생활이 어려워져 기준에 해당되면 다시 신청할 수 있다.

수급권에 해당하지 않은 자가 부정수급을 하였을 경우에는 다음과 같은 행정조치를 받는다.

① 부당이득 환수: 수급권이 없는 자가 연금을 지급받은 경우에는 지급액을 징수하고 납부하지 아니하는 때에는 체납처분의 예에 따라 징수(법 제12조)

② 과태료부과: 정당한 사유 없이 법 제7조에 따른 서류나 그밖에 소득·재산 등에 대한 자료를 제출하지 아니하거나 거짓 자료를 제출한 자 또는 조사·질문을 거부·방해 또는 기피하거나 거짓 답변을 한 자에게는 20만 원 이하의 과태료, 정당한 이유 없이 제18조에 의한 신고를 하지 아니한 자에게는 10만 원 이하의 과태료 부과(법 제23조)

③ 벌칙

- 제7조의2 제6항을 위반하여, 금융정보를 다른 사람에게 제공하거나 누설한 자는 5년 이하의 징역 또는 3천만 원 이하의 벌금

- 제7조의2 제6항을 위반하여 신용정보 또는 보험정보를 다른 사람에게 제공하거나 누설한 자는 3년 이하의 징역 또는 2천만 원 이하의 벌금

- 거짓이나 그 밖의 부정한 방법으로 연금을 지급받은 자는 1년 이하의 징역 또는 500만 원 이하의 벌금(법 제22조)

14 빈곤과 공공부조

공공부조제도가 해결하려는 주된 문제는 빈곤이다. 빈곤이 무엇이냐는 시대에 따라 다르고, 국가경제의 수준에 따라 다르고, 문화에 따라 다르고, 사회적 신분에 따라 다르고, 가치판단이나 신념체계에 따라 다르다. 따라서 모든 사람을 만족시키는 정의를 내리기는 어렵다. 빈곤을 정의하는 일은 때로는 정치적인 활동이라고도 말해진다. 공공부조 프로그램을 지지하는 사람들은 빈민의 수와 비율을 과대평가하고, 사회가 풍요로울지라도 그 가운데 많은 사람들에게 굶주림, 영양실조, 질병, 무희망, 절망 등과 같은 빈곤문제가 지속적으로 존재한다고 주장한다. 반면, 공공부조 프로그램을 반대하는 사람들은 빈민의 수를 극소화시키려 하면서, 시간이 지남에 따라 빈곤이 점차 감소한다고 바라보고 있다. 그들은 만일 기존의 공공 서비스를 활용한다면 굶주림, 영양실조, 질병 등으로 고통받을 필요가 없다고 주장한다(김기원, 2000).

1. 빈곤의 개념

빈곤에 관한 정의는 여러 학자들에 의해 다양하게 내려지고 있다.

Harrington은 빈곤은 최소 수준의 보건, 주택, 식품 그리고 교육을 누리지 못하는 측면에서,

패배주의, 비관주의와 같은 심리적인 측면에서, 기회의 불평등의 측면에서, 그리고 절대적 측면에서 정의 내려진다고 한다.

Thurow는 빈곤 여부를 판단하는 기준이 되는 빈곤선은 소득분배의 비율, 소득분배의 상대적 형태, 건강한 생존을 보장하는 데 필요한 최소한의 소득 수준, 대부분 국가들이 이해하고 있는 적절한 삶의 수준이라는 네 가지 근거에 기초하여 정의된다고 한다.

일반적으로 빈곤이란 기본적 욕구를 충족시킬 수 있는 능력이 부족한 상태라고 정의할 수 있다. 즉, 빈곤은 재화와 서비스를 사용할 수 있는 능력이 부족한 상태라고 정의된다.

빈곤은 주로 경제적 측면에서 논의되고 있지만, 경제적 빈곤뿐만 아니라 비경제적인 문화적 측면에서 논의되는 문화적 빈곤과 인간적 빈곤도 있다. 공공부조는 경제적 측면에서의 빈곤뿐만 아니라 문화적 측면과 인간적 측면에서의 빈곤도 문제해결의 대상으로 삼고 있다. 경제적 측면에서 빈곤은 객관적인 비교기준이 있느냐 여부에 따라 객관적 빈곤과 주관적 빈곤으로 나뉜다. 객관적 빈곤은 다시 객관적으로 측정되는 절대적 최저기준을 갖고 있느냐 여부에 따라 절대적 빈곤과 상대적 빈곤으로 나뉜다. 객관적으로 결정된 적대적 최저한도보다 적게 가지는 것을 절대적 빈곤이라 하고, 사회구성원 가운데 다른 사람들보다 상대적으로 적게 가지는 것을 상대적 빈곤이라 한다. 주관적 빈곤이란 자신이 충분히 갖고 있지 않다고 주관적으로 느끼는 것이다(김기원, 1998).

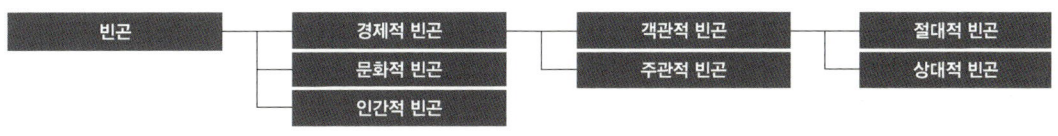

〈그림 14-1〉 빈곤의 유형

■ 경제적 빈곤

경제적 빈곤은 경제적 측면에서 주로 소득과 재산이 인간다운 생활을 영위하기에 부족한 상태를 말한다. 부족한 상태를 파악하는 데 있어서 객관적인 기준이 있느냐 여하에 따라 객관적 빈곤과 주관적 빈곤으로 나뉜다.

객관적 빈곤

객관적 빈곤이란 객관적인 기준에서 소득과 재산이 인간다운 생활을 영위하기에 부족한 상태를 말한다. 객관적 빈곤은 객관적 기준이 절대적이냐 상대적이냐 여부에 따라 절대적 빈곤과 상대적 빈곤으로 나누어진다.

절대적 빈곤

절대적 빈곤(absolute poverty)이란 개인 및 가족이 최저한도의 건강하고 문화적인 생활을 유지하는 데 필요한 의·식·주 및 기타 생활상 필요한 자원이 결핍되어 인가유기체의 인간다운 생존이 위협받는 상태를 말한다. 절대적 빈곤은 흔히 빈곤선(poverty line)이라는 절대적 최저 수준에 따라 정의된다. 즉, 한 개인이나 가구의 소득 또는 지출이 최저생활을 하는 데 필요한 생계비에 미달되는 상태를 말한다. 절대 빈곤층을 파악하기 위해서는 최저생계비를 산출하게 되고 이를 기준으로 빈곤선을 설정하며 개인 또는 가계의 소득이 빈곤선 이하일 때 절대적 빈곤 상태로 간주한다. 빈곤선은 일정 소득을 기준으로 정해지기 때문에 이런 측면에서 절대적 빈곤은 소득빈곤(income poverty)이라 말할 수 있다. 공공부조는 주로 절대적 빈곤 상태에 처한 개인이나 가족을 수혜대상자로 결정하고 있다.

Rowntree는 사람들이 노동에 종사할 수 없을 정도로 음식, 연료, 주거 및 의복의 생물학적 필수항목을 누리지 못할 때를 절대적 빈곤이라 정의하고 있다.

Rowntree는 소득빈곤(income poverty)의 측면에서 일차적 빈곤과 이차적 빈곤을 구분하고 있다. 가족의 전체 소득이 단순히 신체적 효율성을 유지하기 위한 최저 필수물을 얻기에 불충분할 때 이를 '일차적 빈곤'이라 한다. 여기서 단순히 신체적 건강을 유지하기 위한 최저 필수물이란 식품, 주택임대료, 가재도구(조명, 연료, 옷 등)의 세 항목을 말하며, 그밖에 인간의 정신적·도덕적·사회적 발달에 필요한 품목이나 헬스클럽이나 보험은 최저 필수품목 대상에서 제외된다. 반면 '이차적 빈곤'이란 가족의 전체소득이 단순히 신체적 효율성을 유지하는 데에는 충분하지만, 실용적이든 낭비적이든 다른 부문에는 조금이라도 지출할 수 없는 상태를 말한다. 이차적 빈곤인지를 알기 위해선 직접적 조사를 통해 소득이 음주, 도박, 기타 낭비적 지출에 소비되는지를 파악해야 하며, 또한 주부가 검소한지 낭비적인지 여부도 알아야 한다.

상대적 빈곤

상대적 빈곤이란 사회의 다른 사람들과 비교해 상대적으로 적게 가지고 있는 상태를 의미한다. 상대적 빈곤을 측정하는 방법으로는 평균소득(mean income)이나 중위소득(median income)의 일정 수준 이하를 빈곤으로 정의하거나, 전체 소득분포(income distribution)상에서 일정 수준 이하를 빈곤으로 정의하거나, 또는 상대적 박탈(relative deprivation) 개념을 도입하여 정의하는 방법이 사용된다(이두호, 1991).

첫째, 평균소득이나 중위소득을 사용하는 방법이다. Townsend는 평균소득의 80%를 빈곤선으로 책정하고 그 수준에 미달되는 소득자들을 빈민으로 정의하였다. 만일 가계의 평균소득이 150만 원이라면 가계소득이 120만 원 이하인 사람들은 빈민으로 규정된다. 그는 또한 가계소득이 평균소득의 50% 이하일 때는 극빈층이라고 정의하였다. Rainwater는 중위소득의 50%를 빈곤선으로 책정하고 그 수준에 미달되는 소득자들을 빈민으로 정의하였다. 만일 사회구성원이 99명으로 구성되어 있다면 소득액 순으로 모두를 나열한 다음, 50번째 소득자의 소득의 50%를 빈곤선으로 책정하고 그 미만 소득자를 빈민으로 간주하는 것이다.

둘째, 소득분배상의 일정 비율을 사용하는 방법이다. 이 방법은 한 사회의 가계소득을 저소득에서 고소득 순으로 분포시키고, 그 가운데 일정한 최저 비율(예: 하위 10% 혹은 하위 20%)을 정한 후, 소득분포상 이 비율 이하의 소득자를 빈민으로 간주하는 방법이다. 이 방법은 소득분배의 불평등성을 분석하는 10분위분배율(하위 40%의 소득점유분 / 상위 20%의 소득점유분) 등과 같은 상대적인 소득불평등에 활용되고 있다.

셋째, 상대적 박탈(relative deprivation) 개념을 활용해 빈곤을 정의하는 방법이다. 어떤 사람이 그가 거주하는 지역사회의 통상적인 생활양식(style of living)을 누리고 있지 못하면 그 상태를 빈곤한 것으로 간주하는 방법이다. 통상적인 방법은 박탈지표(deprivation index)를 만들고, 소득 크기 순서에 따라 박탈지표로 사람들의 생활양식을 측정한 후, 개별지표의 측정치를 합산해 박탈지수(deprivation score)로 삼고, 박탈점수가 급격한 변화를 나타내는 경계점(breakdown point)을 빈곤 여부를 판단하는 기준소득으로 결정하는 방법이다.

이는 전반적인 사회의 생활수준에 비하여 상대적으로 부족하다는 상대적 박탈 개념을 체계적으로 시도한 것이다. 상대적 박탈이란 상대적 부족(relative insufficiency)을 의미한다. Townsend는 박탈지표를 활용하여 빈곤을 측정하였다.

주관적 빈곤

주관적 빈곤이란 객관적 기준이 없이 주관적 판단에 근거해 정의되는 빈곤을 말한다. 사람마다 서로 다른 정의를 내리기 때문에 객관적으로 일치된 정의를 내리기가 어렵다. 여기에는 사회조사에 의한 방법과 Leyden 방식이 있다.

첫째, 사회조사에 의한 방법은 대표적 형태의 가족(부모와 두 명의 자녀를 둔 가족)이 어떤 지역사회에서 그럭저럭 살아가는 데 필요한 최소비용이 얼마인가에 관해 사람들에게 설문조사를 실시하고, 조사결과 응답한 금액들을 평균하여 빈곤선으로 규정하고, 빈곤선 이하의 소득자를 빈민으로 산출하는 방법이다. 여론조사 방법에 의해 조사를 한 후 그 결과를 토대로 빈곤선을 결정하는 방법이 한 예이다.

둘째, 라이덴(Leyden) 방식이다. 네덜란드 라이덴 대학의 학자들에 의해 처음 개발된 이 방식은 먼저 사람들에게 그들 자신들의 상황을 고려할 때 그럭저럭 살아가는 데 소요되는 최소소득(minimum income)이 얼마인가를 묻고 이를 바탕으로 이 사람들이 판단한 최소소득과 그들의 실제소득(actual income)과의 관계를 분석하여 실제소득과 그럭저럭 살아가는 데 소요되는 최소소득이 일치하는 점을 빈곤선으로 결정하는 방식이다. 이 방식은 일반적으로 개인들의 실제소득이 높아지면 그들이 주관적으로 판단하는 최소소득도 높아지고, 가난한 사람들은 자신의 실제소득이 살아가는 데 소요되는 최소소득보다 낮다고 생각하는 반면 부유한 사람들은 자신의 실제소득이 살아가는 데 소요되는 최소소득보다 높다고 생각하는 점에 착안한 것이다.

■ 문화적 빈곤

문화적 빈곤이란 문화적 측면에서 정의된 빈곤을 말한다. 문화란 사람들의 생활양식을 말한다. 문화적 측면에서 빈곤을 처음 정의한 사람은 오스카 루이스(Oscar Lewis)인데, 그는 가난한 사람들은 사회의 지배문화(dominant culture)와 질적으로 다른 하위문화(sub-culture)에서 살기 때문에 그들의 태도, 가치, 행동 등에서 다르고, 나아가 그들 특유의 생활양식을 이루어가며 이러한 생활양식은 사회화의 과정을 통해 세대 간에 전승(intergenerational transmission of poverty)되어 영속화된다. 휘스냇(Whisnat)은 빈곤에 관해 다음과 같은 패러다임을 설정하였다. 빈곤은 동기부여에 대해 문화적 환경적 장애가 되고, 결국 나쁜 건강, 부적절한 교육, 그리고 소득 잠재력을 제한하는 낮은 유동성을 초래하며, 이는 빈곤에 이르는 제한된 소득 기회의 원인이 된다. 가난한 사람들의 심리적 특징을 살펴보면, 개인적이고 구체적인 것에 민감한 경향이 있고, 현실에 사로잡혀 미래에 대한 계획을 별로 하지 않으며, 이기적이고 질투심이 많으며 성공하는 사람들을 부정적으로 바라보는 측면이 있다. 빈곤은 가족구성원들에게 생활상의 곤란을 가져오지만 동시에 빈곤가정의 열악한 가정 및 주변 환경은 자녀들의 언어발달능력에도 부정적인 영향을 미친다.

빈곤문화(culture of poverty)의 특징들을 살펴보면 첫째, 빈곤문화는 빈민들이 학교, 교회, 정당, 노조 등 사회의 주된 제도들에 참여하거나 동화하는 것을 막아서 주류사회의 지배적인 가치를 수용하지 못하게 한다. 둘째, 모자가정이나 부자가정과 같은 결손가정이 많으며 합법적 결혼 없이 동거하는 가정이 많다. 셋째, 빈곤문화는 절망감, 의존심, 열등감 등을 배양하여 쉽게 체념하고 운명주의자가 되며, 출세에 대한 동기가 매우 약하고, 충동을 억제하지 못하여 현재중심적인 생활을 영위한다. 넷째, 빈곤은 악순환된다. 빈곤가정의 부적절한 부모(1세대)는 부적절한 아동을 양육하고, 정서적·사회적·지적으로 부적절한 아동으로 상정하며, 이들 아동들은 학교생활에서 적응하는 데 실패하고, 나아가 노동시장에서 실패하여 적절한 직장에 취업하지 못하고 빈곤상태에서 생활하게 된다. 이들은 불안정하고 불만족한 결혼을 하게 되고 가정생활이 이루어지며, 빈곤으로 인해 출산된 아동에게 부적절한 부모(2세대)가 되는 것이다. 즉, 1세대의 부적절한 부모에게서 출산된 아동은 부적절한 가정환경으로 인해 학교 적응에 실패하고, 노동시장에서 실패하게 되며, 경제적 빈곤상태에서 결혼을 하게 되고, 자신들의 부모처럼 자신도 부적절한 부모가 되는 것이다. 이러한 아동양육 형태를 거쳐 빈곤의 악순환(vicious cycle of poverty) 현상이 반복되는 것이다. 즉, 빈곤이 세대 간에 전승(intergenerational transmission of poverty)되어 영속화되는 것이다.

■ 인간적 빈곤

인간적 빈곤(human poverty)이란 소득 이외의 인간의 삶의 질에 영향을 미치는 요인들이 결핍된 상태를 말한다. 인간적 빈곤이 고려하는 소득 이외의 요인들은 짧은 수명, 아동의 영양실조, 높은 문맹률, 수질오염 등이 있다. 인간적 빈곤은 인간빈곤지수(human poverty index)로 측정한다. 인간빈곤지수는 생존, 지식, 품위 있는 생활수준이라는 세 가지 박탈영역과 사회적 배제(social exclusion)로 측정된다. 선진산업국가들의 경우 전체 국민의 7~17%가 인간적 빈곤에 처해 있는 것으로 나타났다(Oneworld, poor and Rich, Oneworld, 1999).

2. 공공부조와 사회보험

공공부조와 사회보험은 모두 사회보장제도의 하나로 실시되나 수혜대상, 제공주체, 급여내용, 급여수준, 재정부담 등에서 큰 차이가 있다. 양자를 비교하면 다음과 같다.

① 공공부조는 주로 절대빈곤층을 수혜대상으로 하는 데 반해 사회보험은 일정 요건을 갖춘 모든 국민이 수혜대상이 된다. 수혜대상자를 선정함에 있어서 공공부조는 선별적(selective)인 데 반해 사회보험은 보편적(universal)이다. 공공부조는 수혜대상자를 선정함에 있어서 소득과 재산 상태를 파악하는 자산조사(means test)를 통해 일정 수준 이하의 소득과 재산을 가진 자들을 선정해 이들만을 수혜대상으로 하는 데 반해, 사회보험은 소득과 재산에 대한 자산조사를 실시하지 않고 일정 요건을 갖춘 모든 사람들에게 급여를 제공한다. 그러나 상태조사(status test)는 공공부조와 사회보험 모두 실시한다.

공공부조는 상태조사를 통해 수혜대상자가 근로능력을 갖고 있는지 여부와 부양의무자가 존재하는지 여부를 조사하는 반면, 사회보험은 상태조사를 통해 수혜대상자가 노령, 사망, 질병, 실업, 산업재해 등과 같은 사회적 사고를 당해 일정한 수혜자격 요건을 갖추었는지 여부를 조사한다.

② 공공부조 프로그램을 실시하는 데 필요한 재원은 일반조세수입으로 충당되는 데 반해, 사회보험의 경우 재원은 주로 수혜대상자의 기여금과 사용자의 부담금으로 충당되고 보험관

리비용은 주로 국가가 부담하는데, 국가 부담 부분은 결국 일반조세수입에 의하게 된다. 따라서 공공부조의 경우 수혜자의 직접적인 기여(contribution)가 없는 반면, 사회보험의 경우 재원의 주된 부분은 수혜자와 사용자의 직접적인 기여에 의존하고 있다.

③ 공공부조의 경우 수혜자의 직접적인 기여가 없기 때문에 급여가 응당 받아야 할 권리(entitlement, tight)라는 수급권에 대한 권리성이 약하게 부여되는 대신, 대가를 지불하지 않고 무료로 얻게 된다는 시혜성(dole, gift)이 강하다. 반면, 사회보험의 경우 수혜자의 직접적인 기여가 있기 때문에 급여에 대한 강한 권리성이 부여된다. 복지권 내지 사회권의 차원에서 설명하면 공공부조의 경우 법적 권리라기보다는 프로그램 규정적인 차원에서의 권리로서 인정되거나, 아니면 법적 권리로 인정된다 하더라도 구체적인 권리라기보다는 추상적인 권리로서 인정되고 있다. 반면, 사회보험의 경우 수급권이 구체적인 법적 권리로서 인정이 된다.

④ 공공부조는 조세제도와 함께 가진 자의 부가 극빈계층에 이전되는 재분배기능이 소득 계층 간에 강력하게 이루어지는 데 반해, 사회보험의 경우 재분배기능이 일부 수행되고 있기는 하지만 그 정도가 공공부조에 비해 매우 미약하다. 사회보험의 경우 국민연금의 균등 부분이 소득 계층 간에 재분배기능을 수행하지만 그 정도가 미약하고, 재분배가 소득계층 간에 이루어지기보다는 근로계층이 은퇴한 계층에게(국민연금), 건강한 자가 상병자에게(의료보험), 고용안정 계층이 실직자들에게(고용보험), 재해가능성이 적은 사업체들이 재해가능성이 큰 직장의 사업체들에게(산재보험) 소득을 재분배하게 된다.

⑤ 공공부조는 빈곤으로 인해 발생한 고통을 완화시키는 완화적 전략(alleviative or palliative strategy)하에서 수행되는 반면, 사회보험은 앞으로 닥칠 사회적 사고를 사전에 예방하는 예방적 전략(preventive strategy)하에서 수행된다. 따라서 공공부조는 미래의 사회적 사고에 대비해 사전에 저축하는 저축성이 없는 반면, 사회보험은 미래에 닥칠지 모르는 노령, 상병, 실업, 산업재해와 같은 사회적 사고에 대비해 미리 저축해 두는 저축성이 있다. 이러한 저축은 법에 의해 강제되므로 자발적 저축이 아닌 일종의 강제저축이다.

⑥ 공공부조의 보호 수준은 상한선이 최저생활보호인 데 반해, 사회보험은 보호 수준의 하한선이 최저생활보호이다. 공공부조는 건강하고 문화적인 최저생활을 유지하도록 보장하는 사회적 최소한(social minimum or civil minimum) 또는 국민적 최소한(national minimum)

을 보장하는 데 반해, 사회보험은 퇴직 이전의 소득을 보장하기 위해 노력하고 있으며 하한 선이 최저생활보호이다.

⑦ 공공부조는 과거 수혜자 자신의 노동과 관련 없이 급여가 행해지는 데 반해, 사회보험은 급여가 과거 수혜자 자신의 노동과 관련이 있다. 사회보험의 경우 국민연금의 연금액, 고용 보험의 실업급여, 산재보험의 보험급여는 과거 수혜자 자신의 소득에 기초하여 일정 비율을 급여로 받는 데 반해, 공공부조 가운데 생계보호는 생활보호제도하에서는 소득과 가족 수 에 따라 차등 급여되고 있으며, 국민기초생활보장제도하에서는 이를 보충급여로 전환한 후 최저생계비와 소득인정액 간의 차액을 급여로 받게 된다. 사회보험은 능력에 따라 부담액이 달라 응능성이 적용되고, 또 많이 부담한 사람들은 비례의 원칙에 의해 더 많은 급여를 받게 되는 응익성이 적용된다. 반면 공공부조는 자신의 직접적인 재정 부담이 없기 때문에 응능성 과 응익성이 반영되지 않는다(김기원, 2000).

〈표 14-1〉 공공부조와 사회보험의 차이점

구분	공공부조	사회보험
기원	빈민법	공제조합에 기원
목적	빈곤의 악화	빈곤의 예방과 경제적 비보장의 경감
재정 예측성	곤란	용이
자산조사	반드시 필요	불필요
재정충당	정부 일반세입	가입자의 보험료
대상자 수	소수	다수
낙인	발생	미발생
사회보장에서의 위치	사회보험의 보완장치	사회보장의 핵심

3. 국민기초생활보장법

■ 개요

1961년에 도입되어 약 40년간 시행되어 온 생활은 보호제도는 생계보호의 대상자를 65세 이 상의 노인이나 18세 미만의 아동, 임산부 등으로 제한함으로써 실질적으로 생계유지가 어려운 많은 저소득층이 보호되지 못하고 생활보호의 사각지대로 잔존하여 왔다. 그래서 생활보호제도는 우리나라 헌법 제34조 제1항의 '모든 국민의 인간다운 생활을 할 권리'와 제5항의 '생활능력이 없는 자에 대한 국가 보호책임'에 대한 국민의 권리를 구현하지 못하는 빈민법적인 성격을 지녀왔다. 그러나 국민기초생활보장제도에서는 기존 생활보호법의 가장 큰 문제점으로 지적되어 온 65세 이상, 18세 미만이라는 인구학적 기준을 개선하여 근로능력의 유무와 관계없이 소득이 최저생계비에 미달하는 국민은 누구나 대상자로 선정될 수 있도록 하였다. 또한 소득과 급여를 합한 소득수준을 최저생계비 수준까지 보장함으로써 헌법이 보장하고 있는 모든 국민의 인간다운 생활을 할 권리와 생존권적 기본권을 보장하고 있다. 뿐만 아니라 시혜적인 성격의 생활보호법의 명칭을 국민기초생활보장법으로 변경하고, 법의 내용 중 보호, 피보호자 등의 시혜적인 문구를 보장, 수급자 등의 권리성 문구로 변경함으로써 현대적인 공공부조제도로 발전했다.

국민기초생활보장제도의 발전과정을 요약·정리하면 〈표 14-2〉와 같다.

〈표 14-2〉 국민기초생활보장제도 발전 과정

연월일	주요 내용
1998년 초	국민기초생활보장법 제정추진회(45개 시민사회단체중심)의 결성 및 법 제정을 청원
1998. 10. 9.	새정치국민회의가 '국민기초생활보장법안'을 당안으로 입안
1999. 9. 6.	한나라당이 '국민기본생활보장법안'을 국회에 제출
1999. 9. 7.	국민기초생활보장법 제정
1999. 10.	국민기초생활보장추진준비단 발족
1999. 12. 1.	2000년도 최저생계비 공포
1999. 9. 28.	별정직 사회복지전문요원을 일반직 사회복지직렬의 사회복지전담공무원으로 전환
1999. 10.~ 2000. 6.	사회복지전담공무원 1,800명 신규채용
2000. 3. 15.~ 2000. 4. 15.	모의적용사업 실시(서울시 강남구 수서동, 경기도 평택시 평택읍 2개 지역)
2000. 7. 27.	국민기초생활보장법 시행령 제정
2000. 8. 18.	국민기초생활보장법 시행규칙 제정
1999. 12.~ 2000. 9.	시·군·구 복지행정시스템 및 생산적 복지연계시스템 구축
2000. 5.~9.	86만 가구 194만 명 급여신청 접수 및 소득·자산조사 실시
2000. 9.	69만 가구 149만 명 수급자 선정
2000. 10. 1.	국민기초생활보장제도 실시

2002. 8. 31.	국민기초생활보장법 시행규칙 개정 (핵상, 장애인, 자활공동체 참여자에 대한 소득공제를 10~15%에서 30%로 상향조정)
2003. 1. 1.	재산의 소득환산제 시행
2004. 3. 5.	국민기초생활보장법 개정 • 2004년 3월 5일부터 최저생계비 계측조사 주기를 5년에서 3년으로 단축 • 2005년 1월 1일부터 다음 연도 최저생계비를 매년 9월 1일까지 공표하도록 함. • 2005년 7월 1일부터 부양 의무자를 수급권자의 직계혈족 및 그 배우자, 생계를 같이하는 2촌 이내의 혈족 으로 축소
2005. 12. 31.	국민기초생활보장법 개정(2007년 1월 1일부터 부양 의무자를 수급권자의 직계혈족 및 그 배우자로 축소)
2006. 12. 28.	국민기초생활보장법 개정(2007년 7월 1일부터 차상위계층에 대해 주거, 교육, 의료, 장제 및 자활급여 등 부분급여 제공)

■ 급여의 대상

수급자 선정기준의 변화

소득인정액 도입에 따라 수급자 선정기준이 소득평가액 기준, 재산기준, 부양의무자 기준에서 소득인정액 기준, 부양의무자 기준의 2개 기준으로 통합된다. 국민기초생활보장제도에서는 이전의 생활보호제도에서 시행되었던 거택, 자활보호의 구분을 없애고 근로능력 여부, 연령 등에 관계없이 국가의 보호를 필요로 하는 최저생계비 이하의 모든 가구가 급여의 대상이 된다. 국민기초생활보장법에 의한 수급자의 범위는 부양의무자가 없거나 부양의무자가 있어도 부양능력이 없거나 또는 부양을 받을 수 없는 자로서, 소득인정액이 최저생계비 이하인 자이다. 수급자로 선정되기 위해서는 소득인정액기준과 부양의무자기준을 동시에 충족시켜야 한다.

〈표 14-3〉 소득인정액 도입에 따른 수급자 선정기준의 변화

변경 전(2002년까지)	변경 후(2003년까지)	
소득평가액기준	소득평가액	소득인정액기준
재산기준 금액기준 실물기준(주택, 농지, 승용차)	재산의 소득환산액 (실물기준 폐지)	
부양의무자기준		부양의무자기준

소득인정액의 변화

기준

수급권자 가구의 소득인정액이 가구별 최저생계비 이하인 경우 가구규모별로 산정된 소득인정액을 최저생계비와 비교하여 수급자 선정 및 급여액을 결정하게 된다. 2007년의 가구규모별 최저생계비 기준은 〈표 14-4〉와 같다.

〈표 14-4〉 2010년 최저생계비 (단위: 원/월)

1인 가구	2인 가구	3인 가구	4인 가구	5인 가구	6인 가구
504,344	858,747	1,110,919	1,363,091	1,615,263	1,867,435

〈표 14-5〉 소득인정액 산정방식

소득인정액 = 소득평가액 + 재산의 소득환산액	• 소득평가액 = (실제소득 −가구특성별 지출비용 −자활소득공제) • 재산의 소득환산액 = {(재산 −기본재산액 −부채) × 소득환산율}

주: 7인 이상 가구는 1인 증가 시마다 252,172원씩 증가(7인 가구: 2,119,607원)

소득평가액은 실제소득에서 가구특성별 지출비용, 근로소득공제 등을 차감하고 남은 금액을 의미한다. 실제소득은 가구원의 월평균소득을 기준으로 산정하며 실제소득에는 근로소득, 사업소득(농업소득, 임업소득, 어업소득, 기타사업소득), 재산소득(임대소득, 이자소득), 기타소득(사적이전소득, 부양비, 공적이전소득), 추정소득이 포함된다.

부양의무자 기준

기준

부양의무자가 없거나 부양의무자가 있어도 부양능력이 없거나 또는 부양을 받을 수 없는 경우, 부양의무자가 부양능력이 미약한 경우로서 수급권자에 대한 부양비 지원을 전제로 부양능력이 없는 것으로 인정하는 경우, 부양능력 있는 부양의무자가 있어도 부양을 받을 수 없는 경우를 충족해야 수급자로 선정이 가능하다.

⟨표 14-6⟩ 부양의무자 기준

부양의무자	부양능력	부양의무자 기준
부양의무자 없음	-	부양의무자 기준 ○
부양의무자 있음	부양능력 없음	부양의무자 기준 ○
	부양능력 미약	부양의무자 기준 △ (부양비 지원을 전제로 선정)
	부양능력 있음(부양불능, 기피 등)	부양의무자 기준 ○
	부양능력 있음(부양이행)	부양의무자 기준 ×

부양의무자의 범위

부양의무자의 범위는 수급권자의 직계혈족 및 그 배우자, 수급권자의 1촌의 직계혈족(부모, 아들·딸 등) 및 그 배우자(며느리, 사위 등)가 해당된다.

부양능력 유무의 판정

① 일반기준

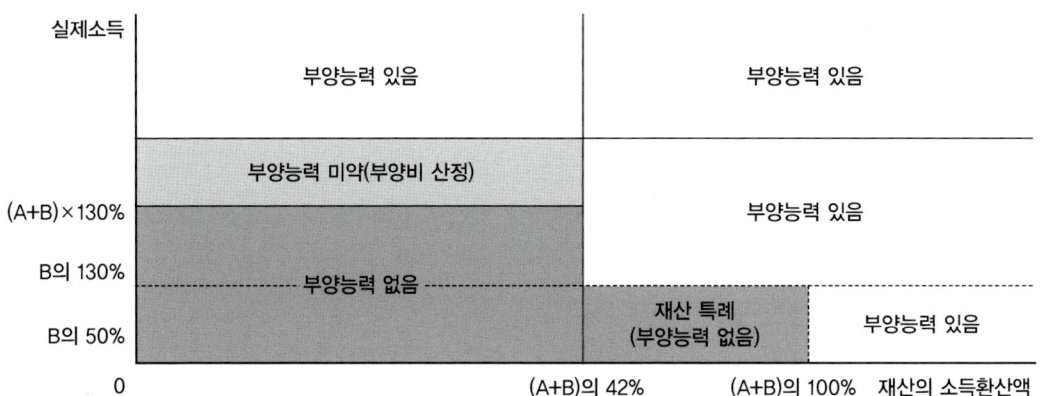

※ A: 수급권자가구의 최저생계비 B: 부양의무자가구의 최저생계비
※ 단, 재산특례는 부양의무자 가구에 근로능력이 있는 가구원이 없거나 또는 재산이 주택에 한정되어 있는 경우에만 적용
※ (부양의무자 재산기준 특례)

⟨그림 14-1⟩ 부양능력 유무의 판정

② 예외

- 부양의무자가 출가한 딸, 배우자와 이혼·사별한 딸인 경우: 부양의무자 가구의 재산은 고려하지 않고, 실제소득이 'B의 130%'을 넘는 경우에도 부양능력 미약에 해당된다.
- 부양의무자가 출가한 딸에 대한 친정부모: 부양의무자 가구의 실제소득이 'B의 130%'을 넘는 경우에도 부양능력 미약에 해당된다.

③ 부양능력 미약자에 대한 부양비 산정: 부양능력이 미약한 경우 수급권자에 대한 부양비 지원을 전제로 부양능력이 없는 것으로 인정한다.

> **부양비 = (부양의무자 실제소득 − 부양의무자가구 최저생계비의 130%) × 부양비 부과율**
> **※ 부양비 부과율은 수급권자와 부양의무자의 관계에 따라 15%, 30% 차등적용**

④ 부양능력 있는 부양의무자가 있어도 부양을 받을 수 없는 경우: 부양의무자가 병역법에 의해 징집·소집되거나 해외이주, 교도소·구치소·보호감호시설 등에 수용 또는 행방불명에 해당되는 경우와 가족관계 단절 등을 이유로 부양을 거부하거나 기피하는 경우에 인정 가능하다.

각종 특례

개인단위 보장에 따른 수급권자 범위의 특례

의료급여 특례는 다음 요건 충족 시 지속적인 의료비 지출을 요하는 가구원 개인에 한하여 의료급여를 실시하며, 소득인정액에서 6개월 이상 지속적으로 지출되는 의료비를 공제하면 수급자 선정요건에 해당하나, 수급자 선정 이후에는 공제 대상 지출이 발생하지 않아 소득인정액 기준을 초과하는 가구가 해당된다.

교육급여 특례는 소득인정액에서 중·고등학생 학비(입학금, 수업료)로 지출되는 비용을 공제하면 수급자 선정요건에 해당하나, 수급자 선정 이후에는 공제대상 지출이 발생하지 않아 소득인정액기준을 초과하는 가구에 대하여 해당 학생 개인에게 교육급여를 지급한다.

그리고 자활급여 특례는 수급자가 자활근로, 자활공동체, 자활인턴 등 자활사업에 참가하여 발생한 소득으로 인하여 소득인정액이 선정기준을 초과한 경우 해당자 개인에 대하여 자활근로, 자활공동체, 자활인턴 등에 참가할 수 있도록 자활급여를 계속 지급(생계·주거급여는 중지)한다.

수급권자 재산범위의 특례

외국인에 대한 특례는 '출입국관리법' 제31조에 따라 외국인 등록을 한 자로서 다음에 해당하는 경우 대한민국 국민과 혼인 중인 자로 대한민국 국적의 미성년 자녀[계부(모)자관계 및 양친자관계를 포함]를 양육하고 있는 자, 대한민국 국민인 배우자와 이혼하거나 그 배우자가 사망한 자로서 대한민국 국적의 미성년 자녀를 양육하고 있는 자(미성년 자녀는 만 20세 미만인 자를 의미함: 민법 제4조 참조)가 해당된다.

부양의무자 기준 특례에 따른 수급권자 범위의 특례

-부양의무자 재산기준 특례: 2. 부양의무자 기준 참조
-의료급여 특례 관련 부양의무자 기준 특례: 국민기초생활보장제도 지침 참조

■ 급여의 수준

급여의 기본원칙

최저생활보장의 원칙

생활이 어려운 자에게 생계·주거·의료·교육·자활 등 필요한 급여를 행하여 이들의 최저생활을 보장하기 위해 국민기초생활보장법 제4조 제1항은 급여의 기준을 "이 법에 의한 급여는 건강하고 문화적인 최저생활을 유지할 수 있는 것이어야 한다"고 규정하고 있다.

보충급여의 원칙

급여수준을 생계·주거·의료·교육 급여액과 수급자의 소득인정액을 포함한 총금액이 최저생계비 이상이 되도록 지원한다. 즉, 가구별 최저생계비와 소득인정액의 차액에 대한 급여를 말한다.

자립지원의 원칙

보장기관은 근로능력이 있는 수급자에게 자활사업에 참여할 것을 조건으로 생계급여를 지급하고 국민기초생활보장법 제1조는 "생활이 어려운 자에게 필요한 급여를 행하여 이들의 최저생활을 보장하고 자활을 조성하는 것을 목적으로 한다"고 규정하고 있다.

개별성의 원칙

급여수준을 정함에 있어서 수급권자의 개별적 특수 상황을 최대한 반영하기 위해 국민기초생활보장법 제4조 제2항은 "이 법에 의한 급여의 기준은 보건복지가족부장관이 수급자의 연령·가구규모·거주지역 기타 생활여건 등을 고려하여 급여의 종류별로 정한다"고 규정하고 있다.

가족부양 우선의 원칙

급여신청자가 부양의무자에 의하여 부양될 수 있는 경우에는 기초생활보장급여에 우선하여 부양의무자에 의한 보호가 먼저 행해져야 한다. 국민기초생활보장법 제3조 제2항은 "부양의무자의 부양은 이 법에 의한 급여에 우선하여 행하여지는 것으로 한다"고 규정하고 있다.

타 급여 우선의 원칙

급여신청자가 다른 법령에 의하여 보호를 받을 수 있는 경우에는 기초생활보장급여에 우선하여 다른 법령에 의한 보호가 먼저 행해져야 하고(TV시청료, 주민세, 건강보험료 등) 국민기초생활보장법 제3조 제2항은 "다른 법령에 의한 보호는 이 법에 의한 급여에 우선하여

행하여지는 것으로 한다"고 규정하고 있다.

급여의 종류

국민기초생활보장법의 급여는 생계급여, 주거급여, 자활급여, 교육급여, 해산급여, 장제급여, 의료급여가 있다. 급여제공은 생계급여를 기본으로 하고 필요에 따라 다른 급여를 제공할 수 있다.

생계급여

현금급여기준에서 가구의 소득인정액과 주거급여액을 차감하여 현금으로 지급한다. 생계급여는 일반생계급여와 긴급생계급여로 나누어진다. 일반생계급여는 의료·교육·자활급여의 특례자, 에이즈쉼터거주자, 노숙자 쉼터, 한국갱생보호공단시설 거주자 등 정부로부터 생계를 제공받는 자를 제외한 모든 수급자에게 의복, 음식물, 연료비, 기타 일상생활에 기본적으로 필요한 금품이 지급된다. 2010년도 일반생계급여기준은 〈표 14-7〉과 같다.

〈표 14-7〉 2010년 일반생계급여 기준

구분	1인 가구	2인 가구	3인 가구	4인 가구	5인 가구	6인 가구
최저생계비	504,344	858,747	1,110,919	1,363,091	1,615,263	1,867,435
현금급여 기준	422,180	718,846	929,936	1,141,026	1,352,116	1,563,206

주: 7인 이상 가구의 경우 1인 추가 시 252,172원씩 증가(7인 최저생계비 2,119,607원)

긴급생계급여는 급여실시 여부 결정 전에 긴급히 생계급여를 하여야 할 필요가 있는 경우(주소득원의 사망·질병·행방불명, 부모의 가출, 천재지변이나 화재 등으로 갑자기 생계가 어려운 경우 등) 시장·군수·구청장이 최저생계비 중 식료품비(40.2%)에 해당하는 금액을 우선 지급하고, 긴급급여를 실시한 후 조사를 거쳐 수급자 선정 여부를 결정하고 긴급급여액과 생계급여액 간의 차액을 정산한다.

2006년도 가구규모별 긴급급여액은 〈표 14-8〉과 같다.

〈표 14-8〉 2006년 가구규모별 긴급생계급여액

가구규모	1인 가구	2인 가구	3인 가구	4인 가구	5인 가구	6인 가구
지급액	168,160	281,750	377,820	470,650	544,010	620,040

주: 7인 이상 가구는 가구원 1인 추가 시 76,030원씩 추가지급

주거급여

수급자에게 주거안정에 필요한 임차료, 유지수선비 등을 포함하여 대통령이 정하는 수급품을 지급하는 급여이다. 주거급여는 수급자의 주거실태에 따른 적정한 급여가 이루어지도록 하고 수급자가 보다 나은 주거환경에서 거주할 수 있도록 유도하기 위하여 현물급여와 현금급여를 분리하여 지급하고 있다.

〈표 14-9〉 2010년 주거현금급여액 　　　　　　　　　　　　　　　　　　　　　　　　(단위: 원/월)

가구 수	1인	2인	3인	4인	5인	6인	7인
주거급여 한도액	86,982	148,104	191,595	235,085	278,567	322,067	365,558
현물급여	9,000	14,000	19,000	23,000	27,000	31,000	36,000

주: 1) 주거급여 한도액은 가구별 최저주거비(최저생계비의 17.2465%)
　　2) 8인 이상 가구는 1인 증가 시 3,000원 추가

교육급여

교육급여는 저소득층 자녀들에게 적정한 교육기회를 제공함으로써 자립능력을 배양하고 빈곤 세습을 차단하기 위해서 제공된다. 지원대상자는 수급자 중 초·중등교육법 제2조의 규정에 의한 중·고등학교에 입학 또는 재학하는 자 및 이와 동등한 학력이 인정되는 각종 학교, 평생교육법 제20조(학교형태의 평생교육시설)에 의한 평생교육시설의 학습에 참가하는 자와 의사상자 예우에 관한 법률 제10조에 의한 의사상자의 자녀이다. 고등학생은 입학금·수업료·교과서대(112.3천 원/인), 학용품비(46.6천 원/인), 중학생은 부교재비(34천 원/인), 학용품비(46.6천 원/1인)를 제공한다.

해산급여

수급자가 출산할 경우 조산, 분만 전과 분만 후의 필요한 조치와 보호를 위해 출산여성

에게 1인당 50만 원을 해산급여로 지급하며, 추가 출생 영아 1인당 25만 원이 추가(쌍둥이 출산 시 75만 원)된다.

장제급여

수급자가 사망한 경우 또는 의사상자 예우에 관한 법률 제12조(장제보호)에 의한 의사자 사체의 검안, 운반, 화장 또는 매장 등 기타 장제조치를 행하는 데 필요한 지원을 하기 위하여 근로능력이 없는 자로만 구성된 가구는 구당 50만 원, 근로능력이 있는 가구원이 있는 경우는 구당 40만 원이 장제급여로 지급된다.

자활급여

근로능력이 있는 저소득층이 스스로의 힘으로 자활할 수 있도록 안정된 일자리 제공 및 자활능력 배양을 목적으로 하고 있으며, 자활사업에 참여할 것을 조건으로 생계급여를 지급받는 조건부 수급자 등에게 제공한다.

의료급여

국민기초생활보장 수급자에 대한 의료급여는 국민기초생활보장법과는 별도로 의료급여법에 의해 이루어지고 있으며, 18세 미만인 자, 65세 이상인 자, 장애인고용촉진 및 직업재활 제2조 제2호에 해당하는 중증장애인, 질병부상 또는 그 후유증으로 인하여 3월 이상의 치료 또는 요양이 필요한 자 및 임산부, 보장시설수급자 등 근로능력이 없거나 근로가 곤란하다고 보건복지부장관이 인정하는 자는 1종 수급권자가 되고, 그 외의 자는 의료급여 2종 수급권자로 급여를 받는다. 1종 의료급여 수급권자는 의료기관은 1,000원, 2·3차 의료기관은 20%, 약국은 처방전당 500원의 본인부담금이 있으며, 입원할 경우에는 보험급여액의 15%에 해당하는 비용을 본인이 부담해야 한다.

의료급여의 기간은 매년 급여기간을 연장하고 있다. 1997년에는 270일, 1998년에는 300일, 1999년에는 330일, 2000년부터는 의료급여를 받을 수 있는 일수를 연간 365일로 하고 있다. 정신 및 행동장애(간질 포함), 뇌성마비 및 마비성증후군 등 보건복지부장관이 정하여 고시하는 질환을 가진 자에 대하여는 365일의 상한일수에 30일을 추가할 수 있으며, 상한일수를 초과하여 의료급여를 받고자 하는 자는 보건복지부장관이 정하는 기준에 따라 미리 시장·군수·구청장의 승인을 얻어야 한다.

급여종류별 대상 및 급여수준의 비교

국민기초생활보장제도의 대상자와 급여수준을 비교하면 〈표 14-10〉과 같다.

〈표 14-10〉 국민기초생활보장제도의 급여종류별 대상 및 급여수준

급여 종류		지급 대상	지급 수준
생계급여	일반생계급여	의료, 교육, 자활급여의 특례자를 제외한 모든 수급자	• 현금급여 기준(최저생계비: 의료, 교육, 타 법령 지원액)을 차감한 금액 • 가구별 급여수준(2010년) -1인 가구: 422,180원 -2인 가구: 718,846원 -3인 가구: 929,936원 -4인 가구: 1,141,026원 -5인 가구: 1,352,116원 -6인 가구: 1,563,206원
	긴급생계급여	• 주 소득원의 사망, 질병, 행방불명 • 부 또는 모의 가출 • 천재지변이나 화재 등으로 재산 소득상의 손실 발생 • 기타 거주 외의 지역에서 거주하고 있으나 소득이 없어 생계유지가 어려운 경우	• 최저생계비 중 식료품비에 해당하는 금액을 가구규모별로 차등지급 • 가구별 급여수준(2006년) -1인 가구: 372,978원 -2인 가구: 628,370원 -3인 가구: 832,394원 -4인 가구: 1,031,467원 -5인 가구: 1,202,484원 -6인 가구: 1,377,214원
주거급여		의료, 교육, 자활급여의 특례자를 제외한 모든 수급자	• 가구규모에 따라 주거안정에 필요한 임차료, 유지수선비 등 지급 • 가구별 급여수준(2010년) -1인 가구: 86,982원 -2인 가구: 148,104원 -3인 가구: 191,595원 -4인 가구: 235,085원 -5인 가구: 278,567원 -6인 가구: 322,067원 -7인 가구: 365,558원 -8인 이상 가구: 1인당 3,000원씩 증가
의료급여	1종	• 근로능력이 없는 자로 구성된 세대 • 미취학자녀 또는 거동이 불편한 가구원을 보호하고 있는 자 • 보장시설대상자	진료비 전액 무료
	2종	1종 대상자에 해당되지 않는 수급자	일부본인부담금(진료비의 15% 수준)
교육급여		수급권자 중 중고생 자녀가 있는 자	입학금 및 수업료 전액, 교과서대, 학용품비, 부교재비
해산급여		수급자 가구의 출산여성	출산 시 40만 원(쌍둥이는 25만 원 추가)
장제급여		수급자 가구원이 사망한 경우	근로능력이 없는 자로만 구성된 가구는 구당 50만 원, 근로능력이 있는 가구원이 있는 가구는 구당 40만 원
자활급여		조건부 수급자 등 자활사업 참여자	생업자금 융자, 직업교육, 취업알선, 창업정보제공, 공공근로, 자활공동체 지원, 공동작업장 등

■ 관리운영 체계

보장기관은 급여를 행하는 기관으로, 수급권자(급여를 받을 수 있는 자격을 가진 자) 또는 수급자(급여를 받는 자)의 거주지를 관할하는 특별시장, 광역시장, 도지사와 시장, 군수, 구청장을 의미한다. 보장기관은 수급권자, 수급자, 차상위계층에 대한 조사와 수급자 결정 및 급여의 실시 등 국민기초생활보장법에 의한 보장업무를 수행하기 위하여 사회복지전담공무원을 배치하여야 한다(국민기초생활보장법 제19조).

보장시설은 국민기초생활보장법에 규정된 급여를 행하는 사회복지사업법에 의한 사회복지시설로, 장애인복지법에 의한 장애인생활시설, 노인복지법에 의한 양로시설 및 노인요양시설 중 보건복지가족부령으로 정하는 시설, 아동복지법에 의한 아동복지시설, 정신보건법에 의한 정신질환자 사회복귀시설 및 정신요양시설, 사회복지사업법에 의한 부랑인 보호를 위한 시설, 기타 보건복지가족부령으로 정하는 시설을 의미한다(국민기초생활보장법 제32조, 국민기초생활보장법 시행령 제38조).

생활보장위원회는 국민기초생활보장법에 의한 생활보장사업의 기획·조사·실시 등에 관한 사항을 심의·의결하기 위하여 보건복지가족부, 특별시·광역시·도·시·군·구에 각각 두는 위원회를 의미한다. 보건복지가족부에 두는 중앙생활보장위원회는 생활보장사업의 기본방향 및 대책 수립, 소득인정액 산정방식의 결정, 급여기준의 결정, 최저생계비의 결정, 자활기금의 적립 관리 및 사용에 관한 지침의 수립, 기타 위원장이 부의하는 사항을 심의·의결한다(국민기초생활보장법 제20조). 중앙생활보장위원회는 위원장을 포함하여 13인 이내의 위원으로 구성한다. 위원은 보건복지가족부장관이 공공부조 또는 사회복지와 관련된 학문을 전공한 전문가로서 대학의 조교수 이상인 자 또는 연구기관의 연구원으로 재직 중인 자 4인 이내, 공익을 대표하는 자 4인 이내, 관계행정기관 소속 3급 이상 공무원 또는 고위공무원단에 속하는 일반직공무원 4인 이내의 자 중에서 위촉·지명하며, 위원장은 보건복지가족부장관으로 한다.

시·도에 두는 생활보장위원회는 시·도는 생활보장사업 기본 방향 및 시행계획 수립에 관한 사항, 시·도의 자활지원계획에 관한 사항, 시·도가 실시하는 급여에 관한 사항, 자활기금의 설치·운용에 관한 사항, 기타 시·도지사가 부의하는 사항을 심의·의결한다. 시·도 생활보장위원회의 위원은 시·도지사가 사회보장에 관한 학식과 경험이 있는 자, 공익을 대표하는 자, 관계 행정기관 소속 공무원 중에서 위촉·지명하며, 위원장은 시·도지사로 한다(국민기초생활보장법 제20조 제4항, 국민기초생활보장법 시행령 제29조 제1항).

시·군·구에 두는 생활보장위원회는 시·군·구의 생활보장사업 기본방향 및 시행계획의 수립에 관한 사항, 시·군·구의 자활지원계획에 관한 사항, 시·군·구가 실시하는 급여에 관한 사항, 자활기금의 설치·운용에 관한 사항, 연간조사계획에 관한 사항, 보장비용 및 금품의 반환·징수·감면에 관한 사항, 기타 시·군·구청장이 부의하는 사항을 심의·의결한다. 시·군·구 생활보장위원회의 위원은 시·군·구청장이 사회보장에 관한 학식과 경험이 있는 자, 공익을 대표하는 자, 관계 행정기관 소속 공무원 중에서 위촉·지명하며, 위원장은 시·군·구청장으로 한다(국민기초생활보장법 제20조 제4항, 국민기초생활보장법 시행령 제29조 제2항).

■ 과제 및 전망

과제

첫째, 수급자가 되면 모든 급여를 받을 수 있고, 수급자가 되지 않으면 아무 급여도 받을 수 없는 통합급여체계를 채택하고 있어 각 급여별로 이를 필요로 하는 계층에 대해 필요한 급여를 제공하지 못하고 있다.

둘째, 부양의무자 기준이 너무 엄격하게 규정되어 있어 최저한의 생계보장을 받아야 할 사람이 수급자가 되지 못하는 경우가 많다.

셋째, 재산의 소득환산액 비율이 높아 소득이 최저생계비 이하인 사람도 수급자가 되지 못하는 경우가 있다.

넷째, 3년마다 최저생계비를 실제 계측하고 그 사이 연도는 전년도 물가상승분 정도만 반영해 인상해줌으로써 사이 연도의 최저생계비가 낮게 책정되고 있다.

다섯째, 지역별, 가구유형별 특성이 고려되지 않고 최저생계비 및 급여액이 동일하게 설정되어 있어 대도시 거주자나 장애인·노인·한부모 등 추가비용이 요구되는 인구집단에게 불리하게 되어 있다.

여섯째, 비전문적 전달체계 및 사회복지 전담공무원의 부족으로 전문적·체계적으로 급여를 제공하지 못하고 있다.

일곱째, 지방자치단체의 재정자립도를 고려하지 않고 시·도(서울특별시 제외) 및 시·군·구의 재정 부담을 20%로 일정하게 규정하고 있어 재정자립도가 낮은 시·도 및 시·군·구는 급여제공에 어려움을 겪을 수 있다.

여덟째, 자활사업의 경우 초기상담, 관리과정이 체계화·전문화되어 있지 않고, 대상자별·업종별 적절한 프로그램이 개발되어 있지 않아 근로의욕 고취, 직업능력 향상, 취업을 통한 자립으로 연결되지 않고 있다.

아홉째, 자활급여의 소득공제제도 미흡, 탈수급에 따른 경제적 손실의 보상제도 미흡 등으로 인해 자활급여제도가 추구하는 있는 도덕적 해이 방지나 취업 또는 창업을 통한 자립의 목적을 달성하지 못하고 있다.

전망

첫째, 통합급여체계를 채택하되, 각 급여별로 이를 필요로 하는 사람에게 급여를 제공할 수 있는 개별(부분)급여체계를 병행해 도입할 필요가 있다.

둘째, 의무부양자 기준, 특히 부양의무자의 판정소득 기준을 완화해야 한다.

셋째, 재산의 소득환산율을 재산의 성격에 따라 완화·조정할 필요가 있다.

넷째, 최저생계비가 실제 계측되지 않는 사이 연도의 경우 최저생계비 결정 시 물가상승률뿐만 아니라 경제성장률 등 생활수준 향상이 반영되도록 해야 할 것이다.

다섯째, 가구유형별, 지역별 특성을 고려한 최저생계비 및 급여제도가 고려되어야 한다.

여섯째, 사회복지 전문성을 발휘할 수 있는 전문적 전달체계를 구축해야 하고, 사회복지직렬의 중간관리직(예를 들어 사회복지 관련 국장·과장·계장)에 사회복지에 대한 전문성을 갖춘 인력이 충원되도록 해야 하며, 사회복지 전담공무원을 증원하고 이들이 사회복지업무만 전담할 수 있는 전달체계를 마련해야 한다. 사회복지정책을 효과적으로 집행하기 위해서는 적절한 시기에 필요한 복지를 전문적으로 신속하게 전달해줄 수 있는 전달체계가 필요하다. 아무리 훌륭한 정책이 수립되어도 그것이 서비스 대상자들에게 효과적으로 전달되지 못하면 정책으로서의 가치를 발휘하지 못하게 된다.

일곱째, 지방자치단체 재정부담 비율을 지방자치단체의 재정자립도 및 수급자 비율을 고려하여 차등적으로 결정해야 할 것이며, 장기적으로는 모든 비용을 중앙정부에서 부담하도록 해야할 것이다.

여덟째, 자활사업을 성공적으로 수행하기 위해서는 초기상담 및 관리과정의 체계화·전문화, 대상자별·업종별 적절한 자활훈련 프로그램을 개발 및 실시하여 취업·창업을 통해 자립으로 연결하는 등 종합적이고 체계적인 제도가 마련되어야 한다.

아홉째, 자활사업 참여를 활성화하고, 자활사업 참여를 통한 탈수급을 촉진하도록 하기 위해서는 근로 인센티브 제도를 도입하며, 의료급여 등 경제적 혜택이 큰 다른 급여를 개별급여로 분리하고 수급자격으로 완화해 급여를 계속 받을 수 있도록 하는 제도를 도입할 필요가 있다(채구묵, 2009 재인용).

참고문헌

국내문헌

고수현 · 윤선호, 『새로운 노인복지론』, 양서원, 2006.

_____, 『노인복지론』, 양서원, 2010.

고수현, 『노인복지 이론과 실제』, 학현사, 2009.

고양곤, 「노인자원봉사활동의 활성화 방안」, 『노인복지연구』, 겨울호, 한국노인복지학회, 1999.

_____, 「실버산업의 현황과 과제, 실버산업의 활성화 정책에 관한 연구」, 한국노인문제연구소, 2004.

고정자, 『노인복지학개론』, 형설출판사, 2003.

곤중돈, 『노인복지론』, 학지사, 2007.

국가인권위원회, 『지역사회에서의 노인학대실태조사』, 2002.

국민건강보험공단, 『외국의 건강보험제도 비교조사』, 2000.

_____, 『2004 건강보험백서』, 2005.

_____, 『2006년 건강보험통계연보』, 2007.

_____, 『2007년 건강보험통계연보』, 2008.

국민연금공단, 『국민연금 10년사』, 1998.

_____, 『2006년 국민연금통계연보』, 2007.

국민연금 기금운용위원회, 『2004년도 국민연금 기금 운용계획(안)』, 2003.

국민연금발전위원회, 『2003년 국민연금재정계산 및 제도개선방안』, 국민연금공단, 2003.

기독간호대학산학협력단 · 광주동구노인종합복지관, 『치매예방교실 운영을 위한 인지재활활동의 실제』.

김경우 · 양승일 · 광복화, 『사회복지정책론』, 창지사, 2008.

김기원, 『공공부조론』, 학지사, 2000a.

_____, 「공공 정책과 생산적 복지에 관한 고찰」, 『생산적 복지와 사회복지정책』, 한국사회복지정책학회 2000년 춘계 학술
　　　대회 자료집, 2000b.

김동기 · 김은미, 『노인심리와 사회』, 창지사, 2006.

김수영 외 7인, 『건강한 노화』, 양서원, 2002.

김영모 외, 「한국 사회보장제도와 불평등구조에 관한 연구: 사회보험제도가 계층화에 미치는 효과」, 『사회복지정책』 제6집, 1998.

김영모 편, 『현대사회보장론』, 한국사회복지정책연구소 출판부, 2001.

김영화 · 박태정 · 장은영, 『사회복지정책론』, 공동체, 2008.

김용년, 「우리나라 재가복지사업의 현황과 과제」, 『건강보험포럼』(가을호), 건강보험관리공단, 2005.

김종일, 『사회복지정책론』, 현학사, 2009.

김훈, 『사회복지법제론』, 학지사, 2004.

남기민, 『사회복지정책론』, 학지사, 2010.

노대명, 『제3의 길에 대한 비판적 논의를 위하여: 제3의 길의 한국적 수용에 대한 비판』, 에릭 홉스봄 외 지음, 노대명 옮김,

『제3의 길은 없다』, 당대, 1999.

노동부, 『노동백서』, 2005.

마르크스 · 엥겔스, 『칼 마르크스 프리드리히 엥겔스 저작선집 Ⅰ』, 김세균 감수, 박종철출판사, 1991.

_____, 『마르크스 · 엥겔스 저작선』, 김재기 편역, 거름, 1988.

모선희 · 김형수 · 유성호 · 김경아, 『현대노인복지론』, 학지사, 2006.

미쉬라, 김한주 · 최경구 역, 『복지국가위기론』, 법문사, 1987.

박경일, 『사회복지정책론』, 공동체, 2007.

박귀영 외 5인, 『노인복지론』, 양서원, 2010.

박병현, 『사회복지정책론』, 현학사, 2008.

박석돈 · 박순미 · 이경희, 『노인복지론』, 양서원, 2009.

박석돈, 『사회보장론』, 양서원, 2005.

박일연 외 6인, 『노인복지론』, 양서원, 2004.

박재간 외, 『고령화 사회의 위기와 도전』, 나남출판사, 1995.

박재간 외 8인, 『노인상담론』, 공동체, 2006.

배재남, 「한국노인의 자살」, 『노인정신의학』, 2001 : 113~119.

보건복지부 노인장기요양보호정책기획단, 「노인장기요양보호의 수립방안 연구」, 2000.

보건복지부 · 한국보건사회연구원, 「한국경제의 중장기 비전: 중산층의 삶의 질 보장 부문」, 공청회 자료집, 1999.

서강훈, 『사회복지학의 이해』, 학지사, 2005.

서강훈, 『노인장기요양보험제도』, 광인문화사, 2008.

서강훈, 『고령사회, 실버타운이 해답이다』, 한국학술정보(주), 2009a.

_____, 『노인장기요양보험제도』, 광인문화사, 2009b.

_____, 『사회복지사를 위한 사회복지용어사전』, 한국학술정보(주), 2009c.

서윤 · 강병연 · 박연희 · 서강훈 · 심미연 · 오복희 · 유명원 · 이원식 공저, 『사회복지학의 이해』, 학지사, 2005.

송근원 · 김태성, 『사회복지정책론』, 나남출판사, 2007.

양옥남 외 3인, 『노인복지론』, 공동체, 2006.

양정남 · 최선령, 『사회복지실천론』, 양서원, 2009.

연병길 · 유성곤, 「노인 자살의 조기 발견과 예방」, 『노인정신의학』, 2001 : 134~139.

엥겔스, 『엥겔스의 독일혁명사연구』, 박홍진 옮김, 아침, 1988.

오병훈, 「노화와 노인심리」 편, 『행동과학』(대표저자 유계준), 연세대학교 출판부, 2001.

오진주, 「치매노인 건강관리에 관한 연구」, 서울대학교 박사학위논문, 1995.

오진주 · 신은영, 「노인의 성적 욕구에 대한 시설종사자들의 태도에 대한 조사연구」, 『한국노년학』, 1998.

유성호 · 강숙연, 「유배우자 노인의 성생활 유지 여부 및 성생활 빈도와 관련된 인구 사회적 변인」, 『노인복지연구』(여름호), 2003.

원석조, 「비스마르크 사회정책의 본질」, 한국복지연구회 편, 『사회과학과 사회복지』, 한울, 1993.

_____, 「한국 보건의료제도의 문제점과 개혁방안」, 민주노동당 제5회 정책포럼 발표자료, 2000.

_____, 2009, 『사회복지정책론』, 공동체.

이은희, 「치매노인 부양가족원의 부양부담에 관한 연구」, 『노인복지연구』(2), 한국노인복지학회, 1998.

_____, 『노인복지론』, 학지사, 2009.

이인수, 『노년기 생활과학』, 양서원, 2001.

_____, 『21세기 노인복지론』, 대왕사, 2004.

이태영, 『사회복지정책론』, 현학사, 2008.

이해영, 『노인복지론』, 창지사, 2009.

이혜훈, 「국민건강보험공단의 과제와 발전방향」, 『국민건강보험의 성과와 발전방향』, 국민건강보험공단 창립 제1주년 기념
　　　 세미나자료집, 2001.

의료보험관리공단, 『외국의 의료보장동향』, 1993.

전영기, 「죽음불안에 영향을 미치는 요인에 관한 연구」, 목원대학교 대학원 산업정보대학원 석사학위논문, 2000.

전재일 · 배일섭 · 전영숙, 『사회복지정책론』, 형설출판사, 2003.

조훈식 · 김진수 · 홍경준, 『산업복지론』, 나남출판사, 2001.

채구묵, 『사회보장론』, 학현사, 2009.

통계청, 『2006 한국의 사회지표』, 2007.

한국임상사회사업협회, 『노인복지론』, 양서원, 2004.

허정무, 『노인교육이론과 실천방법론』, 양서원, 2002.

현외성 외 9인, 『노인케어론』, 양서원, 2001.

현외성, 『노인복지학 신론』, 양서원, 2010.

현외성, 2001, 『사회복지법제론』, 양서원.

1급 사회복지사 시험연구회, 『사회복지정책론』, 나눔의 집, 2008.

Harris, D. K. & Cole, W. E. 최신덕 역. (1985). 『노년사회학(Sociology of Aging)』. 서울: 경문사.

국외문헌

Barker, R. (2003). 『The Social Work Dictionary』, Baltimore: Port City Press.

Beaver, M. L. (1983). 『Human Service Practice With the elderly』. Englewood Cliffs, Nj: Prentice - Hall.

Biren, J. E. (1959). 「Principles of Research on Aging」. In J. E. Birren (ed.), 『Handbook of Aging and the
　　　 Individual』, pp.3~42. Chicago: University of Chicago Press.

Brown, L. (1989). 「Is There Sexual Freedom for Our Aging Population in Long - Term Care Institutions?」.
　　　 『Journal of Gerontological Social Work』, 13(3/4), pp.75~93.

Cavan, R. S., Burgess, E. W., Havighurst, R. J. & Goldhamer, H. (1949). 『Personal Adjustment in Old
　　　 Age』. Chicago: Science Research Associates.

Corso, J. F. (1977). 「Auditory Perception and Communication」. In J. E. Birren & K. W. Schaie (eds.),
　　　 『Handbook of Psychology of Aging』, pp.535~553. New York: Van Nostrand Reinhild.

Covey, H. C. (1989). 「Perceptions and Attitudes Toward Sexuality of the Elderly During the Middle
　　　 Ages」. 『The Gerontologist』, 29(1), 93~100.

Cowgill, D. O. (1986). 『Aging Around the World. Belmont』, CA: Wadsworth Publishing Co.

Deakin, N. (1994). 『The Politics of Welfare: Communities and Change』. London: Harvester Whaeatsheaf.

Diamond, P. A. (ed.) (1999). 『Issue in Privatizing Social Security: Report of an Expert Panel of the National Academy of Social Insurance』. Massachusetts: The MIT Press.

Dolgoff, R. and Feldstein (1984). 『Understanding Social Welfare』. New York: Longman.

Esping‐Andersen, G. (ed.) (1996). 『Welfare States in Transition』. London: Sage Publication.

_____(1993). 『The Three Worlds of Welfare Capitalism』. Princeton: Princeton University Press.

George, V. & P. Wilding (1984). 『The Impact of Social Policy』. London: RKP.

Gilbert, N. (1983). 『Capitalism and the Welfare State: Dilemmas of Social Benevolence』. New Heaven: Yale Univ. Press.

Gilvert, N. & Gibert, B. (1989). 『The Enabling State: Modern Welfare Capitalism in America』. New York: Oxford University Press.

Gilbert, N. & Specht, H. (ed.) (1981). 「Handbook of Social Services, Englewood Cliffs」, N.J.: Prentice‐Hall.

_____(1986). 『Dimensions of Social Welfare Policy』 (2nd ed.). Englewood cliffs. N.J.: Prentice‐Hall.

Gilbert, N. & Specht, H. & Terrel, P. (1993). 『Dimensions of Social Welfare Policy』 (3rd ed.). Englewood cliffs. N.J.: Prentice‐Hall.

Gilbert, N. & Terrel, P. (1998). 『Dimensions of Social Welfare Policy』 (4th ed.). Boston: Allyn & Bacon.

_____(2002). 『Dilemmas of Social Welfare Policy』 (5th ed.). Boston: Allyn & Bacon.

Gordon, C. (1994). 『New Deal: Business, Labor, and Politics in America, 1920~1935』. Cambridge: Cambridge Univ. Press.

Jackins, H. (1994). 『The Human Side of Human Beings. Rational Island Publishers』. Searrle.

Jansson, B. S. (1984). 『Theory and Practice of Social Policy: Analysis, Process and Current Issues』. Belmont: Wordsworth.

Johnson, N. (1990). 『Reconstruct the Welfare State: A Decade of Change 1980~1990』. London: Harvester.

Kastenbaum, R. (1996). 「Death and Dying」. In Birren, J. E. et al. (eds.), 『Encyclopedia of Gerontology』 (vol. 1), pp.361~372. New York: Academic Press.

Landau, D. L. (1985). 「Government Expenditure and Economic Growth in the Developed countries: 1952‐76」. 『Public Choice』 47(3), pp.459~477.

Lazarus, A. A. (1971). 『Behavior Therapy and Beyond』. New York: McGraw‐Hill.

Marshall, T. H. (1963). 『Sociology at the Crossroads and Other Essays』. London: Heinemann.

Maslow, A. H. (1954). 「A theory of Human Motivation」. 『Psychological Review』(50), pp.370~396.

Ozawa, M. N. (1978). 「Issue in Welfare Reform」. 『Social Service Review』(52), pp.37~55.

_____(1982). 『Income Maintenance and Work Incentives』. New York: Praeger.

Rose, A. M. (1965). 「The Subculture of the Aging: A Framework in Social Cerontology」. In A. M. Rose and W. A. Perterson (eds.). 『Older People and Their Social World』, pp.3~160. Pholadelephia F. A. Davis Co.

Shock, N. W. (1977). 「Biological Theory of Aging」. In J. E. Birren & K. W. Schaie (eds.), 『Handbook of the Psychology of Aging』, pp.103~115. New york: van Nostrand Reinhold.

Strehler, B. L. (1977). 『Time, Cells and Aging』 (2nd ed.). New York: Academic Press.

Thomas, E. L. (1991). 「Correlates of Sexual Interest among Elderly Men」. 『Psychological Reports』(68), pp.620~622.

Weil, M. & Goldis, L. (1992). 『Evaluation: Case Management in Human Services』. California: Jossey - Bass Inc.

Wilson, A. J. E. (1984). 『Social Services for Older Persons』. Boston: Little, Brown & Co.

Woodruff, D. S. & Birren, J. E. (ed.) (1983). 『Scientific Perspectives and Social Issues』(2nd ed.). Monterey, CA: Books/cole.

World Bank (1994). 『Averting the Old Age Crisis: policies to Protect the Old and Promote Growth』. Oxford: Oxford University Press.

World Health Organization. 『Figures and facts about suicide』. WHO; Geneva, 2004.

Zastrow, C. (1992). 『The Practice of social Work』. California: Wadsworth Pub. Co.

웹사이트

고용보험공단 http://www.ei.go.kr/

국민건강보험공단 http://www.nhic.or.kr/

국민연금공단 http://www.nps.or.kr/

근로복지공단 http://www.kcomwel.or.kr/2008a, 『고용보험』; 2008b, 『산업재해보상보험』; 2008c, 『산재보험통계』.

기초노령연금 http://bop.mohw.go.kr/

보건복지가족부 지정 우울증 임상연구센터 http://smileagain.or.kr/

보건복지부 http://www.mw.go.kr/2008a, 『기초노령연금사업 안내』; 2008b, 『기초노령연금』(보건복지부 내 기초노령연금 홈페이지); 2008c, 『종합전문요양기관 인정기준 개선을 위한 시행규칙』; 2008d, 『노인장기요양보험』.

산업재해관리공단 http://www.kosha.net/

저자_ **서강훈**

성균관대학교 사회복지대학원 사회복지학과 졸업

원광대학교 일반대학원 사회복지학과 졸업(사회복지학박사)

원광대 · 호남대 · 광주대학교 강사

동강대학교 겸임교수

조선이공대학교 전임교수(비정년계열)

전남사회복지발전연구원

『사회복지학의 이해』

『고령사회 실버타운이 해답이다』

『사회복지정책론』

노인복지정책과
사회보장제도

초판인쇄 2013년 9월 6일
초판발행 2013년 9월 6일

지은이 서강훈
펴낸이 채종준
기 획 이주은
편 집 한지은
디자인 윤지은
마케팅 송대호

펴낸곳 한국학술정보(주)
주 소 경기도 파주시 문발동 파주출판문화정보산업단지 513-5
전 화 031-908-3181(대표)
팩 스 031-908-3189
홈페이지 http://ebook.kstudy.com
E-mail 출판사업부 publish@kstudy.com
등 록 제일산-115호(2000. 6. 19)

ISBN 978-89-268-4635-3 93330 (Paper Book)
      978-89-268-4636-0 95330 (e-Book)